Juan Sebastián Landoni
Empresario institucional

Juan Sebastián Landoni

Empresario institucional

Prólogo de Juan Carlos Cachanosky

Episteme
Editorial

Clasificación:
330 – Economía
Autor: Landoni, Juan Sebastián
Prólogo: Cachanosky, Juan Carlos
Título: Empresario institucional
Ed.: Guatemala: Editorial Episteme, 2015
Descripción: 302 p.; 14x21 cm.
ISBN: 9789929677142
Temas: Economía; Empresarialidad; Institucionalidad

Diseño y diagramación: Luis Alejandro Ramos
Diseño de la portada: Julián González Gómez

ISBN: 9789929677142

Contenidos

Agradecimientos 11

Prólogo (Juan Carlos Cachanosky) 13

Introducción 17

Capítulo 1. El proceso económico de mercado 21

La teoría del proceso de mercado como marco teórico 21

El mercado y el objeto de las ciencias sociales 21

El mercado como ámbito de actuación del empresario 25

Problema de asignación vs. Problema de información 34

Funciones del sistema de precios 41

Conclusión preliminar 43

Capítulo 2. El empresario en el proceso de mercado 45

Origen del término *entrepreneur* 45

Richard Cantillon (1697-1734) 48

Adam Smith (1723-1790) 50

Jean-Baptiste Say (1767-1832) 53

Frank Knight (1885-1972) 56

Joseph Schumpeter (1883-1950) 60

El empresario en la tradición austríaca 63

Carl Menger (1841-1921) 63

Ludwig von Mises (1881-1973) 66

Israel Kirzner (1930) 71

Murray Rothbard (1926-1995) 76

Hacia una definición de la función empresarial. 79

El cálculo económico empresarial..80

Empresario y capital...88

Empresario e incertidumbre...92

Empresario, coordinación y equilibrio..................................94

Empresario, coordinación y cálculo económico 98

Empresario y competencia 101

Conclusión del capítulo. La función empresarial en el proceso
de mercado..105

Capítulo 3. Función empresarial e instituciones...................109

Introducción. División del trabajo y comercio 110

Instituciones 112

Funciones de las instituciones... 117

Proveer incentivos 118

Alinear expectativas... 119

Disminución de incertidumbre 121

Instituciones de economía de mercado: complejidad y
empresarialidad.. 123

Propiedad privada.. 125

Libertad y libertad económica 130

Libertad contractual.. 135

Libre competencia... 139

Estado de Derecho 142

Certeza de la ley... 144

Igualdad y generalidad... 146

Estado de Derecho y política macroeconómica................... 149

a. La política monetaria 150

b. La política del sector externo 152

c. La política fiscal y tributaria.. 152

Estado de Derecho y funciones del estado......................... 153

Constitución de Estado de Derecho y   empresarialidad .. 157

Observaciones finales 162

Capítulo 4. El efecto de la empresarialidad sobre las instituciones.
Una aproximación al empresario institucional en el proceso
económico de mercado 165

Introducción 165

Origen y evolución de las instituciones de economía de
mercado 166

Sobre el cambio y la reforma institucional 173

El cambio institucional deliberado.................................... 180

La empresarialidad y el cambio institucional..................... 187

La crítica de Israel Kirzner al cambio institucional provocado
por empresarios... 188

Cambio institucional no intencionado provocado por
descubrimientos empresariales... 191

Cambio institucional intencionado provocado por
descubrimientos empresarios 198
El empresario y el cambio intencionado en las instituciones:
el empresario institucional 200
La literatura sobre empresario institucional y aproximaciones
similares 201
El empresario político 201
El empresario institucional 205
Otras aproximaciones 211
El empresario institucional en el proceso económico de
mercado 215
El empresario institucional, el cálculo económico y la
coordinación 216
El empresario institucional y las instituciones 221
Conclusiones 229
Para futuras investigaciones 236
Apéndices 239
Apéndice del capítulo 1. 241
Apéndice del capítulo 4. 261
Bibliografía 269

Agradecimientos

Si no fuera por el impulso y la claridad recibidos de Juan Carlos Cachanosky, no hubiese terminado este trabajo. Debo agradecer además, los valiosos comentarios de Gabriel Zanotti, Wenceslao Gimenez Bonet, Martín Krause y Pablo Guido. También el aporte bibliográfico de Ivo Sarjanovic, siempre actualizado y oportuno en sus recomendaciones de lectura.

Por supuesto, la responsabilidad de los errores subsistentes me corresponde.

Finalmente, agradezco el tiempo dispensado por mi familia: mis padres, mi pareja Fernanda y nuestros hijos Vera y Juan Bautista.

Prólogo

La publicación de este libro de Juan Sebastián Landoni fue para mí una gran alegría porque es un tema muy importante para comprender las influencias de los empresarios en los cambios institucionales de las sociedades. Pero, además, J. S. Landoni es un excelente ejemplo del profesor que produce y contribuye al avance y la difusión de la ciencia.

Uno de los dilemas de las democracias, como generalmente son entendidas, es que parecen tener un incentivo perverso: para ganar elecciones los políticos hacen promesas que implican aumentar el gasto público y violar derechos de terceros. No es casualidad que el gasto público haya tendido un aumento continuo respecto del producto interno bruto. Países como los Estados Unidos y Gran Bretaña, que han sido bastiones de la defensa de los derechos de propiedad, se han convertido lentamente en sociedades reguladas y perseguidas por los gobiernos. Un país se diferencia de otro solamente en la "velocidad" con que esto ocurre. Pero la dirección es la misma en casi todos los casos, por no decir que en todos.

Este libro distingue entre "empresarios institucionales" y empresarios destructivos o pseudo empresario. El empresario institucional es el que busca y defiende la libre competencia. Es un verdadero empresario. Es empresario que no tiene miedo a enfrentar la competencia, innova, contribuye a mejorar el bienestar de todos los ciudadanos. El empresario institucional es, como dice Adam Smith, impulsado por una mano invisible a promover el bienestar general y esto requiere de libre competencia. Pero también señala que la gente del mismo negocio, que se reúne por diversión, termina conversando de conspiraciones contra el público para hacer subir los precios restringiendo la competencia. Según Smith (1776) es un absurdo creer que la libertad de comercio pudiese volverse a instaurar en Gran Bretaña debido no solamente por los prejuicios del púbico sino, lo que es mucho peor, debido a los intereses privados de muchos individuos que ofrecen una gran resistencia.

Muchas veces se confunde la defensa de la propiedad privada con el liberalismo, pero esto está muy lejos de ser cierto. La defensa de la libre competencia implica defender la propiedad privada, pero la defensa de la propiedad privada no implica defender la libre

13

competencia. Los empresarios destructivos defienden "su" propiedad a costa de la propiedad o libertad del resto de las personas. Piden protecciones arancelarias, subsidios, monopolios, restricciones a la competencia o viven de hacer negocios con los gobiernos.

Las democracias, sin un gobierno limitado, terminan convirtiéndose en las peores de las dictaduras. Nos dice Charles de Montesquieu que "no hay peor tiranía que la que se ejerce a la sombra de las leyes y bajo el calor de la justicia"

La historia tiene, lamentablemente, muchos de estos ejemplos, que no son modernos sino que los podemos observar hasta en la Antigua Grecia. Una de las pocas ideas de Karl Marx que parecen ser ciertas es que la democracia es el mejor camino al socialismo. Obviamente, Marx estaba viendo la fuerza creciente del proletariado como "clase social" que iba ganando poder. Pero el problema más profundo es que no son solamente los "proletarios" los que empujan hacia el socialismo. Gran parte de los políticos, educadores, periodistas y empresarios destructivos empujan en la misma dirección sin darse cuenta que están corriendo hacia un precipicio que termina en mayor pobreza y restricciones crecientes de las libertades.

Las sociedades necesitan de políticos y empresarios institucionales que defiendan los principios de una sociedad libre si es que se aspira a un mayor bienestar para todos. Pero lo que parece prevalecer en la mayoría de la gente es la idea de algún ente "superior" debe protegerla. Esta creencia parte del supuesto de que los gobernantes y políticos en general son personas altruistas que no van a usar el poder para beneficiarse a costa de la población y de que tiene la sabiduría para hacerlo. Pero el hecho concreto es que el poder corrompe y el poder absoluto corrompe totalmente, como señalaba Lord Acton. Los siglos pasan y se sigue creyendo que los gobernantes son ángeles o que las ideas y lealtades van a prevalecer sobre la tentación de ganar dinero a costa de los demás. Las mejores constituciones que defienden los derechos indiviuales, como la estadounidense, no han podido frenar esta "mano invisible perversa"

Si bien es cierto que los "empresarios destructivos" son una fuerza relativamente poderosa para marchar hacia sociedades más y más reguladas, el camino les sería más difícil si los jueces de los países gozaran (1) de independencia total del poder ejecutivo y (2) conocieran más la diferencia entre derecho y legislación.

Tal vez en el futuro se pueda pensar en estado cuyos gobernantes tuviesen incentivos similares a los que hay en algunas sociedades anónimas que cotizan en bolsa. Millones de accionistas tienen que cuidar que los directores de la empresa tomen decisiones que protejan sus intereses. Los intereses de los directivos tienen que estar alineados con los de los accionistas. Esto no ocurre en todas las empresas de este tipo pero hay muy buenos ejemplos de incentivos diseñados para hacer coincidir intereses. En otras palabras, los políticos no son seres humanos distintos a los gobernados, quieren poder y dinero. Esto no tiene nada de malo si no se hace usando la ley para robar (como indica F. Bastiat en *La ley*). La remuneración de los políticos podría llegar a estar atada a la creación de riqueza en el país, por ejemplo como evolución del promedio del precio de las acciones en el mercado.

Este libro es, sin duda, una gran contribución para incentivar a empresarios institucionales a innovar para encontrar una solución a la gran paradoja de la democracia como es popularmente entendida y que resulta ser la destrucción de la libertad.

Dr. Juan Carlos Cachanosky
Buenos Aires, Argentina, junio 2015

15

Introducción

El presente trabajo de investigación es de carácter teórico. Sus temas de estudio son la empresarialidad y las instituciones de economía de mercado. En particular, la relación entre ambos: los efectos de las instituciones en la empresarialidad y, a la inversa, de los descubrimientos empresariales sobre las instituciones.

En términos generales, se enmarca en el estudio del proceso económico de mercado, de las instituciones que lo definen, de la función empresarial y del cambio institucional que los empresarios pueden provocar.

El objetivo principal es el estudio analítico del efecto de la acción empresarial sobre las instituciones que rigen a los individuos en el proceso de mercado. Reconociendo la importancia de las instituciones para incentivar y multiplicar los eventos empresariales, este libro pretende indagar la causalidad contraria, *i.e.* el impacto de los descubrimientos empresarios en las reglas formales e informales de la sociedad.

La teoría del proceso de mercado, sostenida por los autores de la tradición austríaca, considera que el empresario es un agente esencial para comprender el funcionamiento de ese proceso económico. Además, desde el mismo enfoque, se ha discutido a la empresarialidad como factor para explicar el origen, el crecimiento y la organización de las firmas. Así como la empresarialidad se interpreta en relación a la coordinación en el mercado y en relación al análisis de la firma, en este trabajo se estudian los alcances de la función empresarial sobre las normas y prácticas que sirven para coordinar acciones interindividuales.

Como marco teórico se trabajará con la teoría del proceso económico de mercado y el complemento de la teoría del empresario, ambas desarrolladas según el tratamiento de la tradición austríaca. Utilizar como referencia y esquema de análisis a la teoría del proceso de mercado implica explicar los aspectos económicos e institucionales que distinguen al mencionado proceso.

Desde el esquema del proceso de mercado se abordará la discusión de los cambios institucionales ocasionados por descubrimientos empresariales. Para ello, se propone indagar y precisar la figura del empresario institucional de modo tal que sea compatible con el proceso de mercado. Se revisará la literatura sobre la empresarialidad institucional para luego proponer una categoría de empresario institucional acorde a los principios del proceso de mercado.

El problema que se intenta resolver puede expresarse con el siguiente interrogante: ¿Cómo introducir la empresarialidad institucional en la teoría del proceso económico de mercado? En otras palabras: ¿Qué atributos son necesarios para que la empresarialidad sea considerada institucional y, al mismo tiempo, compatible con el proceso de mercado?

Ese problema emerge de la variedad de acepciones de empresario institucional y de las diferencias de marcos teóricos que se manifiestan en la literatura específica sobre el tema. Existen antecedentes referidos al empresario institucional pero también al empresario político, ideológico, público, social, moral, entre otros, con tratamientos desde la sociología, la ciencia política, la economía del sector público, del desarrollo, etc. También se han realizado aproximaciones a la empresarialidad institucional desde la teoría del proceso de mercado. El capítulo 4 revisa y critica la literatura e intenta una respuesta al problema planteado.

El procedimiento para desarrollar el trabajo se divide en cuatro capítulos. Un capítulo inicial que introduce la teoría del proceso de mercado como sistema complejo donde interactúan individuos con valoraciones, expectativas, conocimientos diferentes. Con la interpretación de Friedrich A. Hayek, se considera el problema del conocimiento y la función del sistema de precios. Además, se presentan la función empresarial y las instituciones de economía de mercado como bloques explicativos del proceso. Los capítulos 2 y 3 se encargan de profundizar ambos temas: empresarialidad e instituciones, respectivamente.

En el capítulo 2, se investiga la empresarialidad en la historia del pensamiento económico. Como objetivo parcial del capítulo se busca mostrar que la función empresarial se relaciona con el descubrimiento de oportunidades de negocios en contextos de incertidumbre estructural e información dispersa. Ese objetivo implica el estudio de las relaciones de la empresarialidad con el cálculo económico, el capital, la incertidumbre y la coordinación. Con esas relaciones se busca arribar a la concepción de la función empresarial en el proceso de mercado. El capítulo 3 estudia las instituciones y su impacto en la empresarialidad. Entendidas como reglas para facilitar la cooperación entre individuos, se discute qué instituciones comprende la economía de mercado y cómo impulsan la empresarialidad. Básicamente, son analizados los principios del derecho de propiedad y de libertad económica como fundamentos del mercado y la acción empresarial. La estructura institucional que abarca ambos principios está plasmada en el ideal político del Estado de Derecho. Se muestra la importancia de la igualdad ante la ley, la generalidad y abstracción de la misma para potenciar la capacidad empresarial. Asimismo, son considerados los efectos de las restricciones constitucionales y del federalismo fiscal y la relación entre Estado de Derecho y funciones del estado.

El capítulo 4 recorre el sentido contrario al anterior y analiza el impacto de la empresarialidad en las instituciones. En ese capítulo se desarrolla la proposición de este trabajo: para introducir al empresario institucional en el proceso económico de mercado deben considerarse dos aspectos; los elementos característicos de la función empresarial primero; y la orientación deliberada hacia ciertas instituciones en segundo término.

Para llevar adelante la tarea, se revisan los mecanismos de cambio institucional, tanto las "consecuencias no intencionadas" de la acción humana como las modificaciones deliberadamente propuestas e impuestas por distintos agentes. El desarrollo continúa discutiendo la posibilidad de tratar al empresario como uno de los agentes de cambio institucional. Se distinguen dos clases de cambio institucional surgidos de la acción empresarial: el cambio intencionado y el cambio no intencionado. Luego, se explica porqué el empresario institucional es un agente de cambio deliberado y son discutidos los antecedentes sobre empresario institucional en la literatura. Finalmente, se considera una categoría alternativa del mismo, acorde con la teoría del proceso de mercado (introducida en el capítulo 1), fundada en la concepción de la función empresarial (desarrollada en el capítulo 2) y compatible con las instituciones de economía de mercado (expuestas en el capítulo 3).

Capítulo 1.
El proceso económico de mercado

La teoría del proceso de mercado como marco teórico

El presente trabajo asume como marco teórico a la teoría del proceso económico de mercado. El enfoque utilizado corresponde, en términos generales, a la tradición de la escuela austriaca de economía. Los motivos que justifican la elección de la teoría del proceso de mercado como marco teórico son dos: el primero, de carácter general, considera que el proceso económico de mercado es el principal objeto de estudio de la economía; el segundo, y más específico, sostiene que el proceso de mercado es el ámbito de acción del empresario.

A continuación, se intenta explicar por qué estos motivos justifican la utilización del proceso de mercado como referencia teórica.

El mercado y el objeto de las ciencias sociales

Las ciencias sociales, donde se incluye la economía, estudian la acción de los individuos y la interacción de los mismos en sociedad.

Los individuos actúan en base a preferencias, creencias y expectativas que sirven para la elaboración de planes que arrojarán determinados resultados futuros. Algunos resultados pueden coincidir con lo estimado en los planes, más formales o menos, formulados *ex ante*. Otros resultados se desvían de lo previsto en los planes originales. Sin embargo, existe otro tipo de resultados: aquellos que no estaban en los planes originales y que superan las intenciones de cualquier individuo.

Cuando un ama de casa adquiere un nuevo alimento esperando que sea del agrado de su familia, pueden suceder dos cosas: que se cumpla el objetivo o no. Lo mismo cuando un empresario contrata recursos estimando determinada productividad o en el caso de un trabajador que elije un empleo entre dos o más posibilidades. Si los objetivos planeados *ex ante* no se cumplen, se pueden evaluar las causas y luego revisar los planes para dar lugar a una nueva ronda de acciones. El proceso de planear – actuar – evaluar se reinicia permanentemente y describe la dinámica de la acción humana.

Esa acción humana también produce un tipo particular de resultados no esperados. La acción individual produce fenómenos no contemplados en los planes de origen. Como afirmara el filósofo escocés Adam Ferguson al referirse a las instituciones: son resultado de la acción humana pero no del designio humano.[1] Las acciones individuales dan origen espontáneo al lenguaje, a la moneda, a un conjunto de prácticas o costumbres, principios morales y reglas de justicia.[2]

El proceso de mercado también surge y opera espontáneamente, *i.e.* sin haber sido planeado deliberadamente por ningún agente particular. Los agentes económicos deciden descentralizadamente según preferencias subjetivas y afectan los precios y la producción de los diferentes bienes y servicios.

Por ejemplo, cuando los consumidores eligen entre dos marcas de determinado producto provocan efectos que no alcanzan a imaginar. Determinan las ganancias y las rentabilidades relativas de las empresas que ofrecen los bienes en cuestión. También los salarios de los trabajadores de una y otra empresa. Como corolario, dan impulso a una reasignación permanente de recursos entre esas empresas y el resto.

A escala individual, lo mismo sucede cuando alguien decide adquirir un producto que no había consumido antes. Como efecto no buscado, el precio tiende a subir al sumarse un nuevo demandante a

---

[1] Citado en tres artículos que recorren la tradición del orden espontáneo: Gallo, Ezequiel: (1987), en Zimmermann, Eduardo: (1987) y Barry, Norman: (1982).

[2] David Hume, al tratar el surgimiento de las normas de justicia como convenciones, menciona los siguientes ejemplos: el oro y la plata se convierten en medios de cambio; el establecimiento del habla, la palabra y el lenguaje. Hume, David: (1777, Sección VI, párrafo 569).

Juan Sebastián Landoni. Empresario institucional

los ya existentes. Aceptando que busca un mayor bienestar, el comprador promueve el aumento de precio.

El estudio de los resultados no intencionados de la acción humana tiene una extensa tradición como objeto de las ciencias sociales. Estos fenómenos representan una categoría al margen de los denominados naturales, independientes de la acción humana, y de los planeados por el ser humano. En el siglo XVIII, el estudio de estos sucesos fue realizado por filósofos escoceses entre los que se destacan Adam Ferguson, David Hume y Adam Smith.[3] A fines del siglo XIX, Carl Menger continuó la tradición y sugirió que el estudio de los acontecimientos no intencionados acaso sea "[...] el más sorprendente problema de las ciencias sociales".[4]

Friedrich von Hayek, en el mismo sentido y ya en el siglo XX, entendió que los estudios sociales tienen el objetivo de "[...] explicar los resultados no intencionados o no planeados de los actos de muchas personas".[5] Aunque resulte extraño al pensamiento antropomórfico, las acciones conscientes de muchos individuos pueden producir una especie de orden (y no un desorden, o un caos, en el extremo). Las denominadas "consecuencias no intencionadas" se manifiestan en forma de regularidades observables que, como en los ejemplos mencionados, sirven para la coordinación entre individuos. Pero tales consecuencias pueden ser positivas, como las consideradas, o negativas. Por ello, sostiene Infantino, "[...] lo que las ciencias sociales tratan de definir al estudiar los resultados no intencionados son las con-

---

[3] Hayek, Friedrich A.: (1967, página 154). Hayek menciona a los estoicos y a Luis de Molina, entre otros escolásticos españoles, como autores que entendieron la génesis y el funcionamiento de instituciones que se forman espontáneamente.
[4] Carl Menger expresa: "[...] ¿cómo puede ser que instituciones que sirven al bienestar común y son extremadamente significativas para su desarrollo vengan a nacer sin un deseo común dirigido a establecerlas?" Menger, Carl: (1883, página 223).
[5] Hayek, Friedrich A.: (1952, página 49). Karl Popper sostuvo, en la misma línea de pensamiento: "Los problemas característicos de las ciencias sociales sólo surgen de nuestro deseo de conocer las *consecuencias inesperadas* y, más especialmente, las *consecuencias no deseadas* de nuestras acciones. Deseamos prever no solamente las consecuencias directas, sino también esas consecuencias indirectas no deseadas. ¿Por qué deseamos preverlas? O bien por curiosidad científica, o bien porque queremos estar preparados para ellas; deseamos hacerle frente e impedir que adquieran demasiada importancia, si es posible". Popper, Karl: (1963, página 142), itálicas en el original.

23

diciones que hacen posibles (cuando son positivos y deseables) o imposibles (cuando son negativos e indeseables) determinados acontecimientos".[6]

Enfrentar el estudio de la economía y demás ciencias sociales como el estudio de las consecuencias no intencionadas implica realizar un esfuerzo mayor. No se trata solamente de estudiar los primeros efectos de determinado evento, sino de intentar una explicación de las últimas consecuencias. Al estudiar la acción humana se persigue el objetivo de analizar desde el comportamiento individual hasta los efectos últimos de las relaciones con otros individuos.

Estudiar el mercado no significa estudiar en forma aislada al consumidor, al empresario, o al propietario de un recurso y así sucesivamente con el resto de los agentes económicos. Por contrario, se busca explicar el proceso de interacción entre ellos. En otras palabras, interpretar la posibilidad de compatibilizar, en alguna medida, planes individuales basados en valoraciones subjetivas. El mercado, como se entiende en esta aproximación, es un proceso de interacción humana cuyo resultado no es fruto del designio o de la planificación deliberada de uno o varios individuos. Por tratarse de un hecho social, tampoco ha existido siempre o ha surgido originariamente.[7] Es un fenómeno de origen espontáneo, no intencionado por los agentes individuales participantes. Lo expuesto ubica al proceso de mercado como objeto de estudio de la ciencia económica.[8]

Como nota aclaratoria, el análisis del proceso de mercado y de los resultados no intencionados de acciones individuales no significa la adopción de un enfoque holístico. En el tratamiento del proceso, el punto de partida es el comportamiento de individuos en base a preferencias y expectativas subjetivas. Desde esta perspectiva no actúan las naciones, ni las empresas ni los gremios u otros entes colectivos. Primero se considera la acción de individuos concretos para luego

---

[6] Infantino, Lorenzo: (1999, página 161).

[7] Menger, Carl: (1883, página 225).

[8] En el mismo sentido, James Buchanan expresa: "[...] los economistas deben ser «economistas de mercado», pero solo porque creo que deben concentrarse en las instituciones de mercado o de intercambio [...]". Buchanan, James: (1979, páginas 40 y 41), comillas en el original.

interpretar los resultados de las relaciones interindividuales.[9] Lo que Adam Smith denominó "Gran Sociedad" es el producto de una extensa y compleja red de arreglos individuales que, en el mercado, toman la forma de contratos con mayor o menor formalidad.[10] Este trabajo pretende aportar a la comprensión teórica del proceso de mercado definido como un sistema social basado en la propiedad privada de los medios de producción.[11] El estudio del proceso de mercado representa aproximarse a un fenómeno complejo por la cantidad de variables que intervienen, por el cambio y la diversidad de relaciones entre las mismas.[12] La complejidad del proceso supone un desafío para el análisis de la coordinación entre agentes con valoraciones, conocimientos y expectativas diferentes. Pero además, realza la importancia de la función empresarial que, como se trata en la siguiente sección, sirve a los efectos de mejorar la coordinación de planes entre individuos.

El mercado como ámbito de actuación del empresario

El proceso de mercado será explicado a partir de la siguiente sección hasta el final del capítulo. Aquí se quiere dejar sentado que, así como resulta impensable una economía de mercado sin recursos, también lo es sin empresarialidad. Los empresarios, con sus descubrimientos, promueven la asignación y reasignación de recursos. El proceso de mercado es necesariamente un proceso empresarial. De forma concluyente, Ludwig von Mises expresó que eliminando al empresario del mercado se elimina la fuerza motriz del proceso.[13]

---

[9] Para el tratamiento del individualismo metodológico se sigue a Mises, Ludwig: (1949, páginas 41 a 44). Por su parte, Popper sostiene: "[...] cuando hablo de una teoría social de la razón (o del método científico) pretendo decir con mayor precisión que se trata de una teoría *interpersonal*, no de una teoría colectivista". Citado en Infantino, Lorenzo: (1998, página 107), itálicas en el original.
[10] Smith, Adam: (1759, página 229).
[11] Mises, Ludwig: (1949, página 257).
[12] Hayek distingue el grado de complejidad entre los fenómenos simples y los complejos en función de la cantidad de variables que intervienen en su constitución. Hayek, Friedrich A.: (1964).
[13] Mises, Ludwig: (1949, página 249).

¿Cuáles son los motivos que otorgan al empresario el status referido? En el debate sobre el cálculo económico en el socialismo, Mises sostuvo que la ausencia de derechos de propiedad para los medios de producción implicaba la ausencia de mercados para dichos factores.[14] Como corolario, no habría precios para los bienes de capital y demás factores, por lo que la asignación "racional" de los recursos sería una quimera. En el socialismo, la falta de precios alcanza a los bienes de capital, a la mano de obra, a las materias primas, a los bienes intermedios y al ahorro.

Esos precios representan un *input* fundamental para el cálculo económico. Los empresarios comparan tales precios con los precios esperados de los bienes o servicios que estiman vender. Obtendrán ganancias quienes estimen correctamente y se anticipen a los empresarios marginales. Las estimaciones incorrectas redundarán en pérdidas. Pero sin propiedad y sin precios de factores, los empresarios no podrían calcular y las ganancias y pérdidas dejarían de guiar la asignación de recursos hacia sus más valiosos usos.[15]

Bajo la vigencia de los derechos de propiedad de los medios de producción y libertad de movimientos de factores, los propietarios de recursos buscan maximizar su bienestar descentralizadamente. Para que la asignación sea eficiente, se requiere que determinados agentes descubran los mejores usos entre las distintas alternativas. Estos agentes cumplen una función empresarial al asumir incertidumbre propia de la acción humana frente a los eventos futuros.[16] Estiman qué precios estarán dispuestos a pagar los consumidores y los comparan con los precios presentes que ellos deben pagar, anticipadamente, por los factores. Al realizar este cálculo económico *ex ante*, pretenden descubrir oportunidades que señalen la asignación eficiente de los recursos.

---

[14] Mises define al socialismo como la socialización de los medios privados de producción en manos del estado y su consecuente asignación centralizada. Mises, Ludwig: (1922, página 15).

[15] En 1920, poco tiempo después de la revolución bolchevique, Mises abría el debate planteando la imposibilidad del cálculo económico racional en el socialismo, ergo, la imposibilidad de una economía socialista *per se*. Decía, a modo de conclusión: "[...] Donde no hay mercado libre no hay sistema de precios; sin mecanismo de precios no existe cálculo económico". Mises, Ludwig: (1920, página 26).

[16] El capítulo 2 profundiza en torno de la función empresarial.

En el mismo debate por el cálculo económico en el socialismo, Hayek sostuvo que los planificadores, a diferencia de los empresarios descentralizados, tendrían un problema de información que les impediría calcular y decidir el mejor destino de los recursos. La información sobre valoraciones, disponibilidad de recursos y conocimientos técnicos se encuentra dispersa y es cambiante. Se trata de la información relevante para la coordinación de planes individuales. Aunque cuente con las mejores estadísticas, el planificador central contará con información pasada. Además, perderá infinidad de detalles referidos a las particulares "circunstancias de tiempo y lugar" que los agregados estadísticos no pueden contener. Las palabras de Hayek al respecto señalan:

> Las estadísticas que debería usar tal autoridad central deberían obtenerse precisamente haciendo abstracción de las pequeñas diferencias entre las cosas, y juntando, como recursos de un mismo tipo, los elementos que difieren con respecto al lugar, calidad y otros aspectos particulares, en una forma que puede ser muy significativa para la decisión específica. De esto se deduce que la planificación central basada en información estadística, por su naturaleza, no puede considerar directamente estas circunstancias de tiempo y lugar y que el planificador central tendrá que encontrar alguna forma para que las decisiones que dependan de estas circunstancias queden en manos del «hombre que está en el terreno».[17]

Considerando el problema del conocimiento, la alternativa a la planificación central está representada por la asignación descentralizada basada en la propiedad privada de los recursos (aunque nunca perfecta). Esto significa dejar el destino de los medios de producción en manos de los agentes económicos individuales. Pero estos actores ignoran tanto el volumen de información que se encuentra disperso como la diversidad de efectos de sus actos. Israel M. Kirzner lo definió como ignorancia genuina, dado que los individuos ignoran la dimen-

---

[17] Hayek, Friedrich A.: (1945, página 524).

sión de su ignorancia.[18] En otros términos, el mercado es un escenario de incertidumbre estructural donde los participantes desconocen las probabilidades de determinados resultados y también desconocen el abanico de los posibles resultados de sus actos.[19] Significa que el cambio y la sorpresa son elementos constitutivos del mercado, que puede identificarse con lo que Karl Popper denominó universo abierto (*open-ended*).[20] Por su parte, Mises resume esa característica del mercado cuando manifiesta: "En el mercado la agitación nunca se detiene".[21]

Al modificarse la información relevante en forma permanente surge una particularidad saliente del proceso de mercado: la existencia de precios en desequilibrio. El sistema de precios libres es característico del proceso de mercado. En los distintos mercados, los precios son las consecuencias no intencionadas de indefinidas valoraciones y cumplen una función clave en la coordinación de planes entre individuos. Por un lado, los precios concentran información que se encuentra dispersa entre los participantes del proceso y, por otro lado, los precios mismos representan información valiosa para la toma de decisiones de los agentes económicos. Como las decisiones se toman con evaluaciones *ex ante*, el cambio inesperado y la ignorancia pueden derivar en resultados *ex post* distintos a los planeados. Los agentes

---

[18] Israel Kirzner acuña el concepto de ignorancia absoluta (*sheer ignorance*) y lo utiliza como ignorancia desconocida. Kirzner, Israel M. (1997, página 5). Un antecedente se encuentra en Kirzner, Israel M.: (1979). Mises se refiere al problema de ignorancia cuando afirma: "Debe ser enfatizado nuevamente que el mercado está poblado por hombres que no son omniscientes y tienen un conocimiento más o menos defectuoso de las condiciones prevalecientes". Mises, Ludwig: (1949, página 379). También al sostener que en una economía de mercado: "Existen problemas causados por el inadecuado pronóstico del futuro. Sería un don universal si cada hombre y miembro de la sociedad de mercado pronosticara siempre correctamente el futuro y actuaran de acuerdo a ello. Si este fuera el caso, no se dilapidaría una partícula de capital ni de trabajo para la satisfacción de necesidades que ahora son consideradas menos urgentes que otras insatisfechas. Sin embargo, *el hombre no es omnisciente*". Mises, Ludwig: (1949, página 665), itálicas agregadas.
[19] Langlois, Richard: (1994, página 118).
[20] Popper, Karl: (1979).
[21] Mises, Ludwig: (1949, página 329).

económicos aprenden de tales diferencias e incorporan dichos aprendizajes a la planificación retroalimentando el proceso.[22] Los párrafos anteriores presentan los rasgos esenciales del proceso económico de mercado: preferencias subjetivas, información dispersa, ignorancia cabal, cambio, desequilibrio y empresarialidad. Utilizar la categoría de equilibrio, desde el enfoque del proceso, no consigue analizar ni describir el mundo real. Al respecto, Esteban Thomsen sintetiza las características de los mercados del mundo real:

> [...] es sólo en desequilibrio que los *datos* no son totalmente conocidos para los agentes económicos aún en sentido probabilístico (*i.e.* que son, en parte, radicalmente ignorantes), que existe incertidumbre y no solo riesgo, que hay lugar para la toma de decisiones creativas y empresarialidad, que existen beneficios y pérdidas puros, y así sucesivamente. Estas características de la realidad no existen, por definición, en equilibrio.[23]

Bajo tales condiciones, explicar la coordinación entre millones de agentes económicos es un desafío de la economía como ciencia social. ¿Cómo es posible la transmisión de conocimiento entre millones de personas, en muchos casos con intereses contrapuestos? ¿Cuáles son las posibilidades de la cooperación social en un entorno como el descripto? Estas preguntas inquietaron a los economistas desde los orígenes formales de la economía en el siglo XVIII. Según Steven Horwitz:

> [...] el hecho principal a ser explicado en economía es cómo agentes con diferente conocimiento y expectativas son capaces de coordinar sus comportamientos a pesar de tales diferencias y a pesar del anonimato inherente a los mercados.[24]

---

[22] Hayek sostiene que, si se desea explicar la tendencia a la coordinación, se debe suponer como hipótesis subsidiaria que los individuos necesariamente aprenden de la experiencia. Hayek, Friedrich A.: (1937, página 46).

[23] Thomsen, Esteban: (2002, página 2).

[24] Horwitz, Steven: (1994, página 20).

Los empresarios cumplen una función coordinadora en el proceso de mercado, entendido como un proceso de transmisión y utilización de conocimiento. La asignación seguiría un curso aleatorio si no existieran empresarios que descubran oportunidades de negocios (*i.e.* la economía parecería un caos). Para orientar los recursos escasos hacia la producción de los bienes y servicios más valorados se requieren descubrimientos empresariales. Kirzner consideró que el estado de alerta (*alertness*) distingue a los empresarios y les permite realizar los descubrimientos. Otros autores pensaron en la capacidad de tomar decisiones bajo incertidumbre (*judgment*).[25] En el capítulo 2 se precisarán las cualidades empresariales que se requieren para la coordinación en el mercado y, entre ellas, se discutirán las dos mencionadas. Aquí se desea mostrar porqué la empresarialidad opera de fuerza motriz del proceso de mercado.

En el mercado, un diferencial entre los precios de compra y los precios esperados de venta brinda una oportunidad de negocios. Esto significa que hay ausencia de coordinación porque falta el mutuo reconocimiento de un posible intercambio entre sus participantes. Esto se traduce en una oportunidad de beneficios y los empresarios utilizan sus capacidades para descubrirlas.[26] La confirmación de las ganancias empresariales es consecuencia de una correcta anticipación del futuro.[27] Cuando los sectores rentables son sucesivamente descubiertos y explotados opera la tendencia al arbitraje entre mercados. Sin embargo, ante el cambio permanente en las variables subyacentes, la tendencia cambia continuamente de dirección.[28]

Sin alcanzar la perfecta compatibilidad de planes, los empresarios *tienden* a mejorar la coordinación de planes individuales. Si las oportunidades de negocios quedaran latentes, sin descubrir, la economía de mercado no mejoraría la asignación de recursos. La empre-

---

[25] Nicolai Foss y Peter Klein atribuyen a Richard Cantillon, Frank Knight y Ludwig von Mises la pertenencia a una tradición que observa la empresarialidad como *judgment*. Foss, Nicolai y Klein, Peter: (2008, página 20).

[26] Kirzner, Israel M.: (1979, página 150).

[27] En palabras de Mises: "La única fuente de la cual proviene la ganancia empresarial es su habilidad para anticipar mejor que otras personas la demanda futura de los consumidores". Mises, Ludwig: (1949, página 290).

[28] Kirzner, Israel M.: (1997, página 19).

sarialidad es necesaria para el descubrimiento y la posterior explotación de las oportunidades. Por ese motivo, el proceso de mercado es necesariamente un proceso empresarial.

La tendencia hacia estadios cada vez más eficientes depende de los descubrimientos empresariales pero se ve modificada por esos mismos descubrimientos (sean diferenciales de precios que derivan en arbitrajes o innovaciones que provienen de la creatividad y la imaginación).[29] El proceso de mercado involucra una compleja retroalimentación y aprendizajes tanto de errores cometidos como del nuevo conocimiento generado por los descubrimientos.[30] En este sentido, los descubrimientos empresariales que arrojan beneficios crean nuevas oportunidades y actos empresariales.[31]

Resaltar la importancia del empresario en el mercado no significa desconocer que comenten errores. También los errores empresariales constituyen parte fundamental del proceso. Los empresarios proponen y establecen precios tentativos en base a sus estimaciones.[32] Cuando los consumidores se manifiestan en los mercados se pueden verificar dos tipos de errores: de sobrevaluación o de subvaluación.[33]

En el primer caso los empresarios estiman que los consumidores están dispuestos a pagar un precio mayor por la cantidad que desean vender, *i.e.* valoran el producto más que los consumidores. Se trata de un "descubrimiento espurio", donde el empresario cree haber descubierto una oportunidad de negocios cuando en realidad la misma es menor o, simplemente, no existe.[34] En el segundo caso los em-

---

[29] Kirzner, Israel M: (1985, páginas 84 a 85).

[30] Butos, William N.: (2003, página 102).

[31] Holcombe, Randall: (2003, páginas 183 y 184).

[32] En el sentido de David A Harper, los precios tentativos operan como conjeturas a ser refutadas en los mercados. Harper, David A.: (1996, páginas 86 a 93).

[33] En el próximo capítulo, en el apartado sobre cálculo económico, se reformulan ambos errores en términos de rendimiento del capital y de costo del capital.

[34] Una variante del error de sobrevaluación podría ser la subestimación de la acción de la competencia. Por ejemplo, un empresario estima que va a vender a un precio P pero por acción de la competencia termina vendiendo a un precio menor. George B. Richardson afirma al respecto: "Si la existencia de un potencial de beneficio general provocara una excesiva oferta como respuesta, entonces claramente resultaría en pérdidas más que en ganancias para todos los [empresarios] involucrados". Richardson: George B.: (1960, página 50). Citado en Lachmann, Ludwig M.: (1986, página 7). Gilberto Salgado considera que es un tercer tipo de error porque, *ex ante*, se trata-

presarios estiman que los consumidores están dispuestos a pagar un precio menor, *i.e.* los empresarios valoran el producto menos que los consumidores. Implica perder una oportunidad de mayores ganancias y, al mismo tiempo, abrir el camino para que otros empresarios descubran el negocio y arbitren el mercado o produzcan lo mismo.

Ambos errores provienen de una incorrecta percepción de las variables subyacentes y representan una ineficiente utilización de los recursos (cuyo coralario serán las pérdidas).[35] Nuevamente, estos errores darán lugar a determinados aprendizajes que serán fuente de nuevos descubrimientos.

Si se introduce el cambio permanente de las variables subyacentes, se potencia la posibilidad de errores empresariales. El mercado es entonces un proceso complejo de ensayo y error. Pero esto no imposibilita la explicación de una tendencia. El hecho de que los empresarios aprenden de la experiencia conduce a la reformulación de planes. El nuevo conocimiento incorporado pretende perfeccionar los descubrimientos empresariales, dando lugar a una tendencia hacia una mayor compatibilidad de planes entre los actores del proceso (propietarios de factores, consumidores y empresarios).

El empresario se constituye en el motor del mercado si otros empresarios pueden ingresar a explotar las oportunidades. Esto supone volver sobre la concepción institucional del proceso de mercado. Para que el mercado redunde en una asignación eficiente, y maximice la creación de riqueza, se necesita competencia. En sentido institucional, esto es, definida como regla, más o menos formal, la competencia es la libertad para acceder y abandonar los distintos sectores de la actividad económica. Más técnicamente, es definida como libertad de movimiento de factores por parte de sus propietarios. Y es valorada por sus efectos sobre el bienestar por los aumentos de cantidad y variedad, mejoras de calidad y menores precios de productos. Con esta

---

ría de un descubrimiento genuino, no espurio. Salgado, Gilberto: (1999). Citado en Sautet, Federic: (1999, página 65).

[35] Este error también incluye el caso en el que se obtienen ganancias menores a las esperadas. La clasificación de errores de sobre-valuación y sub-valuación proviene de Rothbard, Murray N.: (1962, capítulo 8); y Cachanosky, Juan C. (1994, páginas 38 y 39).

definición se puede precisar la categoría de empresario y darle su espacio en el proceso de mercado.

Los descubrimientos empresariales pueden ser llevados a cabo por capitalistas, por administradores, productores o individuos sin propiedad de recursos. Lo que distingue al empresario es la capacidad para descubrir negocios. Pero fundamentalmente un empresario, a los efectos de mejorar la asignación de recursos, no debe definirse como un buscador de rentas (o un pseudo-empresario).[36] La acción empresarial descripta resulta de vital importancia para el proceso económico siempre que exista libertad de ingreso y salida de los mercados. Una barrera a la competencia es una barrera a la empresarialidad. De allí el calificativo de pseudo-empresarios para los buscadores de rentas o buscadores de privilegios, aquellos que realizan negocios que incluyen transferencias indeseadas y forzadas (robo, piratería, soborno de jueces y privilegios obtenidos del poder político).[37] Un empresario en un entorno de libre entrada y salida obtiene sus beneficios sin coacción externa y mediante intercambios voluntarios de derechos de propiedad. La pseudo-empresarialidad no hace otra cosa que frenar el proceso económico de mercado al impedir que otros empresarios exploten determinadas oportunidades de negocios. Para que los recursos sean asignados a sus mejores usos alternativos (coordinación), en un contexto de información dispersa, son necesarios empresarios e instituciones propias de un Estado de Derecho. Por ello, se puede sostener que empresario y competencia son categorías inseparables para explicar la coordinación en el mercado.[38]

Además, George Selgin sostiene que "ignorando el caso extremo de la economía de giro uniforme, la coordinación requiere también de adecuados *pronósticos* empresariales".[39]

---

[36] Magnus Henrekson, a diferencia de lo que sostiene este trabajo, considera la categoría de empresario asociada a la idea de buscador de rentas. Henrekson, Magnus: (2007, páginas 9 a 12).

[37] Gordon Tullock sostiene que el buscador de rentas pretende obtener privilegios donde los efectos dañinos sobre los afectados son mayores a las ganancias del beneficiario. Tullock, Gordon: (1993, páginas 19 a 23). David Henderson propuso denominar "buscador de privilegios" al "buscador de rentas". Citado en Skousen, Mark: (2008, página 201).

[38] En el capítulo 2 se retoma la relación entre competencia y empresarialidad.

[39] Selgin, George: (1988, página 57), itálicas en el original.

Hayek, en sentido similar, afirma que:

[...] bajo ciertas condiciones, el conocimiento y las
intenciones de diferentes miembros de la sociedad se
supone que estará más y más de acuerdo o, para expresar lo
mismo en términos menos generales y exactos pero más
concretos, que las expectativas de la gente y en particular
de los empresarios serán más y más correctas.[40]

La libertad para mover el capital entre sectores abre el espacio a la
rivalidad y a la presión competitiva que refuerza el descubrimiento y el
aprendizaje empresarial.[41] De lo contrario, sin empresarios compitiendo, no podría hablarse de eficiencia (relativamente mayor) en una
economía de mercado.

Lo expuesto en este apartado intentó presentar y confirmar la
trascendencia de la función empresarial en el proceso de mercado. A
continuación se exponen los principios fundamentales de una economía de mercado con los siguientes objetivos: por un lado, precisar la
descripción del ámbito de acción empresarial (el mercado) y, por otro
lado, consolidar la relación entre sistema de precios relativos, cálculo
económico y descubrimientos empresariales.

Problema de asignación vs. Problema de información

Como fuera expresado, la economía estudia la acción y la interrelación
de individuos. Por un lado, los fines que persiguen los actores individuales son ilimitados y tienen distinto orden de importancia. Por otro
lado, el tiempo y los recursos para atender las necesidades son escasos
y tienen usos alternativos. Desde el "Ensayo" que Lionel Robbins
escribiera en 1932, la economía es concebida como el estudio del
comportamiento humano frente al problema de escasez relativa. La
tradicional definición de Robbins, repetida en muchos manuales de

---

[40] Hayek, Friedrich A.: (1937, página 45).
[41] Hayek señala: "La competencia representa una clase de coerción impersonal que
provoca cambios en el comportamiento de muchos individuos de un modo que no
podría ser provocado por ningún tipo de instrucciones o comandos". Hayek, Friedrich A.: (1968, página 16).

economía, expresa: "La economía es la ciencia que estudia el comportamiento humano como una relación entre fines y medios escasos que tienen usos alternativos".[42] Entendida de este modo, la economía es reducida al análisis de la elección que los individuos deben hacer al momento de asignar los recursos escasos para atender diferentes fines. En este sentido, Robinson Crusoe, el célebre náufrago creado por Daniel Defoe, habrá tenido que confrontar una "lectura interna" de sus prioridades con una "lectura externa" de los recursos disponibles. Luego, como resultado, habrá establecido la organización de sus tareas. Con la compañía de Viernes, las circunstancias cambian pero no son tan diferentes, por lo menos para el tipo de coordinación social. Si evitan la alternativa de la agresión y se deciden a cooperar, deberán acordar sobre el uso de los recursos en función de las prioridades y capacidades transformadoras de ambos.[43] Se amplía el conocimiento sobre la disponibilidad de recursos, sobre el uso de tales recursos y sobre las preferencias. Pero con ese conocimiento, los náufragos negocian y se dividen las tareas. En definitiva, dado el conocimiento, el problema se *reduce* a programar la actividad ajustando medios existentes para conseguir los fines propuestos. Los medios y los fines están expuestos, a disposición para negociar y tomar una decisión respecto de la asignación del trabajo.

Una sociedad de pocos habitantes donde la información se puede concentrar en torno a una "mesa o recinto de negociación" no enfrenta el problema de buscar y descubrir medios y fines, al menos no en la misma escala. Es el caso de los náufragos del ejemplo anterior, de las sociedades familiares o los clanes primitivos. El problema cambia para una sociedad de miles o millones de habitantes donde la información está dispersa, asimétricamente distribuida, cambia con el tiempo y donde cada agente cuenta con una fracción infinitesimal de conocimiento. En ese contexto el problema está en descubrir y comu-

---

[42] Robbins, Lionel: (1932, página 16).

[43] Murray Rothbard identificó como categorías del análisis económico, dentro del praxeológico, a la teoría del individuo aislado y a la teoría del intercambio voluntario entre individuos (con y sin dinero). El análisis de la acción humana se completa con la acción invasiva (guerra, robo, hurto, esclavitud). Rothbard, Murray N.: (1962, página 80).

nicar la información (referida a valoraciones, recursos y capacidades técnicas). Por este motivo Hayek planteó que en la sociedad existe un problema de división del conocimiento.[44] No se trata de asignar recursos conocidos a fines conocidos, sino de descubrir y utilizar conocimiento disperso que posee cada miembro de la sociedad y que no está disponible para ninguno en particular.[45]

Los agentes económicos disponen de distintos tipos de conocimiento para sus decisiones cotidianas. Una porción del conocimiento es de carácter científico o técnico. Pero la mayor parte es de carácter no científico. El primero es un conocimiento organizado sistemáticamente por distintos expertos que se puede expresar explícitamente en proposiciones tales como reglas, instrucciones o principios. Es un conocimiento utilizado en actividades donde se pueden explicitar y saber el porqué y el cómo de distintas operaciones.[46]

La segunda clase de conocimiento no consiste en un conjunto de elementos organizado según reglas lógicas de causa y efecto. Es un conocimiento de tipo práctico. No es susceptible de formulación concreta y se expresa en la forma habitual de hacer las cosas en la práctica. Es un conocimiento que se adquiere en la práctica y se transmite por repetición.[47] A ese conocimiento desorganizado y subjetivo, Hayek se refiere en los siguientes términos:

> Es con respecto a éste [conocimiento de circunstancias particulares de tiempo y lugar] que prácticamente cualquier individuo tiene cierta ventaja sobre todos los demás, dado que posee cierta información única que puede usarse beneficiosamente, pero sólo si se dejan a él las decisiones que dependen de dicha información o éstas son tomadas con su activa cooperación.[48]

---

[44] Hayek, Friedrich A.: (1937, página 49).

[45] Hayek, Friedrich A.: (1945, página 520).

[46] Hayek, Friedrich A.: (1945, página 521); Hayek, Friedrich A.: (1960, páginas 25 y 26) y Gallo, Ezequiel: (1986, página 74). El esquema del problema del conocimiento sigue a Huerta de Soto, Jesús: (1992, páginas 52 a 60).

[47] Michael Oakeshott, en paralelo con la clasificación de Hayek, distingue entre conocimiento técnico y conocimiento práctico. Oakeshott, Michael: (1962, página 29 y 30).

[48] Hayek, Friedrich A.: (1945, páginas 521 y 522).

A diferencia del conocimiento científico, susceptible de cierta centralización por parte de un grupo de expertos, el conocimiento al que se refiere Hayek está disperso o descentralizado en cada uno de los individuos de la sociedad.

Los agentes económicos utilizan tanto conocimiento articulable como conocimiento tácito. Michael Polanyi denominó tácito a un conocimiento subjetivo y basado en la experiencia individual.[49] Un conocimiento que se adquiere por imitación, identificación o repitiendo tareas y donde se incluyen el *know how*, las creencias, las habilidades técnicas y artesanales. La particularidad del conocimiento tácito es que, dado su carácter altamente personal, no resulta articulable. Al menos para el estado actual de la ciencia, es difícil, cuando no imposible, de ser expresado en palabras para ser transferido o comunicado.[50]

Por otro lado, parte de la información y el conocimiento que se administra en una economía se refiere a eventos únicos y no de clase. Son eventos que suceden a un individuo y no a la población entera que pertenece. Respecto de un determinado suceso individual podemos conocer algunos factores determinantes pero, afirma Mises, "[...] existen otros factores determinantes acerca de los cuales nada sabemos".[51]

Jesús Huerta de Soto, utilizando las aproximaciones de Hayek, Oakeshott, Polanyi y Mises, distingue entre conocimiento tipo A y tipo B: el primero es práctico, disperso, tácito y de eventos únicos; el conocimiento de tipo B es científico-técnico, centralizado, articulado y de clases.[52]

---

[49] Polanyi, Michael: (1958), citado en Montuschi, Luisa: (2002, página 9).
[50] Montuschi, Luisa: (2002, páginas 9 y 10).
[51] Mises, Ludwig: (1949, página 110). Mises separa la probabilidad de clase de la probabilidad de caso. En la primera identifica a la probabilidad de que un acontecimiento determinado se verifique en un grupo o población (clase) como la estimación de la mortalidad en un área y período determinados. Sin embargo, nada puede saberse sobre qué miembro de la población será afectado o, siguiendo el ejemplo, qué esperanza de vida tiene un individuo particular. Mises, Ludwig: (1949, páginas 107 a 110).
[52] Huerta de Soto, Jesús: (1992, páginas 52 a 60). A partir de dicha clasificación, Huerta de Soto sostiene: "La economía, por su parte, sería un conocimiento tipo B (científico) sobre los procesos de creación y transmisión del conocimiento práctico (tipo A)". Huerta de Soto, Jesús: (1992, página 53). Aunque reconoce que las rela-

La discusión anterior no precisa los conceptos de información y conocimiento. No significan lo mismo aunque se encuentran vinculados y se intercambien en el uso corriente. Ludwig Lachmann considera al conocimiento como una composición de pensamientos subjetivos y privados y a la información como entidades objetivas: el conocimiento como un stock y la información como un flujo.[53] En la misma línea, Fritz Machlup precisa que "[...] la información es un flujo de mensajes o significados que pueden añadir, reestructurar o cambiar el conocimiento".[54] La información se asocia con los datos que los individuos pueden recibir o transmitir. El conocimiento no es un agregado de datos sino un esquema para incorporar y procesar información y preparar la toma de decisiones.[55]

Con lo expuesto, el problema económico "hayekiano" refiere a la comunicación de información y de conocimiento. La transmisión tiene lugar a través de un complejo proceso social. Frente a un dilema de semejante magnitud pareciera que solo es posible el caos. Sin embargo, los precios son variables que reúnen y transmiten información.[56] Sin llegar a reunir y transmitir "toda" la información, los precios son realidades objetivas que concentran información de valoraciones subjetivas de compradores y vendedores en los mercados de bienes de producción, de bienes y servicios de consumo y de ahorros. A su vez, conforman valiosa información para que los operadores tomen decisiones o revisen las llevadas a cabo.

El problema de información es un pilar de la teoría del proceso de mercado y los precios a los que se transan los bienes en el mercado cumplen una función informativa para que los medios de producción se asignen a sus mejores usos. Para Hayek, tanto el proceso económico de mercado como las instituciones donde se desarrolla el

---

ciones entre ambos tipos de conocimiento están poco estudiadas, la economía también incluye el estudio de los procesos comunicación de conocimientos técnicos a través de los precios relativos.
[53] Lachmann, Ludwig: (1986, página 49).
[54] Machlup, Fritz (1983). Citado en Montuschi, Luisa: (2002, página 14).
[55] Randall Holcombe agrega la categoría de sabiduría, entendida como la capacidad de usar el conocimiento para tomar decisiones correctas. Holcombre, Randall: (2003, páginas 174 y 175).
[56] Hayek, Friedrich A.: (1945, página 525).

mismo reúnen las características de un orden espontáneo.[57] Ni el proceso ni sus instituciones pertenecen a la categoría de organización. En términos de Hayek:

> A un orden tal que es alcanzado por la preparación de las relaciones entre las partes de acuerdo a un plan preconcebido, lo ubicamos en el terreno de una organización.[58]

El mercado es un orden que no es diseñado o programado por ninguno de los miembros que lo integran. Este tipo de orden social surge de comportamientos de agentes económicos que ignoran los efectos remotos de sus actos y el volumen de información que el sistema administra.[59] Significa que, en los términos de Kirzner, existe ignorancia genuina por parte de los individuos participantes, *i.e.* desconocen la magnitud de su ignorancia.[60] Los individuos, entonces, poseen una racionalidad limitada al ser incapaces de estimar la cantidad y las dife-

---

[57] Hayek señala que las normas tienen origen espontáneo pero también promueven un orden espontáneo. En sus palabras "[...] un orden social espontáneo es la primera condición para el bienestar general, así como para que puedan surgir ese tipo de normas de recta conducta [...]". Hayek, Friedrich A.: (1976, página 26). Hayek atribuye a Michael Polanyi la idea de orden espontáneo. Polanyi sostiene: "Cuando el orden es alcanzado entre seres humanos permitiéndoles interactuar en base a su propia iniciativa –sujeta solo a las leyes que aplican uniformemente para todos– tenemos un sistema de orden espontáneo en la sociedad. Podemos decir entonces que los esfuerzos de estos individuos son coordinados por el ejercicio de sus iniciativas individuales y que esa auto-coordinación justifica la libertad en el terreno público". Polanyi, Michael: (1951, página 159). Citado en Hayek, Friedrich A.: (1960, página 211).

[58] Hayek, Friedrich A.: (1964, página 4). El mismo concepto sería más tarde reelaborado en términos de *cosmos* y *taxis*, aplicando los primeros a los órdenes espontáneos y los segundos a las organizaciones deliberadas. Hayek, Friedrich A.: (1973, página 69). El capítulo 4 retoma y revisa los antecedentes de las ideas de cosmos y taxis.

[59] En sintonía con el argumento que Hayek esgrime y utilizaría luego en su discurso al recibir el premio Nobel: "El conocimiento que el individuo más ignorante puede deliberadamente utilizar y el que usa el hombre más sabio, comparados con la totalidad del conocimiento que constantemente se utiliza en la evolución de la civilización dinámica, son insignificantes". Hayek, Friedrich A.: (1960, páginas 56 y 57).

[60] Ver nota al pie número 17.

rencias de los posibles "estados del mundo".[61] En este escenario, identificado por Frank Knight como de incertidumbre estructural, los individuos no sólo desconocen las probabilidades de determinados resultados sino que desconocen los posibles resultados de sus actos.[62]

Una consecuencia directa de la idea de Knight sobre la incertidumbre es que el cambio y la sorpresa constituyen elementos propios del proceso económico. En otros términos, el proceso económico es un sistema complejo tipo universo abierto y donde el cambio en las variables relevantes y la aparición de nuevo conocimiento explican la posibilidad de errores genuinos y una posterior retroalimentación.[63]

Un mundo de semejante complejidad promueve los siguientes interrogantes: ¿Es posible la cooperación social bajo las condiciones planteadas? ¿Qué motivos hacen posible la coordinación entre agentes con fines y medios diversos? ¿Basta con observar cierta regularidad en el mundo real? Como fuera sostenido en párrafos precedentes, los precios son elementos fundamentales para la coordinación de las acciones individuales. La dinámica de la información relevante altera en forma permanente las variables subyacentes y estas modifican las variables inducidas (precios y cantidades). Al cambiar los precios y las rentabilidades relativas se promueve que los recursos tiendan a ser asignados en la dirección de las preferencias.

Pero dado el cambio permanente en las variables subyacentes, es impensado un estado de equilibrio general con total coordinación de planes individuales. Aunque los analistas utilicen al equilibrio para entender determinados fenómenos del mundo real, este dista de parecerse al primero. Las características salientes del proceso de mercado no son explicadas por la teoría del equilibrio perfectamente competitivo: la información dispersa y cambiante, la ignorancia, la incertidumbre y el desequilibrio.[64]

---

[61] Herbert Simon introdujo el concepto de racionalidad limitada contrario a la idea neoclásica de racionalidad perfecta. La racionalidad limitada se refiere a la limitación de la mente humana en su capacidad de conocer y predecir. Foss, Nicolai J.: (1998, página 35).

[62] Langlois, Richard: (1994, página 118).

[63] Sautet, Frederic: (1999, página 11).

[64] Los supuestos que describen la competencia perfecta en el modelo neoclásico incluyen gran cantidad de oferentes y compradores, bienes homogéneos, perfecta

En un escenario como el descripto existe un agente con una función clave para la asignación de recursos y la coordinación de planes entre individuos: el empresario. En el capítulo 2 será abordado el tratamiento teórico de la empresarialidad como fuerza motriz del proceso de mercado. A continuación, se analizan las funciones del sistema de precios como característica saliente del mercado y fundamento del cálculo económico empresarial.

Funciones del sistema de precios

En virtud de su relevancia para el mercado, el estudio del sistema de precios es asimilado al estudio del mercado mismo. En efecto, en el proceso de mercado la interacción individual origina los precios (y los altera) dando una orientación a la asignación de recursos escasos hacia sus usos más valiosos en un contexto de información dispersa. En otros términos, los precios revisten un interés particular para la coordinación de planes y expectativas individuales a lo largo de la sociedad.

Como fuera señalado, Hayek indica que la función primordial del sistema de precios es de carácter informativa: "Debemos mirar el mecanismo de precios como un mecanismo de comunicación de información si queremos comprender su función verdadera [...]".[65]

Y agrega respecto al ahorro de datos del sistema:

El hecho más significativo acerca de este sistema es la economía de conocimientos con la que opera, o cuan poco necesita saber el participante individual para ser capaz de tomar la decisión correcta. En forma abreviada, a través de un tipo de símbolo, sólo se comunica la información más esencial y sólo a aquellos que les interesa.[66]

Siguiendo su propio ejemplo, puede suponerse que desaparece la fuente de abastecimiento del insumo T (o aparece un nuevo uso para

---

movilidad de factores, información perfecta, costos de transacción nulos, ausencia de externalidades y bienes públicos.
[65] Hayek, Friedrich A.: (1945, páginas 526)
[66] Hayek, Friedrich A.: (1945, páginas 526 y 527).

el mismo). La causa puede ser una u otra, pero la dirección del impacto en los precios es la misma. Ningún agente económico necesita saber cuál fue el motivo del cambio. El exceso de demanda y la mayor escasez relativa elevan los precios. Debido al alza, los usuarios del insumo T se verán incentivados a economizarlo y los oferentes a aumentar su producción.[67] Otros empresarios que producen sustitutos de T también tenderán a elevar la oferta; otros verán rentable el desarrollo de métodos técnicos para seguir produciendo lo mismo con menor cantidad de T; y así sucesivamente hacia el resto del sistema económico. En suma, los precios transmiten información "sintetizada" que los individuos utilizan para sus decisiones.

Los precios contienen información "concentrada" de valoraciones de una gran cantidad de compradores y vendedores. Consumidores, ahorristas, trabajadores y demás agentes económicos afectan los precios con sus valoraciones. Pero a su vez, utilizan la información contenida en los precios para sus decisiones. En este trabajo, el foco está puesto en los empresarios, quienes realizan cálculo económico en base a precios. Los insumos esenciales para el cálculo económico son los precios de los bienes y servicios de consumo, los precios de los bienes y servicios de producción y los precios del capital expresados como tasas de interés. En el apéndice del capítulo se sintetiza la formación y el funcionamiento del sistema de precios para interpretar el cálculo económico empresarial en el capítulo siguiente.

Los empresarios, básicamente, comparan precios. En base a información histórica formulan expectativas para el futuro. Al hacer cálculo económico comparan precios presentes con precios futuros. Por eso los precios proveen información sobre oportunidades de ganancias e incentivan a los empresarios a descubrirlas. Como los empresarios, y el resto de los individuos, actúan en un contexto de ignorancia, incertidumbre y desequilibrio, pueden cometer errores de estimación. Nuevamente, esos errores se reflejan en los precios y aparecen los incentivos para otra ronda de descubrimientos. Según sintetiza Thomsen:

---

[67] Hayek, Friedrich A.: (1945, páginas 526).

El mérito de los precios, por lo tanto, no radica sólo en sus roles informativos de equilibrio sino también en el hecho de que son señales que contienen incentivos para la corrección de su propia «imperfección». Es decir, al proveer oportunidades de ganancias, proporcionan la información acerca de su «incorrección» y recompensas para la eliminación de esta «incorrección».[68]

Puede decirse con Peter Boettke que los individuos utilizan las tasas de intercambio del mercado para informarse respecto de: condiciones corrientes del mercado, lo apropiado de las decisiones pasadas y futuras posibilidades de beneficio.[69] En primer lugar, los precios monetarios informan sobre la escasez relativa de los bienes y servicios. Por otro lado, en especial para los empresarios, informan en términos de ganancias y pérdidas *ex post* lo correcto o incorrecto de la anticipación pasada del mercado. Por último, indican la posibilidad de discrepancias entre precios presentes y futuros para incentivar el descubrimiento empresarial.

Conclusión preliminar

En las páginas precedentes se introduce la teoría del proceso económico de mercado cuyo objeto de estudio es la interacción dinámica entre individuos con valoraciones y planes diferentes. Los precios constituyen un resultado de esa interacción, a través de mecanismos que no se pueden describir en detalle en virtud de la inmensa cantidad de influencias remotas.[70] Reúnen y comunican información que se encuentra dispersa y se refiere a valoraciones, recursos disponibles y conocimientos técnicos. Basado en el derecho de propiedad de los

---

[68] Thomsen, Esteban: (1989, página 166). Comillas agregadas.
[69] Boettke, Peter: (1990, página 69).
[70] Hayek ilustra ese aspecto en su discurso al momento de recibir el premio Nobel: "El punto clave lo habían visto ya aquellos notables anticipadores de la economía moderna que fueron los escolásticos españoles del siglo XVI, los cuales insistieron en que lo que ellos llamaban *pretium mathematicum*, el precio matemático, depende de tantas circunstancias particulares que sólo Dios puede conocerlo". Hayek, Friedrich A.: (1974, página 41).

medios de producción, el mercado se entiende como un proceso donde la información y el conocimiento disperso derivan en la formación y variación espontánea de precios.

El sistema de comunicaciones que representan los precios sirve a los agentes económicos para sus decisiones. En especial a los empresarios, quienes realizan cálculo económico en base a precios monetarios.

Dado el problema del conocimiento, los precios se encuentran en desequilibrio y habilitan ganancias que estimulan el descubrimiento empresarial. Estos descubrimientos repercuten en la coordinación de planes individuales (y en ganancias empresariales). Los errores de estimación que derivan en pérdidas generan aprendizajes para nuevos descubrimientos. Sin empresarios en el mercado resulta imposible una asignación más eficiente de recursos y por esto se lo considera un agente clave del proceso.

Kirzner y parte de los autores de la tradición austriaca, sostienen que la tendencia al equilibrio que opera en los mercados depende de la acción empresarial. Esa visión se sostiene en este trabajo y se profundiza en el siguiente capítulo. Allí se investiga al empresario en la historia del pensamiento económico para precisar la función empresarial en el mercado. Al respecto, se analiza al empresario en relación a los precios y al cálculo económico, a la incertidumbre, al capital, a la coordinación y su vínculo ineludible con la competencia.

Capítulo 2.
El empresario en el proceso de mercado

Esta sección persigue el objetivo de definir al empresario. En otras palabras, se busca precisar la concepción del empresario acorde a la teoría que explica el funcionamiento del proceso de mercado. En primer término se presenta el origen del término *entrepreneur*. Luego, se expone el recorrido del concepto a lo largo de la historia del pensamiento económico. El tratamiento comienza con Richard Cantillon, sigue con los autores clásicos, pasa por el pensamiento de Joseph Schumpeter y de Frank Knight y concluye con los economistas austríacos. Finalmente, cumpliendo el objetivo trazado para el capítulo, se detallan las características que debe reunir la figura del empresario para cumplir con su función dentro del proceso de mercado.

Origen del término *entrepreneur*[71]

El término *entrepreneur* posee alrededor de una decena de acepciones y la literatura sobre el tema es extensa y diversa. Existe, por ejemplo, bibliografía sobre el empresario como factor de producción, como coordinador, como equilibrador o desequilibrador del mercado, como *manager* y líder carismático, como innovador, como generador de empleo o de crecimiento económico. Aun con esta relativa abundancia, los libros de texto de economía tratan el tema de modo parcial o, directamente, no lo mencionan.[72]

---

[71] Parte de la exposición histórica esta basada en Landoni, Juan S.: (2006).
[72] Kent, Calvin y Rushing, Francis: (1999, páginas 184 a 188).

Entrepreneur es una palabra de origen francés, adoptada por el idioma inglés en el siglo XIX. Hasta ese entonces, los escritores de habla inglesa usaban las palabras *capitalist, undertaker* o *adventurer,* entre otras. John Stuart Mill, insatisfecho con esas expresiones, introdujo el término entrepreneur en los textos en inglés.[73]

Tanto entrepreneur como emprendedor, empresario y empresa derivan de la voz latina *in prehendo* que significa descubrir, atrapar, darse cuenta.[74]

Bert F. Hoselitz realizó una investigación pionera sobre la historia de la teoría del empresario.[75] Para su cometido, rastreó en diccionarios, obras literarias, edictos y textos jurídicos. El primer uso que habría tenido la expresión entrepreneur en la Edad Media se refería a una persona activa, hacendosa, que disfruta al ver que sus objetivos han sido cumplidos. De aquí se asocia la idea de espíritu emprendedor con una personalidad que toma la iniciativa, una actitud para proyectar y realizar actividades diversas.

En el siglo XVI algunos escritores llamaron entrepreneurs a Héctor y a los guerreros troyanos, hombres que arriesgaban sus vidas y fortunas. Derivado de este concepto se encuentra la idea de empresario como alguien que afronta riesgos, idea que en el siglo XVII, según Hoselitz, era equivalente a afrontar incertidumbre.[76]

Una tercera acepción se atribuye a los hombres que realizaban obras de mayor importancia relativa como rutas, canales, puentes, puertos, dragados, edificios públicos o catedrales. Por esto aparecen referencias, desde el siglo XII al XVI, a emprendedores monjes o sacerdotes encargados de diseñar y ejecutar iglesias. Pero también en esta línea se denominaba emprendedores a los contratistas del gobierno encargados de la realización o reparación de obras públicas.

---

[73] Schumpeter, Joseph A.:(1950, página 620). En una nota al pié de sus *Principios,* Mill expresó: "Es de lamentar que esta palabra [*undertaker*], en este sentido, no es familiar al oído inglés. Los economistas franceses gozan de una gran ventaja ya que pueden hablar corrientemente de *les profits de l'entrepreneur*". Mill, John Stuart: (1848, página 361), itálicas en el original.

[74] Huerta de Soto, Jesús: (1992, páginas 52 a 60).

[75] Hoselitz, Bert: (1951, páginas 234 a 257).

[76] Hoselitz, Bert: (1951, página 250). Más adelante en este capítulo se considera la distinción (trascendente para este trabajo) de Frank Knight entre riesgo e incertidumbre.

El Diccionario de la Lengua Española define el adjetivo emprendedor/a del siguiente modo: "Que emprende con resolución acciones dificultosas o azarosas".[77] Esta acepción única parece resumir los tres usos que Hoselitz reseñó. Por otra parte, el mismo diccionario define empresario/a con cuatro acepciones: "Persona que por concesión o por contrato ejecuta una obra o explota un servicio público; persona que abre al público y explota un espectáculo o diversión; patrono (persona que emplea obreros); titular propietario o directivo de una industria, negocio o empresa".[78]

La figura del empresario estuvo presente en el pensamiento de diferentes autores durante los siglos XVIII y XIX. Éstos trataron el concepto de empresario, el alcance de sus funciones y su importancia en la vida económica. Algunos hicieron énfasis en los capitalistas, quienes acumulan, asignan, controlan y arriesgan capital.[79] Otros lo consideraron un factor de producción o un especialista en coordinar factores.

Peter Klein considera de utilidad distinguir tres perspectivas para aproximarse a la empresarialidad: ocupacional, estructural y funcional.[80] El enfoque ocupacional considera al individuo como unidad de análisis y define la empresarialidad como autoempleo. Se concentra en las características de individuos que lanzan sus propios negocios y en la elección entre trabajo en relación de dependencia y el desarrollo de una empresa. La aproximación estructural trata a la firma como la unidad de análisis y define a la firma empresarial como la empresa nueva o pequeña. Es la literatura que se enfoca en las pequeñas y medianas empresas como estructura particular del mercado. Este concepto de empresarialidad es utilizado por los estudios de dinámica industrial, crecimiento de las firmas, *clusters* y redes. La tercera categoría es la perspectiva funcional que concibe la empresarialidad como una actividad dentro de un proceso o, como su nombre lo indica, una función. No se trata de una categoría de empleo ni de una estructura de mercado, es independiente de conceptos estructurales y ocupacionales. En este enfoque, la empresarialidad puede manifestarse en pe-

---

[77] Real Academia Española: (1992).
[78] Real Academia Española: (1992).
[79] Kirzner, Israel M.: (1979, página 96).
[80] Klein, Peter: (2008, página 3).

queñas o grandes firmas, en nuevas o maduras y en distintas acciones y ocupaciones.[81]

A continuación se realiza un rastreo de la categoría de empresario por la historia del pensamiento económico. Entre las tres aproximaciones señaladas se sigue la funcional. De manera explícita, este trabajo de investigación se enmarca dentro del análisis funcional de la empresarialidad. Como es esperable, algunos autores trataron al empresario desde enfoques que combinan lo funcional con aspectos psicológicos o estructurales.[82] Luego de terminado el recorrido por la historia del pensamiento, se analizan los antecedentes y se pretende precisar la función empresarial dentro del proceso de mercado.

Richard Cantillon (1697-1734)

Pensador irlandés de ascendencia francesa, considerado anterior a la economía clásica, Richard Cantillon fue quien introdujo la palabra *entrepreneur* para referirse a un especialista en afrontar riesgos.[83]

Anticipando la clasificación de ingresos por función económica, que luego sería difundida por los clásicos, Cantillon distinguía entre salarios de trabajadores, renta de propietarios de la tierra, intereses por préstamos y beneficios empresariales. Un *entrepreneur* compra bienes de producción o bienes terminados pagando una suma fija y conocida a sus vendedores, pero nadie asegura sus propios beneficios. Así lo define Cantillon con referencia al empresario agrícola:

> El colono es un empresario que promete pagar al terrateniente, por su granja o por su tierra, una suma fija de dinero, que generalmente se supone equivalente en valor a un

---

[81] Klein, Peter: (2008, páginas 4 y 5).

[82] Por ejemplo, David A. Harper rastreó las raíces psicológicas del *alertness* que, en la teoría de Kirzner, se verá como el elemento saliente de la función empresarial. Harper, David A.: (2003, página 35). El índice del *Oxford Handbook of Entrepreneurship* constituye una muestra representativa de la variedad de enfoques. Casson, Mark, Yeung, B., Anuradha, B. y Wadeson, N. (eds.): (2006).

[83] Cantillon, Richard: (1730). También Higgs, Henry: (1931) y la introducción de Hayek a la edición en alemán del "Ensayo" de Cantillon, reimpreso en *Journal of Libertarian Studies*, Hayek, Friedrich A.: (1985).

tercio de lo producido, sin la seguridad del beneficio que obtendrá de esa empresa.

[...] muchos en la ciudad se convierten en mercaderes o empresarios, comprando lo que el campo produce a aquellos que lo traen o trayéndolo por cuenta propia. Ellos pagan un precio cierto, según el lugar donde lo compran, para revenderlo al por mayor o al detalle a un precio incierto.[84]

La idea de ausencia de seguridad en los ingresos esperados remite más a la incertidumbre que al riesgo. Bernard de Belidor (1698-1761), contemporáneo de Cantillon, identificó la incertidumbre empresarial al nivel de los costos. Belidor pensó en un constructor que realizaba una obra de magnitud por un precio fijo y conocido pero que debía minimizar costos inciertos para obtener una ganancia.[85] En ambos casos los beneficios empresariales son inciertos.

Otro de los aportes de Richard Cantillon relativos a la función empresarial fue, aunque sin mencionarla directamente, la idea de arbitraje:

[...] Entonces los mercaderes y los empresarios de los mercados en las ciudades comprarán a bajo precio el producto de las aldeas y los llevarán a la capital para venderlos a un precio mayor; y esta diferencia de precios necesariamente pagará el mantenimiento de los caballos y sirvientes y el beneficio de los empresarios, sin lo que éste cesaría su empresa.[86]

Lo mismo planteó para el caso de los colonos agrícolas, sosteniendo que año a año ajustaban la producción de los distintos bienes a la demanda guiándose por los precios de mercado.[87] Esta idea hace pen-

---

[84] Cantillon, Richard: (1755, Libro 1, cap. XIII). En la versión original en francés utiliza el término *entrepreneur*, traducido al inglés como *undertaker* (en la edición utilizada). Según Higgs se trata de la primera aparición del vocablo en un texto de economía.

[85] Hoselitz, Bert: (1951, página 239).

[86] Cantillon, Richard: (1755, Libro, Libro 2, cap. V).

[87] Cantillon, Richard: (1755, Libro, Libro 1, cap. XIV).

sar que Cantillon veía en los empresarios una fuerza equilibradora, en un sentido similar al de Kirzner y otros economistas austríacos.[88]

Sin hacer una aclaración precisa, en el pensamiento de Cantillon estuvo presente la diferencia entre aquellos que aportan los fondos para el negocio y quienes descubren la oportunidad para obtener ganancias de éste. En la siguiente cita distingue a los empresarios de terratenientes y trabajadores, quienes perciben una suma fija, y se aproxima a la propiedad del capital: "[...] Y todo el resto son empresarios, ya sea que se establecen con un capital para conducir su empresa o sean empresarios de su propio trabajo sin capital, todos pueden ser considerados como viviendo en la incertidumbre [...]".[89]

Aunque no hizo diferencia explícita entre riesgo e incertidumbre, demostró que la actividad empresarial de comerciantes, agricultores e industriales está asociada con eventos futuros acerca de los cuales no existen certezas. Dos siglos más tarde, Knight concretaría la distinción entre riesgo e incertidumbre y Mises definiría la raíz de la función empresarial de cualquier ser humano como el acto de asumir la incertidumbre.[90]

Adam Smith (1723-1790)

Los contenidos desarrollados por Cantillon en torno a la empresarialidad tuvieron escasa influencia en los autores clásicos. En la "Riqueza de las Naciones" de Adam Smith, Cantillon es de los más citados. Aun así, el pensador escocés no ubicó al empresario en el centro de su pensamiento. Entre otros vocablos, para referirse al empresario utilizó indistintamente maestro, maestro-manufacturero, propietario del capital, mercader, empleador o aventurero.

Al considerar las partes componentes del precio de una mercancía, sostuvo que:

---

[88] Hébert, Robert F.: (1985, página 272).

[89] Cantillon, Richard: (1755, Libro, Libro 1, cap. XIII). La cita termina afirmando: "[...] los mendigos mismos y los ladrones son empresarios de esta clase". Para Hoselitz, esta cita muestra que la teoría de Cantillon excluye explícitamente la noción de que el empresario debe también ofrecer capital. Hoselitz, Bert: (1951, página 250).

[90] Hébert, Robert F.: (1985, páginas 269 a 279). En páginas posteriores se tratan los argumentos de Mises.

[...] debe otorgarse algo para los beneficios del empresario [*undertaker*] quien arriesga su capital en esa aventura. Entonces, el valor que el trabajador agrega a los materiales, se resuelve en este caso en dos partes: una paga los salarios y otra los beneficios del empleador por encima de los materiales y salarios que anticipó. El empresario no tendría interés en contratarlos si no esperase de la venta de su trabajo más que suficiente para reponer su capital; y no tendría interés en emplear una gran cantidad de capital en lugar de una pequeña, si sus beneficios no guardaran cierta proporción con el tamaño de su capital.[91]

Con distintas denominaciones, Smith identificó al empresario como un capitalista. Más interesado en el proceso de acumulación de capital que en la función empresarial, se refirió a los que exponen al riesgo sus medios acumulados, *i.e.* los capitalistas.

La asociación entre empresario y capitalista de Smith y otros pensadores clásicos puede explicarse por varios motivos. En primer lugar, hicieron énfasis en el capital. Sencillamente, al haber puesto al capital en el centro de la escena económica, los clásicos pensaron que el capitalista era la figura clave del proceso.[92] David Ricardo (1772-1823) tampoco reconoció la categoría de empresario. Más interesado en las condiciones de largo plazo y en el análisis estático, prestó menos atención a las fuerzas que promueven cambio a corto plazo.[93] Según distinguía Ricardo, el valor de lo producido (por la tierra) se divide entre terratenientes, trabajadores y capitalistas en forma de rentas, salarios y beneficios:

> Es de acuerdo con la división del producto total de la tierra de cualquier explotación particular, entre las tres clases de terratenientes, capitalistas y trabajadores que juzgamos el crecimiento o caída de la renta, beneficio y salarios, y no de acuerdo al valor al que ese producto puede estimarse con un

---

[91] Smith, Adam: (1776, página 65).
[92] Kirzner, Israel M.: (1979, página 45).
[93] Kirzner, Israel M.: (1979, página 51).

medio que es reconocidamente variable [en referencia al dinero].[94]

Tanto Smith como Ricardo pensaron que la competencia entre los capitalistas provocaba una reasignación desde los sectores menos rentables a los sectores más rentables. La consecuencia de esa operatoria era la tendencia a la igualdad entre los precios de mercado (valores de intercambio) y los precios naturales (asociados con los costos unitarios de producción).[95]

Puede sostenerse que, en la época que escribían los clásicos, ambas funciones estaban fusionadas y los empresarios involucraban su propio capital en sus negocios. En parte debido a la ausencia de un mercado de capitales desarrollado. Para Joseph A. Schumpeter, la distinción operó a partir del siglo XIX cuando "[...] por el hecho de haber cambiado los métodos de las finanzas se produjo un rápido aumento de instancias en las cuales los capitalistas no eran empresarios y los empresarios no eran capitalistas".[96] En un sentido similar, se señaló que era poco frecuente la forma de organización con separación estricta de roles entre accionistas y managers.[97]

Fundamentalmente, Smith estaba enfocado a los principios morales y jurídicos de una sociedad libre. Por este motivo consideraba a los privilegios y exclusividades otorgados por la vía legal o del poder político como contrarios al orden de la sociedad y al progreso.[98] En el siguiente pasaje sugiere que los empresarios persiguen "intereses monopólicos":

---

[94] Ricardo, David: (1817, capítulo 1, párrafo 86).
[95] Smith, Adam: (1776, página 75 y 76). Y Ricardo, David: (1817, capítulo 4, párrafo 9).
[96] Schumpeter, Joseph A.: (1949). Citado en Kirzner, Israel M.: (1979, página 44).
[97] Kirzner, Israel M.: (1979, página 44). Aunque Smith notó la separación entre administradores y propietarios, anticipando la doctrina Berle-Means, al sostener: "Los directores de tales compañías, siendo administradores del dinero ajeno más que el propio, no se espera que deban observar su tarea con la misma ansiosa vigilancia con que los socios en una sociedad coparticipada frecuentemente observan su propiedad". Smith, Adam: (1776, página 741).
[98] Smith, Adam: (1759, página 231).

La gente del mismo negocio rara vez se junta para distraerse o divertirse, pero la conversación termina en una conspiración contra el público o alguna treta para elevar los precios. Es imposible, no obstante, prevenir tales reuniones por medio de una ley que pudiera ser ejecutada o fuera consistente con la libertad y la justicia. Pero aunque la ley no puede impedir que la gente del mismo negocio se junte algunas veces, no debe hacer nada para facilitar tales reuniones; mucho menos convertirlas en necesarias.[99]

Aunque no realizó una exposición detallada de la función empresarial, Smith se interesó por las causas institucionales del crecimiento.[100] Remarcó la importancia del recto comportamiento, entre los aspectos morales, y la ausencia de artificios legales que limiten la competencia, entre los aspectos jurídicos.

Jean-Baptiste Say (1767-1832)

Después de un letargo de casi medio siglo, Jean-Baptiste Say volvió a poner al empresario en el centro de la escena.[101] Say distinguió tres elementos integrantes de un proceso de producción: el esfuerzo laboral, el conocimiento técnico y la aplicación de tales conocimientos.[102] Esta última función la llevan a cabo los *entrepreneurs*, sin los cuales no habría riqueza alguna.[103] En palabras de Say:

En nuestros días, Inglaterra debe menos sus enormes riquezas a sus propios avances científicos, donde ranquea alto, que

---

[99] Smith, Adam: (1776, página 146).

[100] Martin Ricketts piensa que Smith introdujo una forma de analizar el proceso social que facilitó la introducción (posterior) del empresario. Esto lo diferenciaría de David Ricardo, quien intentó un desarrollo más formal y excluyó la figura del empresario. Ricketts, Martin: (2006, página 39 y 40).

[101] Sechrest, Larry J.: (1999).

[102] Say, Jean-Baptiste: (1803, Libro I, cap. VI, párrafos 1 a 6). La palabra utilizada en el original es *entrepreneur*, traducida como *adventurer*. El mismo Say hace una aclaración sobre la dificultad de encontrar una palabra en inglés que mantenga el significado.

[103] Koolman, G.: (1971, páginas 269 a 286).

a las maravillosas habilidades practicas de sus empresarios en la aplicación útil de conocimiento y a la superioridad de sus trabajadores para la rápida y correcta ejecución.[104]

En la visión de Say, el empresario es un intermediario entre propietarios de recursos y consumidores, tal como lo muestran gráficamente los libros de texto:

> Los empresarios de la industria no son más que intermediarios entre vendedores y compradores que emplean determinada cantidad de servicios productivos para un producto particular, en proporción a la demanda de dicho producto.[105]

Al seguir la demanda de los consumidores, indicada por los precios, los empresarios llevan el capital y los recursos hacia los sectores más rentables de la actividad económica:

> Los productos creados hacen nacer diversos grados de demanda, de acuerdo a las necesidades, a las costumbres, al capital relativo, a la industria y los recursos naturales de cada país; el artículo más requerido donde compiten los compradores, rinde el mayor interés para los capitalistas, los máximos beneficios para los empresarios y los mejores salarios para los trabajadores; y la acción de sus respectivos servicios es naturalmente atraída por estas ventajas hacia aquellos particulares canales.[106]

Pero además, se destaca la separación que señaló Say entre las funciones del empresario y el oferente de capital en el proceso económico, en línea con buena parte del debate que se daría más de un siglo después:

---

[104] Say, Jean-Baptiste: (1803, Libro I, cap. VI, párrafo 16).
[105] Say, Jean-Baptiste: (1803, Libro II, cap. V, párrafo 2).
[106] Say, Jean-Baptiste: (1803, Libro I, cap. XV, párrafo 22).

[...] los beneficios que obtiene el empresario suelen incluir las ganancias de su industria y las del capital. Una porción de ese capital le pertenece casi siempre y otra porción a menudo proviene de un préstamo [...]. Nuestro presente objetivo es distinguir la porción de beneficios que el empresario recibe por sus facultades industriales, se deban estas a su juicio, a sus talentos naturales o adquiridos, a su actividad, a su espíritu de orden o a su conducta. Podremos observar luego aquella porción de beneficios que se puede atribuir a los servicios productivos prestados por su capital.[107]

Suele ser un requisito que el empresario provea los fondos necesarios. No se deduce que deba ser necesariamente rico; dado que puede ejercer su industria con fondos prestados [...].[108]

Habiendo dado señales de separación entre el capital y la empresarialidad, Say pensó que la oferta de servicios empresariales depende de cualidades que denominó morales:

[...] Capacidad de juicio, perseverancia y un conocimiento de los hombres y las cosas. Debe apreciar correctamente el producto específico, la necesidad que habrá del mismo, los medios de producción [...] debe poseer una idea de orden y de la economía; en una palabra, talento para administrar.

[...] Esto no es todo: existe siempre un grado de riesgo en las empresas industriales; aunque sean bien conducidas, existe posibilidad de fracaso; el empresario puede, aun sin falta alguna de su parte, perder su fortuna y, hasta cierto punto, su honor. Nueva razón que limita la cantidad de servicios empresariales ofrecidos y los vuelve más caros.[109]

Esta última cita establece un doble vínculo: por un lado, entre el empresario y la gestión del negocio y, por otro, entre el empresario y el

---

[107] Say, Jean-Baptiste: (1803, Libro II, cap. VII, párrafo 26).
[108] Say, Jean-Baptiste: (1803, Libro II, cap. VII, párrafo 28).
[109] Say, Jean-Baptiste: (1803, Libro II, cap. VII, párrafo 29).

riesgo. Pueden hacerse conjeturas respecto de cuál es la fuente del beneficio empresarial en el pensamiento de Say.[110] Pero el economista francés dejó planteado el debate posterior y comparte una tradición que vincula la empresarialidad con la administración de empresas. En esa línea de pensamiento se destaca también Alfred Marshall (1842-1924), que distinguió cuatro agentes de producción: tierra, trabajo, capital y organización.[111] El empresario tratado como organizador sería el encargado de seleccionar la combinación de factores y dirigirlos con su liderazgo hacia los fines previstos. En su concepción de los beneficios señaló: "Lo que resta de los beneficios luego de deducir el interés de su capital a la tasa corriente [...] es generalmente llamado *beneficio del emprendimiento* [*undertaking*] *o la administración*. El ratio que sus beneficios anuales mantienen con su capital se denomina *tasa de beneficio*".[112]

Frank Knight (1885-1972)

La literatura del siglo XX marcó un giro respecto al tratamiento de la empresarialidad. Los libros de texto escritos desde la corriente principal del pensamiento mencionan la palabra empresario en contadas ocasiones y, cuando lo hacen, se refieren a conceptos diferentes.[113] En la microeconomía neoclásica, los autores recurren generalmente al término impersonal "empresa". La teoría de la empresa considera a la misma como una organización que compra bienes de producción, los transforma técnicamente y vende los bienes finales que obtuvo en el proceso. Aunque resulte llamativo, el empresario está ausente de la teoría formal de la empresa. Con los supuestos del modelo perfectamente competitivo, dados los precios de recursos y bienes, dada una tecnología y las relaciones entre los elementos del modelo, la tarea se

---

[110] Hoselitz sostiene que la fuente primaria de beneficio empresarial no es el premio por el riesgo sino la compensación por una labor altamente calificada que es escasa. Hoselitz, Bert: (1951, página 252).
[111] Marshall, Alfred: (1890, libro IV, capítulo 1). El título del capítulo referido es: "Los agentes de producción: tierra, trabajo, capital y organización".
[112] Marshall, Alfred: (1890, libro II, capítulo 4, párrafo 11), itálicas en el original.
[113] Kent, Calvin: (1989, páginas 153 a 164) y Kent, Calvin y Rushing, Francis: (1999, páginas 184 a 188).

reduce a elegir la combinación óptima de producción y empleo de factores (*i.e.*, aquella que maximiza beneficios). Pero el empresario es ocasionalmente mencionado.[114]

Como excepción a gran parte de su época, Frank Knight se propuso estudiar la mecánica de la economía en condiciones de conocimiento perfecto para luego considerar la misma situación bajo incertidumbre.[115]

En primer lugar consideró necesario distinguir entre riesgo e incertidumbre. El riesgo hace referencia a un evento en el que la probabilidad de un resultado puede ser establecida, razón por la cual, entonces, podría asegurarse ese resultado. En el caso de la incertidumbre, no es posible establecer una probabilidad de resultado alguno. En sus palabras:

> El hecho esencial es que 'riesgo' significa en algunos casos una cantidad susceptible de ser medida, mientras otras veces es algo de un carácter distinto; y existen diferencias cruciales y de gran alcance en los efectos del fenómeno dependiendo de cual de los dos está realmente presente y operando. Hay otras ambigüedades en el término 'riesgo' que se indicarán luego, pero esta es la más importante. Parece ser que una incertidumbre mensurable, o 'riesgo' propiamente dicho, como usaremos el término, es tan diferente de una inmedible que en efecto no es incertidumbre en absoluto. De acuerdo con esto, restringiremos el término 'incertidumbre' a casos de tipo no cuantitativo. Es la 'verdadera' incertidumbre y no el riesgo, como ha sido argumentado, que forma la base de una válida teoría del beneficio y da cuenta de la divergencia entre la competencia real y la teórica.[116]

---

[114] William Baumol postula irónicamente que "[...] the theoretical firm is entrepreneurless–the Prince of Denmark has been expunged from the discussion of Hamlet". Baumol, William: (1968, páginas 64 a 71). Joseph Scumpeter había utilizado la metáfora al sostener que una teoría que desconoce formas de competencia en variables diferentes al precio es "como un Hamlet sin el príncipe danés". Schumpeter, Joseph A.: (1942, página 124).

[115] Knight, Frank: (1921, capítulo IV).

[116] Knight, Frank: (1921, página 15).

La incertidumbre knightiana se origina en lo que denominó doctrina de la probabilidad real, según la cual el futuro no se puede conocer en detalle porque no está determinado desde el presente por leyes de probabilidad.[117] Puede decirse que adhiere a la indeterminación cuando afirma que "[...] la lógica de nuestra conducta asume indeterminación real, cambio real, discontinuidad".[118]

Knight tenía en mente explicar la diferencia entre el modelo de competencia perfecta y la competencia del mundo real. En el modelo teórico, al menos a largo plazo, los precios y los costos son iguales, por lo que los beneficios son nulos. Pero en el mundo real precios y costos se igualan en algunos casos y en el resto no. En los negocios cotidianos algunas empresas obtienen beneficios y otras pérdidas. Esto, en su pensamiento, se debe a que es imposible hacer una previsión perfecta del futuro por la existencia de incertidumbre o "posibilidad de error".[119] Las estimaciones de precios de factores y de productos pueden diferir *ex post* dando lugar a pérdidas, menores o mayores beneficios. De este modo, la competencia real se interpreta como individuos actuando (compitiendo) sobre la base de lo que piensan del futuro.[120]

Para Knight, el empresario es la "figura central" de una teoría de la libre empresa y los beneficios empresariales tienen su raíz en la existencia de "verdadera incertidumbre".[121]

Que el empresario sea un especialista en enfrentar incertidumbre no significa que el resto de los agentes no la enfrenten. Un trabajador de planta realiza tareas rutinarias que a veces requieren de un juicio consciente para hacer frente a una situación incierta. En algunos casos el trabajador reconoce que la responsabilidad lo excede y transfiere el problema a su superior. Esta secuencia continúa hasta la "cabeza suprema del negocio": el administrador general. Sin embargo, para Knight, el que decide colocarlo en su puesto es quien asume la responsabilidad real. El empresario es el último responsable porque enfrenta la incertidumbre efectiva al utilizar su juicio (*judgment*) en

[117] Boudreaux, Donald y Holcombe, Randall G.: (1989, página 150).
[118] Knight, Frank: (1921, página 161).
[119] Knight, Frank: (1921, página 158).
[120] Knight, Frank: (1921, página 139).
[121] Knight, Frank: (1921, página 6 y 117, primera y segunda cita respectivamente).

tales decisiones.[122] Un empresario pone en juego su facultad de juzgar en situaciones donde se desconocen las consecuencias de sus decisiones y, por tanto, es posible que cometa errores.[123] El manager, según Knight, puede convertirse en empresario cuando cumple determinados requisitos:

> Cuando la función directora requiere el ejercicio del juicio enfrentando la posibilidad de error y cuando, en consecuencia, la asunción de responsabilidad sobre la corrección de sus opiniones se convierte en una condición previa para conseguir que los demás miembros del grupo se sometan a la dirección del administrador, la naturaleza de la función se revoluciona y el director se convierte en empresario.[124]

Pero en última instancia, el juicio empresarial recae en quienes poseen capital:

> En la práctica general, la posesión de propiedad es necesaria para la asunción de genuina responsabilidad y en la típica organización moderna de los negocios el dueño responsable no aporta servicios laborales al negocio sino solamente servicios de propiedad.[125]

El beneficio empresarial, en este sentido, adquiere la forma de un rendimiento del capital invertido por sus propietarios. Para Knight, la propiedad del capital hace imposible que el empresario pueda librarse de la incertidumbre y la responsabilidad.[126]

Aun con la explicación anterior, llamativamente Knight creyó que en casos aislados podía darse la existencia de un empresario sin capital:

---

[122] Knight, Frank: (1921, página 152).
[123] Knight, Frank: (1921, página 116).
[124] Knight, Frank: (1921, página 141).
[125] Knight, Frank: (1921, página 158).
[126] Knight, Frank: (1921, página 155).

En algunos casos, aunque quizás en una proporción relativamente menor de las empresas reales y probablemente en aquellas de tamaño menor, el emprendedor independiente puede no tener capital invertido en su negocio, aportando solamente servicios de trabajo.[127]

Siguiendo estas últimas líneas, se detecta en Frank Knight una doble concepción de la empresarialidad sin alcanzar a distinguirse cual de ambas reviste mayor importancia en su tratamiento. Por un lado, trata al empresario como un capitalista y, por otro, como un administrador.

Joseph Schumpeter (1883-1950)

Joseph Schumpeter introdujo al empresario en su teoría de las fluctuaciones y ciclos económicos. Partiendo del modelo neoclásico, consideró al empresario como el agente que irrumpía en el equilibrio walrasiano. Con la introducción de una nueva combinación técnica el empresario da lugar a un redireccionamiento de recursos. No es necesariamente un inventor sino quien transforma el invento en una innovación económica al aplicarla en el proceso de creación de riqueza. Según Schumpeter, "la esencia de la función empresarial yace en reconocer y llvvar a cabo nuevas posibilidades en la esfera económica".[128]

El empresario schumpeteriano es un innovador que cambia alguna de las condiciones que se mantienen constantes en el equilibrio. Los ejemplos de innovaciones citados por el autor son: a) la creación de un nuevo bien, b) la introducción o mejora de un proceso de producción, c) la elección de una fuente de oferta nueva y más barata de medios de producción, d) la apertura de nuevos mercados, e) el cambio en la organización de los negocios.[129]

Los empresarios innovadores inician lo que Schumpeter denominó proceso de "destrucción creadora", donde se crean ganancias que impulsan la imitación y un ajuste hacia un nuevo equilibrio con

---

[127] Knight, Frank: (1921, página 156).
[128] Schumpeter, Joseph A.: (1928, página 250).
[129] Schumpeter, Joseph A.: (1912, páginas 139 a 141).

mayor producción y precios menores. "Este proceso de *destrucción creadora* constituye el dato esencial del capitalismo. En eso consiste en definitiva el capitalismo y toda empresa capitalista debe amoldarse a ella para vivir".[130] Para Schumpeter el empresario puede ser el inventor, el capitalista o el administrador del negocio. Pero lo relevante es la voluntad de innovar y no la inteligencia del inventor o la propiedad del capitalista. El empresario es quien lleva a cabo "nuevas combinaciones".

Un aspecto donde Schumpeter se diferenció es en la relación entre riesgo y empresarialidad:

> El empresario no es nunca quien soporta los riesgos. Y eso está perfectamente claro en nuestro ejemplo. Quien concede el crédito sufre las pérdidas si fracasa la empresa. Pues si bien responde con cualquier propiedad de que disponga el empresario de los resultados de la operación, no es esencial tal posesión de riqueza, aunque sea ventajosa. Aun en el caso del empresario que se financia con ganancias anteriores, o que aporta los medios de producción pertenecientes a su negocio "estático", el riesgo recae sobre él como capitalista o como propietario de tales bienes, pero no como empresario. Y si bien es cierto que corre el riesgo de perder su reputación, la responsabilidad económica directa del fracaso no recae sobre él.[131]

Llamativamente y en conflicto con su idea de empresario como agente de cambio, Schumpeter consideró posible que el avance del capitalismo, con el crecimiento de las corporaciones, convierta a la función empresarial en rutinaria:

> Esta función social [del empresario] está perdiendo ya importancia y está abocada a perderla en el futuro a un ritmo acelerado [...]. El progreso técnico se convierte, cada vez en mayor medida, en un asunto de grupos de especialistas capa-

---

[130] Schumpeter, Joseph A.: (1942, página 121).
[131] Schumpeter, Joseph A.: (1912, página 143).

citados que producen lo que se les pide y cuyos métodos les permiten prever los resultados prácticos de sus investigaciones. El romanticismo de la aventura comercial de los primeros tiempos está decayendo rápidamente, porque ahora pueden calcularse con toda exactitud muchas cosas que antes tenían que ser vislumbradas en un relámpago de intuición genial.[132]

Partiendo de esta cita, Richard Langlois observa una tensión en el pensamiento schumpeteriano: por un lado el entrepreneur es visto como crucial para el proceso económico y al mismo tiempo se señala que el entrepreneur es "reemplazado absolutamente por el cálculo racional".[133] Esto se debe a que la evolución capitalista modificaría el tipo de conocimiento administrado en la sociedad, pasando de uno "empírico" a uno "racionalista". Con la supuesta ampliación de los límites del conocimiento provocada por las innovaciones empresariales, el socialismo sería tan eficiente como el capitalismo.[134]

Mas allá del análisis anterior, en el pensamiento económico posterior quedó la imagen del empresario schumpeteriano como creativo, revolucionario e innovador que, con su acción, moviliza y promueve el crecimiento en la economía capitalista.[135] El mismo Israel Kirzner, que más tarde sería un referente en la teoría de la empresarialidad, reconoció a Schumpeter como pionero en la explicación del papel que el empresario desarrolla en la economía capitalista.[136]

---

[132] Schumpeter, Joseph A.: (1942, páginas 181 y 182).

[133] Langlois, Richard: (2002, página 288).

[134] Langlois considera que, como Karl Marx, Schumpeter entendió que el capitalismo iba a autodestruirse y, a diferencia de Marx, que el capitalismo se destruiría por su propio éxito económico. Langlois, Richard: (2002, página 288). Schumpeter ilustró sobre el particular: "[...] el moderno capitán de la industria es [...], contra sus propios deseos, el pionero de la economía planificada". Schumpeter, Joseph A.: (1928, páginas 252 y 253).

[135] Ekelund, Robert y Hebert, Robert: (1990, página 606).

[136] Kirzner, Israel M.: (1979, página 69).

El empresario en la tradición austríaca

La función empresarial es vista como una característica saliente del proceso económico en el pensamiento de los autores austríacos. En esto se han diferenciado de la mayoría de los autores clásicos, con las excepciones que fueron enunciadas. También se distinguieron del pensamiento neoclásico y el modelo de equilibrio general competitivo donde el empresario no es incorporado.

Para los economistas austríacos en el proceso de mercado los agentes toman decisiones descentralizadas. Entre esos agentes, los empresarios son claves para la asignación de recursos y el crecimiento. Por eso consideran al mercado como un proceso capitalista de acumulación pero también como un proceso empresarial.

Como es de esperar, las exposiciones de los autores distan de ser homogéneas. Esta sección presenta un recorrido desde las primeras contribuciones hasta el debate y la síntesis actual.

Carl Menger (1841-1921)

Carl Menger fue profesor de política económica en la Universidad de Viena y se lo considera fundador de la escuela austríaca de economía.

Los aportes de Menger a la teoría del empresario son pocos. En sus *Principios* se refiere al empresario solo dos veces directamente y alguna más indirectamente.

En primer lugar, consideró que el proceso de transformación de bienes de orden superior (factores) en bienes de orden inferior (bienes de consumo o intermedios) debe ser planeado y conducido. Quien realiza la tarea es un individuo economizador que lleva a cabo la "[...] así llamada *actividad empresarial*".[137] Ese empresario presta servicios laborales de carácter técnico por lo que, según Menger, debe ser tratado como un bien o servicio de orden inferior. Las tareas realizadas por el empresario se detallan a continuación:

> La actividad empresarial incluye: (a) hacerse de *información* sobre la situación económica; (b) *cálculo* económico –todos

---

[137] Menger, Carl: (1871, página 160).

los diferentes cálculos que deben realizarse, si es que el proceso de producción ha de ser un proceso eficiente [...]; (c) el *acto de voluntad* por el cuál algunos bienes de orden superior (o bienes en general –bajo condiciones de desarrollo del comercio, donde cualquier bien económico puede intercambiarse por cualquier otro) son asignados a un proceso de producción particular; y finalmente (d) la *supervisión* de la ejecución del plan de producción de modo que sea llevado a cabo del modo más económico posible.[138]

Los servicios laborales propios de la actividad empresarial tienen características particulares:

> [...] (a) por su naturaleza no son mercancías (no se usan para el intercambio) y por esta razón no tienen precio; (b) tienen que disponer de los servicios de capital necesarios como requisito para llevarse a cabo.[139]

Aunque el segundo inciso menciona la disponibilidad de capital como requisito, Menger dejó explícitamente aclarado que afrontar riesgos no es la principal función del empresario.[140]

Los *Principios* de Menger no presentan un tratamiento sistemático de los beneficios empresariales. En el siguiente pasaje sugiere que el empresario es un bien de orden superior o factor de producción:

> [...] siempre que queramos determinar el valor presente de las cantidades complementarias de bienes de orden superior, el valor estimado del producto determina el valor total de to-

---

[138] Menger, Carl: (1871, página 160), itálicas en el original. La cita formaba parte de una nota al pie en la versión original en alemán. Los traductores al inglés James Dingwall y Bert Hoselitz la introdujeron en el texto.

[139] Menger, Carl: (1871, página 172).

[140] Menger, Carl: (1871, página 161). Menger no atribuye a Cantillon esta idea sino a Hans von Mangoldt.

Juan Sebastián Landoni. *Empresario institucional*

dos ellos juntos *solo si el valor de la actividad empresarial está incluido en el total.*[141]

En la sección precedente obtuvimos como resultado que el valor agregado de los bienes de orden superior necesarios para la producción de un bien de consumo (incluyendo los servicios del capital y de la actividad empresarial) es igual al valor esperado del producto.[142]

Las pocas referencias mengerianas asocian al empresario con la administración, lo que recuerda a Marshall, para quien también era un factor de producción. Eugen Böhm-Bawerk, discípulo del fundador austríaco, también se acercó a la idea de empresario como factor de producción.[143] Consideró que los beneficios empresariales eran salarios por trabajo, por su visión y por organizar y guiar al resto.[144]

Menger no realizó un tratamiento explícito de la empresarialidad pero Kirzner sugiere que podría encontrarse uno implícito.[145] Concretamente, a partir del análisis que Menger hiciera del mercado como proceso de rivalidad competitiva, del papel del conocimiento y de la ignorancia en la actividad economizadora individual y de la posibilidad de error ante la incertidumbre. Un sistema de pensamiento desarrollado sobre tales bases podría pensarse como el espacio propicio para introducir la actividad empresarial. Paradójicamente, no es el caso.[146]

---

[141] Menger, Carl: (1871, página 161), itálicas agregadas.
[142] Menger, Carl: (1871, página 168).
[143] Dos alumnos de Menger escribieron sobre las ganancias empresariales: Viktor Mataja y Gustav Gross. Según refiere Frank Knight, ninguno de los dos realizó un tratamiento sistemático de la naturaleza del riesgo y la incertidumbre. Mataja aplicó al análisis de los beneficios la teoría de la utilidad marginal, viendo las diferencias de precios en los diferentes usos de los bienes de orden superior para producir bienes de menor orden y de consumo. Gross vio al empresario como intermediario entre mercados y consideró que, socialmente, las ganancias inducen al cumplimiento de la ley económica de la producción más barata posible y la más efectiva utilización de los recursos. Knight, Frank: (1921, páginas 19 y 20). También en Hayek, Friedrich A.: (1934, página 25).
[144] Böhm-Bawerk, Eugen: (1884, página 42).
[145] Kirzner, Israel M.: (1979, página 53).
[146] Kirzner, Israel M.: (1979, página 71). Kirzner considera, además, que Menger se concentró en el valor subjetivo y sus consecuencias, lo que le permitió ver el papel del

65

A Menger se debe el desarrollo de los principios subjetivistas del proceso económico de mercado. La introducción de la función empresarial en el proceso correspondería a los sucesores.

Ludwig von Mises (1881-1973)

Las ideas de Mises sobre la empresarialidad pueden resumirse en dos aspectos: la acción humana es una acción empresarial y el empresario constituye la fuerza motriz del mercado.

Al establecer las premisas de la acción humana, Mises considera al tiempo como una de las categorías de esa acción. Necesariamente las personas llevan a cabo acciones temporales: planifican y ejecutan acciones a través del tiempo con la intención de pasar de un estado de satisfacción dado a otro de mayor satisfacción. Por lo tanto, se trata de afectar una situación futura mediante la acción deliberada. Las previsiones sobre el futuro pueden ser equivocadas y son incompletas sin excepción de ningún tipo. El resultado de toda acción es de carácter incierto y, por este motivo, el sujeto que actúa es siempre especulador y empresario.[147]

Al actuar, el hombre enfrenta la incertidumbre tanto en el entorno de una economía de mercado como cuando se encuentra aislado o bajo el régimen dirigido de una economía centralmente planificada. La incertidumbre es inseparable de la acción humana de cualquier tipo de agente económico. Por eso Mises otorga el carácter de empresarios tanto a los consumidores como a los trabajadores, capitalistas y propietarios de otros factores de producción:

> La economía, al hablar de empresarios, no tiene en cuenta ninguna persona sino una función definida. Esta función no es la característica particular de un grupo especial o clase de hombre; es inherente a cada acción y acompaña a cada actor. Al corporizar esta función en una figura imaginaria, recurrimos a un arreglo metodológico. El término empresario usado

---

conocimiento y la incertidumbre, pero que no lo derivó en un análisis del proceso de mercado como empresarial. Kirzner, Israel M.: (1979, página 74).
[147] Mises, Ludwig: (1949, página 252).

en la teoría cataláctica significa: hombre actuante exclusivamente visto desde el aspecto de la incertidumbre inherente a cada acción. Al usar este término jamás debe olvidarse que cada acción se halla siempre situada en el flujo del tiempo y entonces involucra una especulación. Los capitalistas, los terratenientes y los trabajadores son por necesidad especuladores. Lo mismo especula el consumidor al prever anticipadamente sus necesidades futuras.

[...] El campesino es claramente, aun desde el punto de vista de la terminología mundana, un empresario. Ningún propietario de medios de producción, estén representados en dinero o en bienes tangibles, puede librarse de la incertidumbre del futuro. El empleo de cualquier bien tangible o dinero para la producción, *i.e.* la provisión para días posteriores, es una actividad empresarial.

[...] Las cosas son esencialmente las mismas para el trabajador.[148]

En consecuencia, la empresarialidad presente en la acción humana tiene un carácter antropológico y es independiente del entorno donde ocurra.[149]

Al mismo tiempo, Mises reconoce que la ciencia económica realiza una identificación más estrecha del empresario. Considera al empresario-promotor como aquel que con su iniciativa y espíritu emprendedor se destaca entre los demás, anticipa las demandas futuras, determina el uso de los recursos y promueve el progreso económico. Ese tipo de empresario constituye la denominada fuerza motriz del proceso económico de creación de riqueza.[150]

---

[148] Mises, Ludwig: (1949, página 252 y 253).

[149] Ioannides, Stavros: (1999, páginas 77 a 97). Hébert sostiene que Mises "democratizó" la empresarialidad. Hébert, Robert F.: (1985, página 273).

[150] Al referirse a la soberanía del consumidor, Mises reafirma: "La dirección de todos los asuntos económicos en la sociedad de mercado es una tarea de los empresarios. Suyo es el control de la producción. Ellos controlan y pilotean el barco. Un observador superficial podría creer que son supremos. Pero no lo son. Están sometidos a obedecer incondicionalmente las órdenes del capitán. El capitán es el consumidor". Mises, Ludwig: (1949, página 269).

La fuerza motriz del mercado, el elemento que tiende incesantemente a la innovación y al progreso, es provisto por el inquieto promotor y su ansiedad por obtener beneficios tan altos como sea posible.[151]

Los empresarios esperan sacar provecho de los diferenciales de precios comprando a determinados precios los recursos y vendiendo a un precio mayor los bienes terminados. Pero en las estimaciones no hay certezas, por eso los beneficios empresariales provienen del acierto en las proyecciones relativas a las demandas futuras y las pérdidas derivan de las estimaciones erradas. Al modificarse las condiciones y resultar imprevistas, los resultados *ex post* pueden diferir de lo planeado.

Para moverse en un escenario cambiante, los empresarios promotores poseen iniciativa, visión y sentido del riesgo, elementos que los convierten en impulsores del progreso. Estos pioneros se distinguen de los demás actores del mercado. No todo ser humano tiene la misma capacidad para estimar el futuro y reaccionar al cambio. Por ese motivo, el empresario promotor se distingue del resto que, si bien enfrentan incertidumbre cotidianamente, no representan la denominada fuerza motriz del mercado.[152]

De este modo, pueden encontrarse en Mises las dos formas de ver la empresarialidad: una como característica de la acción humana frente a la incertidumbre y otra como cualidad diferenciada de un grupo de actores, empresarios promotores, que ofician de fuerza tractora del mercado.

Además, el economista austríaco aportó al debate entre propiedad del capital y empresarialidad. Aunque efectivamente trató el tema y aclaró varios puntos, podría interpretarse que en algunos pasajes dejó el espacio para investigaciones posteriores.

---

[151] Mises, Ludwig: (1949, página 255). Una lectura apresurada de ese pasaje podría mostrar cierto parecido entre el promotor misesiano y el empresario schumpeteriano. Sin embargo, el empresario que pensaba Schumpeter irrumpía en un estado de equilibrio de fuerzas destruyéndolo e iniciando un nuevo ajuste. Una vez que se deja el instrumento metodológico de la Economía de Giro Uniforme, para Mises la idea de equilibrio negaba la categoría de empresario. Mises, Ludwig: (1949, página 249) y Schumpeter, Joseph A.: (1942, página 118).
[152] Mises, Ludwig: (1949, página 255).

Como lo haría Kirzner años después, Mises pensó en la construcción imaginaria del empresario puro que no posee capital alguno: todos los fondos que utiliza son aportados por capitalistas. El empresario puro arriesga los capitales obtenidos de terceros con la expectativa de alcanzar el mayor beneficio neto, pero la pérdida de los emprendimientos recae en su totalidad sobre los capitalistas. Cabe la posibilidad de que un empresario posea fondos para la inversión. Un empresario que aportara una fracción del capital sería empresario y capitalista. Pero, ¿qué se puede decir del capitalista y su relación con la empresarialidad? Al respecto, Mises sostiene:

> [...] aun si el empresario está en posición de proveer por si mismo una parte del capital requerido y se endeuda solo por el resto, las cosas no son esencialmente diferentes. Las pérdidas que no puedan ser soportadas por los fondos propios del empresario caen sobre los capitalistas prestamistas, cualquiera sean los términos del contrato. El capitalista es siempre, por tanto, virtualmente un empresario y especulador. Siempre corre el riesgo de perder sus fondos. No existe tal cosa como una inversión perfectamente segura.[153]

En el final del párrafo anterior se plantean las siguientes definiciones: un empresario puede ser un empresario puro o un empresario-capitalista; y un capitalista es siempre empresario.[154]

A su vez, en una misma persona pueden reunirse otras funciones. Un empresario que aporta capital y también dirige la compañía; otro que realiza actividades técnicas o manuales. Sin embargo, con el fin de realizar una clara distinción funcional, aunque sea una construcción imaginaria, el autor de *Human Action* distingue al empresario, al capitalista, al director y a los técnicos (entre los que incluye a los trabajadores). El empresario constituye explícitamente la

---

[153] Mises, Ludwig: (1949, página 253).

[154] Siendo coherente con su posición, Mises extiende su clasificación a aquellos que prestan las sumas necesarias para la inversión: "El prestamista es siempre un empresario". Mises, Ludwig: (1949, página 539).

fuerza que mueve la economía porque es el que descubre el uso de los factores productivos.[155]

Mises ofrece un tratamiento particular para el caso de los *managers* en el que ilustra sobre la relación que mantienen empresarios y capitalistas:

> [...] No se comprende que las operaciones de los directores corporativos consisten sencillamente en la correcta ejecución de las tareas encomendadas por sus jefes, los accionistas, y que en el cumplimiento de las órdenes recibidas ellos están forzados a ajustarse a la estructura de precios de mercado, determinados en última instancia por factores ajenos a las muchas funciones gerenciales.[156]

En el siguiente párrafo Mises retoma la distinción entre *managers* y empresarios y coloca al capital en igualdad con la empresarialidad:

> Quienes confunden empresarialidad con gerencia cierran sus ojos al problema económico. En las disputas laborales las partes no son gerencia y trabajo sino empresarialidad (o capital) y empleados asalariados. El sistema capitalista no es un sistema gerencial; es un sistema empresarial. No se disminuyen los méritos de los gerentes corporativos si se establece el hecho de que no es su conducta la que determina la asignación de factores de producción a las diferentes líneas de la industria.[157]

De esta manera, no son los *managers* sino los empresarios y los capitalistas quienes tienen la decisión más importante desde el punto de vista económico: definir hacia qué sectores y cómo asignar los recursos escasos.

Los ingresos de un *manager* profesional corresponden al mismo rubro que los salarios de los demás empleados asalariados. En el momento de tratar el origen de los beneficios y las pérdidas empre-

---

[155] Mises, Ludwig: (1949, capítulo 15, apartado 10).
[156] Mises, Ludwig: (1949, página 707).
[157] Mises, Ludwig: (1949, página 708).

sariales, Mises deja claro que las mejores estimaciones de los precios futuros dan lugar a ganancias empresariales, mientras que los errores de estimación de la demanda provocan pérdidas. Define las ganancias como diferencias de precios de bienes y precios de factores, incluyendo los intereses sobre el capital invertido.[158]

Con el propósito de separar criterios, Mises distingue a los empresarios de quienes no lo son de un modo que originó lecturas alternativas:

> Existe una regla sencilla para separar empresarios de no empresarios. Los empresarios son aquellos sobre quienes recae la incidencia de las pérdidas del capital empleado".[159]

Murray Rothbard, Nicolai Foss y Peter Klein, entre otros, leyeron en este último párrafo que la fuerza motriz del proceso de mercado está en los capitalistas emprendedores. Rothbard concentró su análisis de la empresarialidad en el capitalista emprendedor por motivos que se verán en breve, Foss, en virtud de la necesidad de recursos para fundar una empresa, y Klein hizo lo propio al sostener que una teoría austríaca de la firma es una teoría acerca de la propiedad y el uso del capital.[160]

Israel Kirzner (1930)

El análisis de Kirzner sobre la empresarialidad tiene su punto de partida en la idea neoclásica de optimización donde se sostiene que los individuos eligen lo mejor que pueden.[161] Esto implica ajustar una

---

[158] Mises sostiene: "[...] el costo total de producción –incluido el interés sobre el capital invertido– viene atrás de los precios que el empresario recibe por el producto. Esa diferencia es el beneficio empresarial". Mises, Ludwig: (1951). Esta afirmación sugiere que el empresario persigue beneficios netos. Más adelante en este trabajo se realiza un análisis del cálculo económico.

[159] Mises, Ludwig: (1951).

[160] Rothbard, Murray N.: (1962, página 463); Rothbard, Murray N.: (1985, páginas 281 a 286); Foss, Nicolai J.: (1994, páginas 59 y 60) y Klein, Peter: (1999, página 25).

[161] En la microeconomía tradicional, optimizar significa que todo agente económico hace lo mejor que puede. Por ejemplo, un ama de casa elige (el "hace") la mejor canasta de consumo dados los precios de los bienes y su ingreso (el "puede").

estructura de medios a un conjunto de fines particulares con la intención de alcanzar el mayor número de objetivos según su orden de importancia. En este sentido, los agentes económicos –consumidores, empresarios, trabajadores, ahorristas, etc. – se comportan como optimizadores.

Desde esta perspectiva, los agentes toman sus decisiones basándose en un conjunto dado de fines y medios, de recursos y prioridades. Para Kirzner esa conducta optimizadora del agente económico no considera la tarea de identificación de los mejores cursos de acción y de los medios idóneos para alcanzarlos. Para describir con mayor precisión la acción de los agentes, deben integrarse las dos tareas: identificar fines y medios, por un lado, y perseguir la mayor eficacia, por otro.[162]

El tratamiento de Kirzner contínua y complementa los aportes realizados por Mises y Hayek. Del primero sigue la concepción del mercado como proceso competitivo y empresarial; del segundo, resalta el papel del conocimiento disperso y del mutuo aprendizaje en el proceso de mercado. Aunque Hayek no realizó un tratamiento particular sobre la empresarialidad, el análisis de Kirzner respecto de la conducta propia de los empresarios se vincula al descubrimiento y coordinación (de información dispersa). En palabras del autor:

> [...] califico a ese elemento de estar alerta hacia posibles nuevos y provechosos objetivos y hacia posibles nuevos recursos disponibles – que como hemos visto está ausente de la noción de economización pero muy presente en la de acción humana – como el elemento *empresarial* en la toma de decisiones humana.[163]

El empresario posee una capacidad especial para estar alerta a diferentes alternativas hasta el momento inadvertidas. El *alertness* supone una perspicacia y una mayor sensibilidad respecto de los datos del entorno.

---

[162] Kirzner, Israel M.: (1973, páginas 34).
[163] Kirzner, Israel M.: (1973, páginas 35), itálicas en el original.

En una realidad cuyas características básicas son la ignorancia y la información dispersa y atomizada entre los agentes económicos, el empresario está alerta a oportunidades de ganancias no explotadas por otros (*i.e.*, busca poseer los datos que los otros agentes no disponen o que no utilizan). Tales oportunidades surgen de diferencias entre precios presentes de factores y precios esperados de bienes. Dada la volatilidad de las variables subyacentes, en todo momento existen diferenciales de precios que representan la ausencia de coordinación. Un beneficio puro surge del descubrimiento de un diferencial de precios y es el producto del estado de alerta. Conseguir beneficios puros no implica un retorno de la riqueza personal ni es el resultado de una operación azarosa.

El empresario que gracias a su perspicacia descubre y explota una oportunidad de ganancias promueve un ajuste entre mercados. Así, en condiciones de libre movimiento de recursos, la acción empresarial que persigue beneficios provocará un arbitraje, elevando los precios en los mercados de factores y disminuyendo los precios en los mercados de productos.[164]

Una lectura posible de las ideas expuestas sugiere que el empresario descubre oportunidades de ganancias pero no señala el papel de las pérdidas para el proceso de mercado. En el esquema misesiano del proceso de mercado, tanto las ganancias como las pérdidas representan señales para la reasignación de los recursos escasos hacia sus mejores usos alternativos. Kirzner reconoce, sin embargo, que los errores empresariales de interpretación conducen a pérdidas que operan como fuerzas desequilibrantes. A medida que los errores brindan oportunidades de ganancias, los empresarios van descubriéndolos y la tendencia hacia el (nuevo) equilibrio se reinicia.[165]

Como ya se ha dicho, las tendencias que operan en el proceso de mercado tienen lugar a lo largo del tiempo. Por este motivo, la actividad empresarial es inseparable de la incertidumbre. Si bien Kirzner parece seguir a Mises en este punto, "su" empresario puede considerarse como realizador de un arbitraje instantáneo. En los dos párra-

---

[164] Kirzner, Israel M.: (1973, páginas 81).
[165] Kirzner, Israel M.: (1997, páginas 60 a 85). Una crítica de esta posición se encuentra en Ricketts, Martin: (1991, página 72) y en Klein, Peter: (1999).

fos que siguen puede notarse su posición frente a la incertidumbre y la empresarialidad:

> [...] cuanto mayor sea el tiempo en que los desembolsos requeridos por el negocio puedan producir los ingresos esperados, menos seguro de si mismo probablemente estará el empresario. Entonces la actividad empresarial (como se describe aquí) indudablemente involucra incertidumbre y asunción de riesgo.
>
> Pero debería quedar claro que la empresarialidad como la hemos discutido de ningún modo depende de cualquier específica actitud hacia la asunción de incertidumbre por parte de los tomadores de decisiones. Aun si los tomadores de decisiones no manifiestan aversión ni preferencia hacia la incertidumbre como tal, aun si fallan en conjunto al reconocer el carácter relativamente precario de todas las oportunidades de beneficio percibidas, ya podríamos haber encontrado un lugar dentro de nuestra teoría del proceso de mercado para el alertness empresarial y para su efecto sobre la continua disponibilidad de oportunidades percibidas de beneficio puro.[166]

Precisamente, Kirzner critica la posición de Knight por interpretar que el empresario toma solamente en consideración la asunción de incertidumbre y deja de lado elementos como el estado de alerta, la búsqueda y el descubrimiento.[167]

Años más tarde, el autor clasificó la actividad empresarial en tres tipos: arbitraje, especulación e innovación:

> La actividad de *arbitraje* consiste en actuar sobre el descubrimiento de una discrepancia presente (neta de todo costo de distribución) entre precios a los cuales un producto dado puede ser comprado y vendido.
>
> [...] *Alertness* es un concepto suficientemente elástico para cubrir no solo la percepción de oportunidades de arbitraje

---

[166] Kirzner, Israel M.: (1997, páginas 78 y 79).
[167] Kirzner, Israel M.: (1997, páginas 82).

existentes, sino también la percepción de oportunidades de especulación intertemporal que pueden ser definitivamente realizadas solo luego de un lapso de tiempo y aun la percepción de oportunidades intertemporales que exigen creatividad e innovación imaginativa.[168]

El arbitraje kirzneriano se refiere a compras y ventas instantáneas (podría pensarse en mercados *spot* y futuros de *commodities*). La especulación se entiende como un arbitraje a través del tiempo y la innovación como la creación de un nuevo producto, un método productivo o una organización diferente de la usual. Sin embargo, aquí se plantea una incógnita: ¿puede el arbitraje darse en un mismo momento o arbitrar es siempre especular? Aun en el caso de un mercado electrónico, donde la operación se realiza en el breve lapso que existe entre "un click y otro", hay un período, por pequeño que sea. Si la compra y la venta se llevan a cabo en el tiempo, no parece haber duda: la compra es anterior y la venta posterior. Es justamente ahí donde está presente la incertidumbre de la acción empresarial, actividad que es siempre especulativa y arbitradora.

Para Kirzner, un empresario en estado de alerta que descubre y explota desajustes es un empresario puro. En el mismo sentido que le diera Mises, el empresario puro es considerado como un artificio analítico que excluye al propietario del capital de toda función empresarial:

> Una vez que adoptamos la convención de concentrar todos los elementos de la empresarialidad en el empresario puro, hemos automáticamente excluido la propiedad de activos del rol empresarial.
> [...] El descubrimiento de una oportunidad de beneficio *significa el descubrimiento de algo obtenible por nada en absoluto*. Ninguna inversión es requerida.[169]

---

[168] Kirzner, Israel M.: (1985, páginas 84 y 85), itálicas en el original.
[169] Kirzner, Israel M.: (1973, páginas 47 y 48), itálicas en el original.

En este sentido, la empresarialidad pura se ve como un fenómeno cognoscitivo y, por lo tanto, independiente de aspectos externos como la propiedad de capital.[170] El descubrimiento empresarial tiene las características propias de un *flash of light*, de una revelación, y es ejercido por personas atentas y perspicaces.[171] Nuevamente en sintonía con su maestro, Kirzner no niega que un capitalista pueda ser un empresario ni que un empresario pueda poseer recursos para la inversión. Aunque un descubrimiento empresarial se cristalice comprando recursos mediante fondos de capital, la lectura que realiza un empresario (puro) es independiente de cualquier propiedad de recursos.[172]

Murray Rothbard (1926-1995)

El tratamiento de Rothbard sobre la empresarialidad se expone a continuación aunque haya sido desarrollado, en parte, con anterioridad al de Kirzner. Esto se debe a que otro segmento de su exposición es una réplica al empresario kirzneriano.

En su tratado de economía *Man, Economy and State*, Rothbard explicita su postura diciendo:

> Tenemos que concentrarnos en el *empresario-capitalista*, económicamente el tipo más importante de empresario. Estos son los empresarios que invierten el 'capital' (tierra o bienes de capital) usado en el proceso productivo. Su función es, como hemos descripto, el adelantamiento de dinero a los propietarios de factores y el consecuente uso de los bienes hasta que el producto presente más cercano sea luego vendido.[173]

---

[170] Ioannides, Stavros: (2001, página 4).
[171] Kirzner, Israel M.: (1991, página 86).
[172] Kirzner, Israel M.: (1973) y Kirzner, Israel M.: (1979, páginas 91 a 106).
[173] Rothbard, Murray N.: (1962, página 463), itálicas agregadas. En otra parte de su obra, Rothbard explica que sigue la tradición iniciada por Anne-Robert-Jacques Turgot (1727-1781), quien considera al capitalista como emprendedor porque es el

En 1985, Rothbard escribe un *paper* sobre la empresarialidad en Kirzner donde vuelve a afirmar:

> [...] los más importantes casos de empresarialidad, la fuerza motriz que da forma a la estructura y patrones actuales de producción en la economía de mercado, son los que encomiendan y arriesgan sus capitales decidiendo cuándo, qué y cuánto producir.[174]

Como un precedente del *alertness*, Rothbard sostiene que el capitalista "[...] está siempre *alerta*, entonces, a las discrepancias, a las áreas donde puede ganar más que la tasa de interés corriente".[175]

El empresario-capitalista está alerta en la búsqueda de mercados subvaluados o subcapitalizados, en los cuales los factores cuestan menos que el valor descontado de su productividad marginal. Cuando descubre estos mercados, el empresario-capitalista realiza un servicio a los consumidores al asignar los factores a sus usos más valiosos y, de este modo, origina una tendencia de ajuste hacia un supuesto equilibrio que nunca se alcanza (por lo menos en todos los mercados al mismo tiempo). Hasta aquí la diferencia con Mises es la siguiente: donde Mises admite la existencia de un empresario puro, Rothbard sólo considera al empresario-capitalista. ¿Por qué motivo? Las ganancias y las pérdidas son las que demarcan la empresarialidad: "De este modo, los empresarios providentes ven crecer su capital mientras los imprudentes encuentran sus recursos disminuidos".[176]

Un empresario es un agente que asume conductas riesgosas y, en consecuencia, puede ganar y puede perder. En su razonamiento, quien no realiza aportes de capital no enfrenta la posibilidad de perder y el capitalista termina siendo, en última instancia, el empresario del sistema rothbardiano.

Sin embargo, Rothbard parece sugerir la categoría del empresario puro cuando admite que lo que produce beneficios empresaria-

---

que adelanta fondos a los factores y porque enfrenta el riesgo. Rothbard, Murray N.: (1995, páginas 21 a 42).

[174] Rothbard, Murray N.: (1985, página 282).
[175] Rothbard, Murray N.: (1962, página 464).
[176] Rothbard, Murray N.: (1962, página 469).

les no es el capital en sí mismo, sino el juicio y la visión empresariales: "[...] el tamaño de una inversión no es garantía de un gran beneficio contra pérdidas graves. El capital no «engendra» beneficios. Sólo las juiciosas decisiones empresariales lo hacen".[177]

Después de todo, un "ángel inversor" que posee millones no necesariamente descubre (por sí mismo) el proyecto para sus fondos y representa el complemento buscado por quien tiene la facultad de estar alerta. Rothbard piensa en el que descubre un negocio brillante pero no dispone de capital, y presenta dos escenarios: uno donde consigue un capitalista de riesgo y otro donde se financia con un préstamo. En el primer caso, el capitalista aporta la totalidad de los fondos y, se supone, las participaciones quedan divididas en 80% para el capitalista y 20% para el emprendedor. Aquí, el capitalista que arriesga los fondos se convierte en empresario y sigue siendo, al mismo tiempo, un capitalista. Además, según el contrato establecido, el emprendedor antes "despojado" es ahora un capitalista por su participación accionaria. Rothbard sostiene que Kirzner no detecta que ambos miembros son capitalistas: el capitalista original y el emprendedor que ha devenido capitalista.[178]

El otro caso supone un préstamo por el 100% del capital requerido, donde el emprendedor induce ("seduce") a un determinado capitalista. El nuevo emprendimiento se cristaliza en la adquisición de distintos activos que conforman la empresa. Más tarde, el emprendedor será propietario también de los productos elaborados por la firma y de los ingresos por ventas, en caso de que se realicen. Nuevamente, Rothbard manifiesta que el emprendedor se ha convertido en propietario-capitalista.[179]

En el primer caso, si el proyecto fracasa, las pérdidas recaen proporcionalmente sobre el capitalista y el emprendedor que ha devenido capitalista. Pero en el segundo caso, ¿es posible hablar de pérdidas del emprendedor cuando todo el capital ha sido prestado? Rothbard razona que el emprendedor no es ahora menos pobre que antes de tener la idea, pero sí es más pobre en comparación con el

[177] Rothbard, Murray N.: (1962, página 469).
[178] Rothbard, Murray N.: (1985, página 282).
[179] Rothbard, Murray N.: (1985, página 283).

momento de adquirir los activos y hacerse propietario. Por eso define que "un empleador-empresario debe ser un capitalista; *en qué momento* se convierte en capitalista y propietario de activos es irrelevante para la teoría".[180]

En su pensamiento sólo cuenta el capital para la realización de cualquier idea. Las ideas empresariales no pueden progresar sin capital, y lleva esa posición al extremo cuando sostiene que "las ideas empresariales sin dinero constituyen meros juegos de palabras hasta que el dinero es obtenido y canalizado hacia los proyectos".[181]

Hacia una definición de la función empresarial

En lo que sigue se discuten las características asociadas a la empresarialidad a partir del tratamiento previo a través de la historia del pensamiento. El procedimiento continúa el objetivo propuesto en este capítulo: definir la función empresarial en el proceso de mercado.

En primer lugar, se expone sobre el cálculo económico que realiza el empresario en base a los precios de mercado (de bienes y servicios que vende, de factores que contrata y del capital necesario para financiar el proyecto). Se muestra que, utilizando los precios como base, el empresario calcula el rendimiento y el costo del capital para averiguar si el mercado está subvaluado o no.

Aunque la relación entre empresario y capital aparezca evidente, el apartado que sigue profundiza en la relación entre ambos. Siguiendo a los economistas clásicos puede entenderse a la economía como un proceso de asignación de capital hacia distintos sectores y empresas en función de su rentabilidad. La incógnita aquí es si los empresarios sólo descubren ideas sobre la asignación de capital, como el artificio del empresario puro; o si descubren y asignan capital; o si acumulan y asignan capital acompañando los descubrimientos de otros.

Continúa el tratamiento del lugar que ocupa la incertidumbre en la empresarialidad. Si la empresarialidad es acción humana no debería separarse de la incertidumbre. Sin embargo, algunos artificios

---

[180] Rothbard, Murray N.: (1985, página 284), itálicas en el original.
[181] Rothbard, Murray N.: (1985, página 283).

podrían sugerir lo contrario. La controversia entre el estado de alerta (*alertness*) y la capacidad de juicio (*judgment*) forma parte de la discusión de este apartado en virtud de que el primero podría negar la incertidumbre.

Luego se presenta el debate entre empresario, coordinación y equilibrio. La intención es estudiar la posibilidad de coordinación en los mercados y el lugar de la función empresarial en el proceso coordinador. Se consideran las posiciones de Kirzner y Lachmann con el objeto de examinar la posible existencia de un orden provocado por acciones no intencionadas de los individuos que interactúan.

A continuación se regresa al cálculo económico para aplicarlo al problema de coordinación. Tanto en este apartado como en el anterior, se considera el aprendizaje de los errores como un factor relevante.

Finalmente, se desarrolla el vínculo entre empresario y competencia, con la intención de mostrar que la función empresarial se cumple bajo determinado marco institucional. Esto, a su vez, exige revisar si ambas categorías pueden tratarse por separado o si se trata de elementos inseparables.

El cálculo económico empresarial

La acción humana tiene lugar para pasar de un estado de situación a otro mejor. El fin de la acción requiere la utilización y sacrificio de determinados medios. De la diferencia entre el valor de los fines y el valor de los medios surge el beneficio o la pérdida subjetiva que la acción reporta al individuo. Como el valor subjetivo no es cuantificable objetivamente, no hay un valor objetivo para las ganancias y las pérdidas consideradas de este modo.

Al no poseer conocimiento perfecto de las circunstancias actuales y futuras, el individuo puede cometer errores en sus pronósticos. Lo que *ex ante* parecía otorgar un beneficio concreto no necesariamente se cumple. *Ex post*, la realidad puede demostrar algo diferente. El fin alcanzado puede ser más o menos valioso derivando en un error de sobrevaluación o subvaluación, respectivamente.

Lo expresado se aplica a cualquier miembro de la sociedad que especula con que determinada acción elevará su bienestar. En el mercado, los empresarios también especulan que comprando determinados bienes y servicios podrán obtener ganancias al vender dichos bienes (o el resultado de un proceso productivo).

El análisis del proceso de formación de precios realizado en el apéndice del capítulo 1, persigue el objetivo de desarrollar las bases del concepto de cálculo económico empresarial. Los precios representan los *inputs* imprescindibles para su realización. Pero en la economía de mercado, el cálculo económico empresarial de ganancias y pérdidas se facilita mediante la institución del dinero.

Mises indica que las comparaciones sólo pueden hacerse en dinero y aclara:

> El dinero se convierte de esta manera en el vehículo del cálculo económico. Esta no es una función separada del dinero. El dinero es el medio de intercambio universalmente utilizado, nada más. Solo porque el dinero es el medio de intercambio común y porque la mayoría de los bienes y servicios pueden ser comprados y vendidos en el mercado con dinero, y solo por esto, pueden los hombres usar precios monetarios en el cálculo.[182]

La existencia histórica del dinero, a su vez, presupone la del derecho de propiedad. El dinero es un medio para intercambiar derechos de propiedad y no existiría si los compradores y vendedores no fueran propietarios.[183] Por esto la economía de mercado, basada en el derecho de propiedad, es necesariamente una economía monetaria.

Una moderna economía de mercado no podría funcionar sin un medio de cambio indirecto de aceptación general. Debido a la existencia del dinero no solo es viable una expandida división del trabajo que permite ganancias de productividad. Al mismo tiempo,

---

[182] Mises, Ludwig: (1949, páginas 209 y 210).
[183] Beaulier, Scott A. y Prychitko, David L.: (2006, página 53). Los autores señalan que Menger, a pesar de su teoría evolutiva sobre el origen del dinero, no desarrolló una teoría sobre el origen del derecho de propiedad. Mises deja clara la idea de propiedad como previa al dinero desde el debate sobre el cálculo económico en el socialismo. Mises, Ludwig: (1949, página 229).

con los precios expresados en dinero es posible que los empresarios realicen el cálculo económico.[184]

Los propietarios de factores y productores especializados demandan dinero con los bienes de distinto orden que ofrecen y luego demandan bienes con el dinero obtenido previamente. Este fenómeno provoca que los precios de los factores y de los bienes y servicios se expresen en unidades monetarias. La utilización extendida del dinero "economiza" tasas de intercambio (precios) y permite a los empresarios formular sus cálculos con el mismo "denominador común". Los precios esperados de los bienes que el empresario desea vender, por un lado, y los precios de los bienes de producción que compra, por otro, son expresados en dinero.

Mises afirma y resume sus ideas sobre el tema: "En una economía de intercambio, el valor objetivo de cambio de una mercancía se convierte en unidad de cálculo".[185] Para el autor austríaco, el cálculo económico tiene tres ventajas: primero permite recurrir a precios objetivos que surgen de valuaciones subjetivas de los individuos que intervienen en el proceso; segundo, provee una forma de controlar el uso de los medios de producción y detectar los procesos de producción viables; y, finalmente, el cálculo basado en precios permite reducir todos los valores a una unidad común (*i.e.* el dinero en una economía monetaria).[186]

El cálculo económico consiste en la comparación de precios de factores con precios esperados de productos. El empresario cuenta con precios históricos como base y guía del cálculo. En el devenir incierto del mercado los precios pueden cambiar por el cambio en las variables determinantes. El empresario utiliza su capacidad para descubrir la orientación futura de los precios. Las ganancias (o pérdidas) surgen de la formación de expectativas del empresario. Para realizar sus estimaciones, Mises sostiene que los empresarios intentan comprender el comportamiento de los demás agentes económicos (principalmente consumidores). Esta comprensión (en alemán *Verstehen*) les permite realizar predicciones y cuantificar (principal-

---

[184] White, Lawrence: (1999, capítulo 1). Sobre la economía de conocimientos del sistema de precios, ver Hayek en nota al pie 66.

[185] Mises, Ludwig: (1922, página 115).

[186] Mises, Ludwig: (1922, página 115 y 116).

mente las preferencias de consumidores).[187] Calcular la evolución de los precios y compararlos entre sí es el fundamento de la acción empresarial.[188]

Pero en esa comparación de precios, lo que importa no es la ganancia tal como se la expresa en el estado contable de resultados. Lo relevante es la relación entre ganancia y capital invertido que se define como tasa de rendimiento del capital. Una empresa puede obtener una ganancia de un millón y ser más rentable y competitiva que otra con ganancias de diez millones. El beneficio del estado contable no contempla la productividad del capital empleado.

Los descubrimientos empresariales representan una asignación de capital. Un empresario que descubre un negocio utilizará capital que podría haberse usado en otra actividad. El capital necesario puede ser aportado por los socios originales, incluidos los fondos del empresario, o por terceros (en forma de *equity* o en forma de deuda, respectivamente). Los aportantes exigirán como mínimo el costo de oportunidad del capital que surge del rendimiento que podrían obtener en la mejor inversión alternativa de igual riesgo.

Esto supone que, como mínimo, el negocio deberá obtener con lo invertido un rendimiento suficiente como para pagar las fuentes de capital. En la literatura de finanzas se denomina a ambos ratios rendimiento del capital invertido y costo promedio ponderado del capital (ROIC y WACC, por sus siglas en inglés, respectivamente).[189]

Con lo anterior, debe aclararse que el cálculo económico no significa solamente comparar precios. Cuando el empresario indaga los diferenciales de precios de venta y de compra, no se interesa únicamente en obtener un beneficio positivo. La diferencia debe alcanzar para que el beneficio permita cumplir con las obligaciones contraídas con los proveedores de fondos.

---

[187] Mises explica que esa comprensión o *Verstehen* "[…] es el método que siempre aplican los historiadores y el resto de las personas al comentar eventos humanos del pasado y pronosticar eventos futuros". Mises, Ludwig: (1949, página 50). También Cachanosky, Juan C.: (2000, página 234).

[188] Mises, Ludwig: (1949, página 211).

[189] ROIC: Return on Investment Capital. WACC: Weighted Average Cost of Capital. Para las definiciones de ROIC y WACC, ver McKinsey & Company Inc.; Copeland, Tom; Koller, Tim et al.: (1990, páginas 134 a 137).

En otros términos, en una economía capitalista, el cálculo económico exige un esfuerzo mayor al mero esfuerzo de comparar precios.[190] Encontrar diferencias de precios que arrojen beneficios positivos puede derivar en un ROIC menor al WACC, haciendo que la empresa sea inviable. Para calcular el ROIC hace falta calcular determinados beneficios y considerar el capital invertido. Los beneficios dependen de los precios de venta y de los precios de compra. El capital invertido es la suma del capital de trabajo y el capital fijo, resulta de ajustar el activo de la firma y surge de la capacidad para atraer los fondos necesarios hacia el proyecto.

Como medida de los beneficios extraordinarios, el equipo de asesores corporativos de Joel Stern y G. Bennett Stewart III propuso el valor económico añadido (conocido como EVA, por su sigla en inglés). Aunque fue anticipado por Alfred Marshall en sus *Principles*, EVA, Economic Value Added, fue registrado como marca por Stern Stewart & Co. en 1982.[191] Para su cálculo se requieren el ROIC, el WACC y el capital invertido (CI).

El ROIC se calcula dividiendo el NOPAT (beneficio operativo menos los impuestos a las ganancias, por su sigla en inglés) con CI.[192] Se observa que el NOPAT no depende de los intereses pagados

---

[190] Charles Baird sostiene que dividir beneficios por capital implica que la fuente del beneficio es el capital y no el estado de alerta empresarial. Baird, Charles: (1994, página 148). Más adelante en este capítulo se discute una posible solución al problema planteado por Baird.

[191] Marshall había considerado que el término interés "[...] es también usado más ampliamente para representar al equivalente en dinero del ingreso total derivado del capital. Esto es comúnmente expresado como un cierto porcentaje de la suma del *capital* del préstamo. Cuando esto es hecho, el capital no debe ser considerado como un stock de cosas en general. Debe considerarse con un stock de una cosa particular, dinero, que lo representa. Así, £100 pueden prestarse a cuatro por ciento, que significa un interés anual de £4. Y si un hombre emplea en los negocios un stock de capital con bienes de distinta clase que está estimado en £10,000 en total, puede decirse que £400 anuales representa el interés de ese capital a la tasa de cuatro por ciento, bajo el supuesto que el valor monetario de las cosas que lo constituyen se mantiene sin cambio. Sin embargo, el hombre no deseará continuar el negocio a menos que espere que sus ganancias netas totales excedan el interés del capital a la tasa corriente". Marshall, Alfred: (1890, libro II, capítulo 4, párrafo 9). Para una historia del concepto ver Cachanosky, Juan C.: (1999) y Grant, James L.: (2003, página 2).

[192] NOPAT: Net Operating Profit After Taxes.

por el endeudamiento de la empresa. Es un cálculo de ganancia que despeja el componente del costo del capital. El motivo por el que se usa NOPAT y no la ganancia neta es que esta última contiene elementos del endeudamiento.[193] Con esto, el rendimiento del capital se expresa como:

$$ROIC = \frac{NOPAT}{CI}$$

El cómputo del WACC incluye el costo del capital propio y de terceros. Ambos ponderados por su participación en el capital invertido. Definiendo D (deuda), PN (patrimonio neto), i (tasa de interés pactada por la deuda) y r (rendimiento mínimo esperado por los accionistas), se expresa:

$$WACC = i \times \frac{D}{CI} + r \times \frac{PN}{CI}$$

Con estas variables, el EVA se define como el capital invertido por la diferencia entre las tasas de rendimiento y costo del capital.

$$EVA = CI \times (ROIC - WACC)$$

Operando en el lado derecho de la igualdad puede reformularse el cálculo del EVA, para expresarlo del siguiente modo:

$$EVA = NOPAT - WACC \times CI$$

Esta última expresión identifica al EVA como la diferencia entre el beneficio neto operativo después de impuestos (NOPAT) y el costo del capital medido en términos monetarios (WACC x CI). De este modo, puede verse como una ganancia extraordinaria o residual, dado que es neto tanto del costo de la deuda como del costo indirecto del capital aportado por los accionistas.

---

[193] Cachanosky, Juan C.: (1999, páginas 190 y 191).

Una empresa con EVA positivo es una empresa que dispone de ingresos extraordinarios para desarrollar nuevos proyectos.[194] Esto supone descubrir negocios donde el ROIC sea mayor al WACC y, de este modo, obtener un excedente de fondos por sobre lo requerido por los que aportaron el capital.

Además, a un empresario le interesará mantener su posición de creación de valor durante la mayor cantidad de períodos. Esto significa que su capacidad empresarial se orientará a descubrir negocios donde el EVA se mantenga positivo, *i.e.* proyectos donde el ROIC sea mayor al WACC, durante la mayor cantidad de períodos posible. David S. Young y Stephen F. O'Byrne definieron como período de la ventaja competitiva (CAP, por su sigla en inglés) al tiempo que la empresa gozará de retornos superiores al costo de capital.[195] A mayor CAP, mayor será el valor de la empresa.

Significa que el descubrimiento empresarial será más valioso cuando mayor sea el valor actual de los EVA estimados para cada período. Para ello, se requieren estimaciones periódicas de los EVA. Luego se calcula la sumatoria de los EVA descontados y se obtiene el valor de la empresa.

Toda la formulación anterior se realiza en base a estimaciones de precios realizadas subjetivamente por el empresario. Puede contar con más o menos datos históricos, con métodos más o menos sofisticados de cálculo, con una mejor o peor justificación de sus expectativas. Tratándose de valores futuros es imposible tener certezas respecto del devenir de las variables en el mercado. Esto no implica que sea imposible realizar predicciones empresariales. Significa que se requieren supuestos siempre subjetivos y que se pueden cometer errores.[196]

---

[194] Esta idea es afín al criterio de creación de valor para el accionista (*shareholders*). Un criterio que no descarta la posibilidad de crear valor para otros involucrados (*stakeholders*). Expresa básicamente que creando valor para sus accionistas evita riesgos de descapitalización y estará en condiciones de obtener el financiamiento necesario para desarrollar otros proyectos. De este modo puede incrementar la productividad y crear valor para el resto de los involucrados. Rappaport, Alfred: (1986, capítulo 1).

[195] CAP: Competitive Advantage Period. Young, David S. y O'Byrne, Stephen F.: (2001, página 69).

[196] Cachanosky, Juan C.: (2000, página 227).

Como se observa, en las estimaciones empresariales del ROIC y del WACC influyen los precios presentes y esperados. En esencia, el cálculo económico sigue siendo una comparación de precios. Pero es una comparación ajustada. Se ajusta para arribar al rendimiento y al costo del capital. En cada una de estas variables influyen los precios. Los mismos precios que fueron desarrollados precedentemente: precios de los bienes y servicios de venta, precios de factores y tasas de interés.

El NOPAT está compuesto de ventas menos costos operativos. En las ventas influyen los precios esperados de los bienes y servicios ofrecidos. En los costos operativos incluyen los desembolsos para hacer funcionar el negocio y son afectados por los precios de los factores (costos salariales, de insumos, de energía, de venta, de administración).

El WACC depende de las condiciones imperantes en los mercados de capitales donde la empresa puede conseguir colocar acciones o endeudarse con bancos y compradores de bonos corporativos. En los mercados de acciones y de deuda se forma el precio de los fondos que el negocio requiere para su funcionamiento. Luego, las preferencias temporales impactan en el volumen de ahorros y en el costo del capital.

Los párrafos anteriores señalan que el empresario es un "lector" y comparador de precios. Necesita precios para estimar rentabilidad y costo del capital. La aspiración del empresario es descubrir negocios donde se obtenga, por unidad de capital invertido, la mayor diferencia entre ROIC y WACC (*i.e.* donde se maximice el primero y se minimice el segundo).

En un mundo con información dispersa, incertidumbre y precios en desequilibrio, los empresarios pueden cometer errores de estimación. Como se observara, los errores pueden ser de sobrevaluación y de subvaluación. Ahora, ambos errores, pueden reformularse con la utilización del ROIC y WACC. Comete el primer error cuando considera que el rendimiento es mayor al costo del capital y la realidad muestra lo contrario. En este caso no podrá pagar el costo del capital y sufrirá las consecuencias. Un error de subvaluación implica suponer que ROIC $\leq$ WACC e ignorar un negocio verdaderamente rentable.[197] Es el caso de un error por omisión. Si el empresario estima que entre ROIC y WACC hay una diferencia positiva pero menor a la real cometerá también un error de subvaluación pero, en este caso, por acción.[198] El error de subvaluación mantiene el mercado subvaluado y abre el espacio para la acción empresarial de otros.

Los empresarios realizan cálculo económico para descubrir mercados subvaluados donde se obtengan ganancias extraordinarias. Los que se anticipen y lleguen primeros, serán los que mayores beneficios consigan, *ceteris paribus*. En un mercado competitivo, sin privilegios monopólicos, existe una tendencia a la igualdad entre el ROIC y el WACC. La competencia presiona para que los precios relativos tiendan a equilibrar el rendimiento con el costo del capital.

Los empresarios pioneros atraen seguidores que aumentan la demanda de capital, la demanda de factores y la oferta de productos. Las tres "fuerzas" operan en el mismo sentido. La primera aumenta el costo del capital y las dos últimas disminuyen el ROIC. Los mercados de factores, de productos y de capitales tienden a arbitrar los precios relativos. El movimiento tiende a detenerse cuando ROIC = WACC o, lo que es igual, cuando el mercado está en equilibrio. Dado el cambio incesante de las variables que afectan los precios, la tendencia se reorienta y el proceso continúa.

Empresario y capital

Los mercados de capitales constituyen un factor distintivo de las economías de mercado y representan una de las claves para explicar la acumulación creciente de capital, el aumento de la riqueza per cápita, el crecimiento y el progreso de una sociedad. En una sociedad con capitalistas perspicaces habrá, en principio, menores despilfarros y una asignación más eficiente de los recursos escasos.

Un empresario que descubre una oportunidad de negocios encuentra una diferencia de precios que, según sus expectativas, justifica la inversión de capital porque espera un rendimiento mayor a su

---

[197] Cachanosky, Juan C.: (1999, páginas 188).
[198] Thomsen distingue entre error empresarial por acción y por omisión. Thomsen, Esteban: (1989, página 165).

costo. En este sentido, un descubrimiento implica encontrar nuevos atributos o formas de combinar capital.[199] Pero los descubrimientos de oportunidades también los realizan individuos que no son propietarios de recursos y cuya mayor riqueza es la capacidad diferencial de estar alerta. Para ejecutar esos proyectos descubiertos debe obtenerse el capital necesario para sus distintas etapas.

Lo que permite el proceso de aprendizaje propio del mercado es que los mejores descubrimientos tiendan a conseguir capital y los peores no (por lo menos no a largo plazo). A diferencia de lo que sostiene Rothbard, este razonamiento admite la categoría del empresario puro por dos motivos: primero, porque pone la empresarialidad en el descubrimiento sin discriminarla por carecer de propiedad y, segundo, porque representa una explicación de la realidad empresarial donde tantos emprendedores cuentan "sólo" con una idea creadora de valor. Desde este punto de vista, podría sostenerse que el empresario puro realiza un descubrimiento originario y el capitalista un descubrimiento derivado.[200]

Rothbard considera que realiza sociología del conocimiento cuando sostiene que Kirzner se desvió de Mises por cierta falta de claridad de este último y por el deseo de fortalecer la tendencia al equilibrio contra posiciones como las de Ludwig Lachmann y George Shackle.[201] ¿Es posible explicar con el mismo argumento por qué Rothbard rechazó la posición misesiana de un empresario puro? En su tratamiento del debate sobre el cálculo económico en el socialismo reafirma la posición de Mises sobre la necesidad de contar con mercados de recursos y agrega que el socialismo es imposible porque cuando un único agente controla los recursos no tiene la facultad de reali-

[199] Foss, Kristen; Foss, Nicolai; Klein, Sandra y Klein, Peter: (2001, página 5). Los autores sostienen que, por razones especulativas y para economizar costos de transacción, los empresarios desean títulos de propiedad sobre los activos relevantes.

[200] Esa idea parafrasea la idea de *judgment* originario y derivado propuesta por Kirsten Foss, Nicolai Foss y Peter Klein. Los autores sostienen que en una firma pequeña, el o los pocos propietarios del capital son los empresarios con capacidad de juicio para el descubrimiento. En una firma de mayor tamaño con propiedad atomizada y las decisiones cotidianas descentralizadas, existen "proxy empresarios" que ejercen un *judgment* delegado o derivado ante situaciones novedosas. Foss, Kirsten; Foss, Nicolai y Klein, Peter: (2006, página 2).

[201] Rothbard, Murray N.: (1985, página 284).

zar cálculo económico debido a la ausencia de mercados de recursos y de capitales en particular.[202] Entonces, como los mercados de capitales son definitorios para que exista cálculo económico, y considerando que los capitalistas tienen en su poder la decisión última sobre el destino de los recursos, Rothbard se inclina por poner a la empresarialidad del lado de la propiedad del capital.

En la continuidad del debate con Kirzner, Rothbard señala que la idea de arbitraje instantáneo no puede sostenerse. El arbitrador percibe que se puede comprar a un precio en un sitio y vender a un precio mayor en otro. Como el proceso transcurre en una secuencia de tiempo, las ganancias esperadas pueden convertirse en pérdidas por un cambio en la escasez relativa. Ante esta situación, el emprendedor kirzneriano nunca descubre oportunidades de arbitraje instantáneo. Las oportunidades descubiertas son siempre intertemporales. Esa secuencia de tiempo es inherente a la acción humana. El proceso de descubrimiento, de negociación con el capitalista y, por último, de inversión de capital también es temporal (lo mismo para la producción y las ventas). Si la idea empresarial y su capitalización se dan temporalmente en ese orden, es posible hablar de un descubrimiento inicial y otro posterior. Primero el descubrimiento de un empresario sin recursos y luego el de un capitalista dispuesto a invertir en el proyecto. En este sentido, aunque Rothbard no lo aceptara, la figura del empresario sin capital es factible como lo sugirieron Mises y Kirzner.

Un empresario puro, como lo remarca Kirzner, no puede vender su visión ni su juicio empresarial en un mercado organizado al efecto debido a los altos costos de transmisión del conocimiento.[203] Por este motivo, deberá conseguir el capital necesario para hacer posible la explotación del descubrimiento.[204]

Este último aspecto, sin embargo, confirma la relación entre el descubrimiento del empresario y el capital para realizar la inversión.

---

[202] Es importante aclarar que lo mismo le sucedería a una gran empresa o cártel de empresas privadas que creciera hasta producir todos los bienes de la economía. Algo que, precisa Rothbard, es imposible, como la "empresa" socialista, que desemboca en el caos administrativo. Rothbard, Murray N.: (1985, página 548 y 549).

[203] Kirzner, Israel M.: (1973).

[204] Foss considera al empresario capitalista como el factor determinante de la aparición de la firma. Foss, Nicolai J.: (1993, página 60).

Los descubrimientos tienen sentido económico cuando obtienen los fondos requeridos. No es posible hablar de descubrimiento cuando un individuo tiene una idea solamente. Ahora sí, como pensara Rothbard, se trataría solo de un conjunto de palabras. La empresarialidad es la fuerza motriz de los mercados cuando descubrimiento y capital están asociados. Los proyectos que se llevan a cabo dependerán del acceso al capital. Por eso, los individuos que descubren y consiguen capital son empresarios.

El caso del manager de la corporación moderna sirve como ejemplo para aclarar la relación entre capital y empresarialidad. Al respecto, Stavros Ioannides sostiene que los managers importan tanto para la organización como para la expansión de una firma.[205] El crecimiento de las corporaciones sería inexplicable, en muchos casos, sin la figura del *manager*-empresario. Para descubrir nuevos negocios hacen falta empresarios y, en una corporación en marcha, esa tarea recae parcialmente en manos de los *managers*.[206]

Cuando el manager contratado realiza un descubrimiento y consigue el capital para su desarrollo se convierte en empresario. Si solo se encarga de ejecutar un plan de negocios según el descubrimiento y financiamiento de otros individuos, no se trata de un empresario. Un manager (cualquier individuo, en realidad) es empresario cuando descubre y atrae los fondos del capitalista. Sin capital no hay asignación de recursos ni arbitraje ni acción empresarial que implique una función dentro del mercado. Pero eso no significa que solo el capitalista sea empresario.

---

[205] Stavros Ioannides afirma: "[...] el factor determinante más importante [de la organización y límite de la firma] es la distribución de la habilidad para actuar empresarialmente entre los miembros de la firma, *i.e.* cómo las reglas y prácticas de la firma estructuran la empresarialidad de los miembros de una manera que promueva, o no, la viabilidad de toda la organización". Ioannides, Stavros: (1999, página 89).

[206] Ioannides, Stavros: (2001). Como las innovaciones son necesarias para el crecimiento de una firma, los *managers* cumplen la función de movilizar las capacidades empresariales de los recursos humanos y conducirlas hacia la maximización del valor de largo plazo. En esa línea Federic Sautet exploró la idea de firma como nido de empresarios. Sautet, Federic: (1999, páginas 105 y 106).

Empresario e incertidumbre

Este apartado se encuentra estrechamente vinculado al anterior sobre capital y empresarialidad. David Harper hace explícita la separación de la función empresarial y la incertidumbre al entender que son los capitalistas que aportan fondos monetarios quienes la enfrentan, nunca los empresarios puros que no poseen capital.[207] Por su parte, Jack High manifiesta que si la empresarialidad es completamente separada de la propiedad no tiene sentido hablar de pérdidas empresariales.[208] Es un argumento en línea con Rothbard: más allá de pérdidas en términos "psicológicos" y de reputación, no habría pérdidas monetarias en el caso de un empresario puro.

Lo anterior no debería separar la incertidumbre del empresario, dado que la acción empresarial es acción humana y la incertidumbre una característica universal de la misma. Parecería obvio el vínculo entre empresario e incertidumbre que se planteó en la historia del pensamiento desde Cantillon hasta Knight y Mises, entre otros.

Para desentrañar el punto se puede distinguir la función empresarial del mundo real con la construcción imaginaria que se hace de la misma. Proceder mediante una construcción imaginaria implica abstraer de determinado fenómeno algunas de sus características concurrentes.[209] El empresario puro es un artificio que pretende destacar ciertos elementos de la empresarialidad manteniendo el resto al margen. Eso supone que los elementos apartados en cada caso también son parte de la función empresarial.

Sin embargo, Kirzner no fue claro al respecto. En su clásico estudio de 1973 consideró un modelo de un solo período para destacar el papel de arbitrador del empresario alerta a las oportunidades que brindan los diferenciales de precios. En este modelo se ignora la incertidumbre. Es el caso del arbitraje puro, donde se explota una diferencia de precios existente entre distintos mercados. Precisamente esa *existencia* implica que la incertidumbre ha sido dejada de lado. Significa que la oportunidad de beneficio existe y puede ser descubier-

---

[207] Harper, David A.: (2003, página 9).
[208] Citado en Ricketts, Martin: (1991, página 72).
[209] Mises, Ludwig: (1949, página 237). Otro ejemplo misesiano es la construcción imaginaria de una economía de giro uniforme.

ta por un empresario puro, que no posee capital alguno, a cambio de nada. Refiriéndose al empresario puro, afirma:

> Debe quedar claro que la empresarialidad como hemos discutido, de ninguna manera depende de alguna específica actitud para enfrentar incertidumbre por parte de los tomadores de decisiones.[210]

Al abandonar la construcción imaginaria del empresario puro y pasar de un modelo simple de un período a un modelo multiperíodo, Kirzner considera que aparece necesariamente la incertidumbre. Es el caso del arbitraje intertemporal, o especulación, y de la innovación:

> [...] en el mundo real de la producción y (consecuentemente) de la toma de decisiones en varios períodos e incertidumbre radical, la empresarialidad es ejercida solo invocando las cualidades empresariales de audacia, innovación y creatividad.[211]

Kirzner pensó la función empresarial como el estado de alerta (*alertness*) para descubrir oportunidades de beneficio que provienen de diferencias de precios ignoradas o no descubiertas por otros. La clave de su concepción es "[...] reconocer el elemento arbitrador de toda actividad empresarial, sea en un período o en varios".[212]

Distintos autores criticaron la concentración en el arbitraje. Básicamente siguiendo a Knight, quien interpretó la empresarialidad como la capacidad para juzgar (*judgment*) el mercado y tomar decisiones bajo condiciones de incertidumbre.[213] El empresario, en esta aproximación, es alguien especializado en evaluar "criteriosamente" las condiciones de mercado y tomar decisiones para la coordinación

---

[210] Kirzner, Israel M.: (1973, página 78).

[211] Kirzner, Israel M.: (2000, páginas 246 y 247).

[212] Kirzner, Israel M.: (2000, página 246). Como se comprueba en la siguiente sección, el interés kirzneriano se centra en analizar la tendencia al equilibrio.

[213] Esta línea de pensamiento se origina en Cantillón y continua con autores como Knight y Mises. Aunque sobre este último debe señalarse que solo coincide con su idea de empresario promotor.

de recursos en un marco de ignorancia y falta de certeza.[214] Esta corriente, sostenida por Foss y Klein entre otros, considera que el *alertness* tiende a ser pasivo mientras el *judgment* es activo. Ambos autores sentencian: "El alertness es la habilidad para reaccionar a oportunidades *existentes* mientras el judgment refiere a la creación de *nuevas* oportunidades".[215] Desde un punto de vista alternativo, Klein sostiene que las oportunidades se imaginan (ni se descubren ni se crean).[216]

El párrafo anterior no representa una crítica a las ideas de Kirzner quien reconoció a la creatividad como una cualidad empresarial requerida para arbitrar los mercados en el mundo real multiperíodo (ver última cita del autor). La mayor diferencia entre el pensamiento en torno al *alertness* y la concepción del *judgment* está en la relación con el capital. Para los últimos, el capital es condición necesaria de la empresarialidad. Como fuera explicado siguiendo a Kirzner y con el foco en el descubrimiento, es posible un empresario que carece de recursos.

Empresario, coordinación y equilibrio

La función empresarial pensada por Schumpeter representa una actividad desequilibradora. El empresario-innovador "destruye creativamente" el equilibrio de mercado y los imitadores o seguidores operan para que las cantidades ofrecidas y demandadas vuelvan a una nueva igualdad.

Kirzner parte de la ignorancia imperante en el mercado para sostener la falta de coordinación o desequilibrio. La ignorancia de los agentes y los cambios permanentes en las variables subyacentes provocan que el estado habitual del mercado sea la ausencia de equilibrio. En su pensamiento, los empresarios que descubren mercados subvaluados ejercen una función coordinadora aunque nunca se alcance la coordinación total propia del equilibrio general, *i.e.* los mercados nos

---

[214] Mark Casson define al empresario como "[...] alguien que se especializa en tomar juiciosas decisiones acerca de la coordinación de recursos escasos". Casson, Mark: (2003, páginas 20 y 21).
[215] Foss, Nicolai y Klein, Peter: (2008, página 18), itálicas en el original.
[216] Klein, Peter: (2008, página 13).

son perfectos ni tienden a serlo.[217] En este sentido, partir de una situación de equilibrio para analizar la empresarialidad es imposible en la aproximación kirzneriana.

Para Ludwig Lachmann no es posible pensar al proceso de mercado en los términos planteados porque nada garantiza que las fuerzas equilibradoras sean más poderosas que las fuerzas desequilibradoras. Por lo tanto, no habría lugar para considerar que los mercados tienden al equilibrio. En sus palabras:

> Algunos procesos entre mercados son generados por mercados en desequilibrio cuando los excesos de demanda y de oferta comienzan a «derramar» hacia otros mercados. Este es, obviamente, un problema que no surge dentro de la órbita del análisis marshalliano, en el que los mercados son concebidos como aislados de fuerzas externas. Tales fuerzas de mercado cuentan para la transferencia de la presión de los excesos entre mercados. Mientras esas fuerzas ayudan a la coordinación de aquellos mercados donde la presión es relevada también, es necesario decirlo, descoordinan actividades en aquellos en los cuales tienen algún impacto. Ambas son, entonces, fuerzas equilibradoras y desequilibradoras.[218]

En su enfoque, la coordinación vista en un mercado determinado de un bien particular es una forma estrecha de ver el proceso de mercado. Un descubrimiento de un mercado subvaluado en términos de precios no solo origina un ajuste en dicho mercado. La raíz del punto de Lachmann es que esa actividad equilibradora de compra y venta también engendra alguna descoordinación de relaciones existentes.[219]

Puede seguirse el análisis de Lachmann, suponiendo que un empresario descubre un mercado subvaluado: el bien x se paga p_n y se puede vender a $p_t > p_n$, de modo tal que, según sus cálculos subjetivos, el rendimiento del capital es mayor a su costo. Iniciar la explotación

---

[217] Ubicándose entre la teoría del equilibrio general y el mundo "kaléidico", Kirzner afirma: "[...] el conocimiento no es perfecto; pero tampoco la ignorancia es necesariamente invencible". Kirzner, Israel M.: (1992, página 5).

[218] Lachmann, Ludwig: (1986, página 9).

[219] Lachmann, Ludwig: (1986, página 11).

de la oportunidad provoca cambios. Por un lado, tienden a elevarse los precios de los factores (los que paga) y la tasa de interés, ambos por mayor demanda. Por otro lado, tienden a caer los precios de los bienes o servicios producidos, por mayor oferta. Luego, el rendimiento y el costo del capital tienden a ajustarse en ese mercado.

Pero ¿qué sucede en el resto de los mercados? El alza de precios de los factores y de las tasas de interés provoca que determinados mercados queden sobrevaluados. La caída de precios de bienes producidos provoca que otros bienes modifiquen su demanda dependiendo de la relación con dicho bien. Los bienes sustitutos, por ejemplo, verán caer su demanda y sus precios, dejando sus mercados sobrevaluados. Mientras los bienes complementarios verán subir su demanda y quedarán subvaluados.

El análisis anterior puede extenderse a la innovación empresarial. Un avance técnico tiende a provocar caídas en los costos y en los precios de los sectores que pueden aprovechar la innovación. Tales sectores crearán valor por determinado periodo de tiempo. En otros sectores, incapaces de adaptarse, podría caer el rendimiento del capital ante una caída en los precios de los competidores.

Como conclusión de lo anterior: el empresario origina cambios. En los mercados particulares donde descubre y se explota el negocio, cambios equilibrantes. En otros mercados o en otras empresas del mismo mercado, cambios desequilibrantes. Para ponerlo en otros términos, los cambios ocasionados por el empresario provocan mayor compatibilidad en determinados mercados y mayor incompatibilidad en otros.[220]

En los mercados que la acción empresarial desequilibra, surgen oportunidades de beneficios para ser descubiertos por otros empresarios. Randall Holcombe, en ese sentido, afirma:

> [...] los empresarios crean nuevas oportunidades empresariales cuando actúan sobre las existentes, entonces las accio-

---

[220] Brian Loasby sostiene que la noción hayekiana de equilibrio no se basa en cantidades y precios sino en compatibilidad de planes. Loasby, Brian: (2003, página 140 y 141).

nes empresariales crean más oportunidades y más empresarialidad.[221]

Las nuevas oportunidades creadas por los descubrimientos anteriores impulsan nuevos descubrimientos que tienden a equilibrar los mercados (anteriormente desequilibrados, valga la redundancia).[222] Los empresarios son la clave del proceso: en los mercados que queden subvaluados tenderán a realizar descubrimientos coordinadores; y en los mercados que queden sobrevaluados tenderán a retirar los recursos utilizados o a descubrir innovaciones que los mantengan en el negocio. En ambos casos, mejoran la asignación de recursos (coordinación).

Expresar que existe una tendencia al equilibrio y a la coordinación no implica sostener que todo descubrimiento empresarial es exitoso o acertado. También se cometen errores empresariales que desequilibran los mercados. Pero en el proceso económico esos errores constituyen aprendizajes (descubrimientos) que sirven como *inputs* de los nuevos planes revisados. La tendencia sistemática al equilibrio es posible mientras se incluyan los aprendizajes de los errores previos. Esto no significa una tendencia unidireccional garantizada hacia el equilibrio.[223]

Lachmann y Kirzner coincidieron en un aspecto: el mercado no tiene fin, es abierto y cambiante.[224] Además, ambos autores están

---

[221] Holcombe, Randall G.: (2003, página 183).

[222] Sobre la postura extrema del desequilibrio, Roger Garrison considera: "En tales circunstancias podemos predecir no solo que la cuestión de una tendencia equilibrante debería ser respondida por la negativa, sino también que la ciencia económica [...] debería ser en sí misma inexistente. Hayek nos recuerda que es solo en la medida que las acciones individuales resultan en un orden no intencionado que la ciencia económica tiene un tema de interés". Garrison, Roger W.: (1982, página 133). Gerald O'Driscoll Jr. entiende que la posición de Lachmann desafía a los estudiantes de la tradición austríaca y a todos los que aceptan un orden de mercado sin diseño consciente. O'Driscoll Jr., Gerald P.: (1977, página 148).

[223] Kirzner, Israel M.: (2000, página 19).

[224] Lachmann sostiene que el mercado es "[...] un tipo particular de proceso, un proceso continuo sin principio ni fin, propulsado por la interacción entre las fuerzas del equilibrio y las fuerzas de cambio. La teoría del equilibrio general solo entiende la interacción entre las primeras". Lachmann, Ludwig: (1976, página 239). Más adelante afirmaría en el mismo sentido: "Ningún proceso de mercado posee un resultado

más interesados en el proceso de mercado en sí que en el equilibrio final.[225] La diferencia radica en que el segundo observa que "[...] la tendencia existe en cada momento en el sentido que los errores empresariales previos han creado oportunidades de beneficio que proveen incentivos para que las decisiones empresariales correctivas sean realizadas".[226] Siempre habrá lugar para el descubrimiento y el aprendizaje si la característica saliente del mercado es el desequilibrio que brinda la información dispersa y cambiante. En concreto, los excesos de demanda y de oferta brindan incentivos para los empresarios quienes, al descubrirlos, inician una tendencia puntual hacia su eliminación (equilibrio).

Empresario, coordinación y cálculo económico

Según lo analizado arriba, el cálculo económico realizado por un empresario implica comparar precios de "compra" con precios esperados de "venta". El empresario puede confrontar precios presentes y futuros de productos terminados; o precios presentes de recursos con precios esperados de productos terminados, luego del proceso productivo de transformación de aquellos recursos.[227] Para Mises, en la estimación de la evolución de los precios y en su comparación se encuentra el fundamento de la empresarialidad.[228] En esa actividad el empresario cuenta con información histórica que auxilia en sus proyecciones. Aunque en virtud de la dinámica incierta de la información

---

determinado. Es esta propiedad, más que cualquier otra, lo que distingue al proceso de mercado como procesos continuos de aquellos que aparecen en los modelos de equilibrio en los cuales el determinismo es la esencia del problema". Lachmann, Ludwig: (1986, página 4). Karen Vaughn considera que tanto Lachmann como Kirzner desarrollan teorías incompletas del proceso de mercado. Para la autora, mientras Kirzner introduce al empresario en el proceso, deja sin considerar las consecuencias del tiempo real; Lachmann por su parte, intenta un tratamiento del tiempo real como alternativa al modelo de equilibrio pero sin desarrollar una teoría del proceso. Vaughn, Karen I.: (1992, página 271).

[225] Ivo Sarjanovic asevera que para los economistas austríacos "[...] el objeto de estudio es el proceso de mercado, relegando así el análisis de las condiciones del equilibrio a un plano meramente instrumental". Sarjanovic, Ivo: (1989, página 172).

[226] Kirzner, Israel M.: (2000, página 31).

[227] En muchos casos también deben estimarse precios de factores.

[228] Mises, Ludwig: (1949, página 211).

pueden cometerse errores. El empresario es, en este sentido, un estimador de precios (de productos, de factores y de capitales).

En concreto, el empresario está alerta a discrepancias de precios porque le interesa comparar la rentabilidad del capital invertido con su costo. Los precios sirven de materia prima del cálculo económico. Pero las "ganancias" estimadas pueden representar una mayor o menor proporción del capital invertido (no es lo mismo obtener el 100% que el 10% de un mismo monto de capital invertido).[229]

Charles Baird considera erróneo calcular "tasas de ganancias" *ex post*, como hacen los financistas. Esto implica, según su razonamiento, entender que el capital engendra los beneficios y no el *alertness*.[230]

En el mundo real, los beneficios son causados por la ignorancia respecto de la información dispersa y cambiante. El empresario está alerta para descubrir oportunidades de beneficios. Para eso compara precios esperados con precios presentes. Pero, ¿cómo selecciona sus descubrimientos? Si no es propietario de recursos ¿qué descubrimiento llevará a la consideración de los capitalistas? En caso de poseer capital propio ¿cuándo descarta un descubrimiento?

No se puede decir que actúa "impulsivamente" sin caer en una arbitrariedad. Algunos empresarios pueden hacer una mera comparación de precios sin considerar el rendimiento y el costo del capital. Y es posible que algunos acierten y creen valor. Pero otros tendrán rendimientos menores al costo del capital. Estos tenderán a descubrir que si insisten en su forma de calcular, terminarán destruyendo el capital propio y de terceros, perdiendo las fuentes de financiamiento. Por este motivo, el modo de calcular comparando rendimiento con costo del capital tenderá a surgir del aprendizaje de los errores cometidos.

Realizar cálculo económico constituye un aporte de racionalidad. Los empresarios tenderán a analizar sus opciones en dos pasos. En primer lugar, con los precios esperados y presentes disponibles,

---

[229] Ganancias aparece entre comillas para mostrar que no es cualquier definición de ganancia la que interesa. Desde el enfoque de la administración basada en el valor utilizado aquí se considera al NOPAT como la ganancia a utilizar en el ROIC.

[230] Baird, Charles: (1994, página 149). En este punto sigue, aunque parcialmente, a Rothbard (ver cita 176).

calculan "ganancias" esperadas.[231] En segundo lugar, calculan rentabilidad haciendo la relación entre ganancias y capital a invertir. Por último, enfrentan esa rentabilidad al costo del capital (precio del capital).[232]

Como puede notarse, el aparato de cálculo señalado no es independiente de los precios ni de la inversión de capital. El empresario estima precios para estimar rentabilidad y costo del capital porque sus descubrimientos se refieren a una determinada asignación de capital. Mises, en línea con el pensamiento clásico, afirma que "la estructura de los precios induce a nuevos inversores hacia otros sectores del mercado".[233]

También en la tradición clásica, Lachmann señala: "[...] las decisiones empresariales en la mayoría de los casos involucran decisiones acerca de la inversión de capital motivada por sus expectativas".[234]

En el proceso económico los empresarios están alertas a mercados subvaluados y sus descubrimientos representan asignaciones de capital. Por eso la discrepancia que los empresarios encuentran es doble: por un lado los precios que esperan cobrar deben ser mayores a los que esperan pagar; y por otro lado la rentabilidad debe ser mayor al costo del capital.

Si los precios esperados de venta son mayores a los precios de compra pero la rentabilidad no es mayor al costo del capital, el mercado no está subvaluado. Explotar ese mercado significaría "destruir" capital. Luego, la discrepancia de precios es condición necesaria pero no suficiente. Para la existencia de un mercado subvaluado deben

---

[231] Nuevamente, las comillas implican que es el NOPAT lo que se computa en el numerador del rendimiento del capital invertido.

[232] El costo de oportunidad del capital.

[233] Mises, Ludwig: (1949, página 275).

[234] Lachmann, Ludwig: (1986, página 65). La cita continúa con lo siguiente: "Existen, seguramente, casos de puro arbitraje en los cuales el empresario responde a una oportunidad presente de beneficio y no necesita invertir su capital por más de unas pocas horas. Esos casos existen, no obstante, dentro del alcance del puro intercambio. En una economía de producción es difícil ver como los empresarios pueden explotar oportunidades de beneficios sin tener que invertir sus capitales por al menos unos pocos años [...]".

darse tanto la diferencia de precios como la diferencia entre el rendimiento y el costo del capital.

El empresario tenderá a comparar rendimiento y costo del capital tanto en el caso de poseer capital como en el caso de no poseerlo. Como propietario de capital, el empresario necesita saber si recupera el costo de oportunidad de sus recursos. En caso de no disponer de capital, necesita averiguar si logrará pagarlo para demostrar a los capitalistas y prestamistas que podrán recuperarlo. Al momento del descubrimiento, lo que está en desequilibrio (desigualdad) es el rendimiento con el costo del capital. La explotación de la oportunidad de crear valor por parte del pionero, en primera instancia, y por los seguidores luego, provoca la tendencia a la coordinación discutida en el apartado anterior.

Empresario y competencia

Los empresarios pretenden descubrir oportunidades de negocios que otros no perciben o no le reconocen la potencialidad. Las oportunidades pueden provenir de arbitrajes o de innovaciones diversas como las señaladas por Kirzner y Schumpeter, respectivamente. En cualquiera de los casos, el empresario contribuye a la eficiencia si, mediante la explotación de sus descubrimientos, se satisfacen más necesidades con los recursos disponibles.

Sin embargo, que una oportunidad sea descubierta por un empresario no garantiza un resultado eficiente. Para que las oportunidades primero descubiertas sean luego explotadas y se multiplique la riqueza deben cumplirse ciertas condiciones institucionales.[235] En estos términos, la actividad emprendedora prospera en determinados ambientes institucionales.

Un requisito para la multiplicación de eventos empresariales es la libre competencia en los mercados, entendida como la posibilidad de ingreso y salida de esos mercados. Más técnicamente se deno-

---

[235] El capítulo 3 incluye un tratamiento de las instituciones de la economía de mercado y discute la importancia del correcto establecimiento de los derechos de propiedad y el Estado de Derecho para impulsar la empresarialidad (y el desarrollo económico).

mina "libre movilidad de factores" entre los distintos sectores que componen la actividad económica.[236]

En la tradición clásica se denominó libre competencia a la ausencia de barreras legales que privilegian a alguno/s "jugadores" y restringen impiden el ingreso de otros. Esto conduce la asignación de recursos hacia la ineficiencia y por eso los pensadores clásicos bregaron por la abolición de leyes anticompetitivas. Para Mises, la competencia cataláctica es un fenómeno social donde los empresarios intentan conquistar las compras de los consumidores y evitar sus abstenciones.[237] En una situación de competencia, entendida como libertad de movimiento, los empresarios rivalizan procurando anticiparse y descubrir las mejores oportunidades para alcanzar sus objetivos de maximizar el valor de sus negocios.[238]

Hayek entendió que la competencia opera sobre los empresarios como una forma impersonal de coacción.[239] Un empresario que procure ingresar o permanecer en el negocio deberá prestar atención a la competencia de otros empresarios, sean fácticos o potenciales. Para sostener la posición competitiva se requieren nuevos descubrimientos capaces de mantener la eficiencia.[240] La competencia cumple la función de confirmar a los empresarios que mejor estimaron el mercado y de desplazar a aquellos que peor lo hicieron.[241]

---

[236] Libre movilidad de factores no implica "perfecta movilidad de factores", dado que esta última supone costos de transacción nulos.

[237] Mises, Ludwig: (1949, página 275).

[238] Mises sostiene que "[…] el éxito o el fracaso empresarial dependen de lo correcto que sea la anticipación de eventos inciertos. […] la única fuente de la que provienen los beneficios empresariales es su habilidad de anticipar mejor que otros la futura demanda de los consumidores". Mises, Ludwig: (1949, página 290).

[239] Ver cita 40 en el capítulo 1.

[240] Deniz Ucbasaran, Paul Westhead y Mike Wright refieren a un continuo estado de alerta de parte de los empresarios "habituales" que los diferencia de los empresarios "novatos". Los primeros son experimentados y los segundos recién ingresados. Ucbasaran, Deniz; Westhead, Paul y Wright, Mike (2006, página 472).

[241] La función de la competencia, según Mises, "[…] consiste en asignar a cada miembro de un sistema social esa posición en la cual puede servir mejor a la sociedad y todos sus miembros. Es un método de seleccionar al hombre más capaz para cada tarea". Mises, Ludwig: (1949, página 117).

Juan Sebastián Landoni. *Empresario institucional*

Pero la ausencia de competencia limita tanto la empresarialidad como la eficiencia.[242] Las barreras legales al ingreso impiden que se realicen los descubrimientos empresariales que abren paso a una mayor eficiencia. Las nuevas oportunidades descubiertas quedan sin efectos reales al no poder explotarse por la existencia de barreras. Y con esas oportunidades desalentadas también es bloqueada la actividad empresarial. Si la competencia se restringe, la empresarialidad también. En palabras de Kirzner:

[...] la empresarialidad y la competencia son los dos lados de una misma moneda: la actividad empresarial es siempre competitiva y la actividad competitiva es siempre empresarial.[243]

[...] Cuando afirmamos que la actividad puramente empresarial es *siempre* competitiva, declaramos que, *con respecto a la actividad puramente empresarial, no puede existir obstáculo posible a la libertad de entrada.*[244]

Competencia y empresario son categorías inseparables.[245] Bajo condiciones institucionales de economía de mercado, un empresario sólo puede ser competitivo. En caso contrario, quedaría fuera del negocio. Un mercado competitivo es un orden donde no existen trabas dispuestas por autoridades del estado para el ingreso (y salida) de empresas. Las empresas que cuentan con el capital y el proyecto necesarios para ingresar a producir pueden hacerlo.

Las restricciones legales que intervienen el mercado interrumpiendo la entrada de empresas constituyen una barrera de carác-

---

[242] Las normas que impiden la competencia establecen un marco contrario al incremento de la productividad y la creación de riqueza. Peor aun, incentivan la fuga de capitales hacia plazas menos riesgosas y más amigables para la inversión, dando lugar al fenómeno de *selección adversa* en la asignación internacional de capitales.
[243] Kirzner, Israel M.: (1973, página 95).
[244] Kirzner, Israel M.: (1973, página 99), itálicas en el original.
[245] Podría proponerse "competidor" como categoría unificadora de empresario y competencia. Sin embargo, los consumidores, trabajadores, ahorristas y demás agentes, también son competidores. En consecuencia, la propuesta quedaría invalidada.

ter exógeno. En el mercado las empresas sólo pueden desarrollar barreras competitivas, endógenas, a través de mejores descubrimientos.

Con la expresión pseudo-empresario se denomina al que pretende quedarse con el mercado consiguiendo una barrera legal (en lugar de una barrera de carácter competitivo como haría un empresario).[246]

La asociación entre empresario y competencia tiene su contrario en la relación entre pseudo-empresario y monopolio. Los economistas austríacos, siguiendo la tradición clásica, definen monopolio en función de las leyes que restringen la competencia.[247] Un monopolio en este sentido es siempre un monopolio legal. Y un monopolio legal es otorgado a un pseudo-empresario que utiliza un artificio legal para evitar la presión competitiva y la aparición del empresario. El artificio legislativo reprime las distintas fuerzas que presionan a los empresarios a diferenciarse, a bajar costos, mejorar calidad, etc. Limita las opciones de los consumidores y, fundamentalmente, la competencia potencial de empresarios que podrían ingresar. Cuando se elimina a la competencia potencial que se encuentra latente, se elimina una fuerza que disciplina el comportamiento del líder.

El párrafo anterior ilustra sobre la división entre un empresario y un pseudo-empresario. Un empresario ingresa y permanece en el mercado gracias a los consumidores satisfechos que incorporan en sus gastos presupuestarios los bienes producidos por dicho empresario. Un pseudo-empresario consigue y se queda en el mercado a costa de los consumidores, dado que no pueden hacer uso de sus opciones, ahora vetadas por el privilegio.

La clasificación de empresario y pseudo-empresario se aproxima a la de empresario productivo e improductivo acuñada por William Baumol.[248] Los empresarios productivos se benefician al mismo tiempo que la sociedad, mientras los improductivos, los buscadores de rentas, los actores de ilícitos como robos y otros crímenes, destruyen

---

[246] Cachanosky, Juan C.: (1999, página 187).
[247] Mises, Ludwig: (1949, página 361), Hayek, Friedrich A.: (1968, página 239), Rothbard, Murray N.: (1962, página 591) y Kirzner, Israel M.: (1973, página 101).
[248] Baumol, William J.: (1990, página 895).

recursos de la sociedad para conseguir sus intereses.[249] Christopher Coyne y Peter Leeson agregan la categoría de empresario evasivo: aquel que efectúa desembolsos de recursos para evitar leyes restrictivas o para evitar la actividad improductiva de otros.[250]

Las barreras legales suponen la aparición de empresarios improductivos y también evasivos. Impedir la competencia tiene como consecuencia reprimir la empresarialidad y la eficiencia al desviar los recursos hacia usos menos valiosos. Si la competencia es valorada se debe a que en los mercados competitivos florecen la empresarialidad, la innovación y los aumentos de productividad. Gracias a ello se eleva el poder de compra de los consumidores, es factible aumentar el volumen de ahorros, las posibilidades de inversión y de desarrollo.

Conclusión del capítulo. La función empresarial en el proceso de mercado

El tratamiento de la empresarialidad en la historia del pensamiento económico muestra ideas y énfasis variados. Los antecedentes rastreados y el análisis posterior permiten una aproximación al objetivo inicial del capítulo: definir la función empresarial en el proceso de mercado.

La principal conclusión del capítulo es que la empresarialidad reúne características concurrentes. La función empresarial se identifica con el estado de alerta y la capacidad de juicio para el descubrimiento de oportunidades de negocios en un contexto de información dispersa e incertidumbre estructural.

Los descubrimientos empresariales tienden a coordinar los planes de los individuos que interactúan en el mercado. Aun cuando cometan errores debido a los cambios en la información y a los pronósticos con "racionalidad limitada". Y aun cuando los descubrimien-

---

[249] Dentro de la categoría de empresarialidad productiva pueden distinguirse los descubrimientos ordinarios de los descubrimientos extraordinarios: estos últimos identificados con la innovación y los primeros con los arbitrajes de los seguidores. Los descubrimientos extraordinarios se asocian al empresario schumpeteriano. La distinción entre descubrimiento ordinario y extraordinario se encuentra en Yu, Tony Fu-Lai: (2001, páginas 218 y 219).

[250] Coyne, Christopher y Leeson, Peter: (2004, páginas 2 y 3).

tos provoquen coordinación en algunos mercados y descoordinación en otros. La tendencia, siempre en distinta dirección, queda garantizada por los descubrimientos correctos y por los aprendizajes que dejan los errores previos. Esa tendencia sistemática explica la relación entre empresario y eficiencia social o, en otros términos, entre empresario y desarrollo económico.

La definición incluye un vínculo entre la empresarialidad y el capital en virtud de la forma de realizar el cálculo económico. El empresario efectúa el cálculo económico para detectar beneficios y rentabilidad. Cuando descubre una oportunidad compara precios con el objetivo de obtener la mayor diferencia entre el rendimiento y el costo del capital. En este sentido, descubrir un negocio es descubrir una asignación de capital, con independencia de la propiedad de recursos del empresario. Como el descubrimiento se torna espurio si no atrae capital, un empresario realiza un verdadero descubrimiento cuando es capaz de obtener los fondos necesarios.

Además, la función empresarial se cumple en una economía de mercado donde existe competencia. Mark Casson sostiene que la definición de la función empresarial no incluye explícitamente a las reglas institucionales.[251] Por contrario, acá se postula que la competencia es necesaria para sostener que el empresario es la fuerza motriz del proceso económico de mercado. La función empresarial es una función en el mercado donde existe competencia.

En el estudio de la empresarialidad a través de la historia del pensamiento que se realizó en páginas precedentes se trata al empresario como una figura destacada del proceso económico. Pero debe notarse que este trabajo no pretende "canonizar" al empresario; tampoco "demonizarlo". Jesús Valdalizo y Santiago López, aunque entre comillas, identifican entre los "canonizadores" a los economistas austríacos, Knight y Schumpeter. Entre otros "demonizadores" ubican a Marx y entre quienes lo consideraron inútil a John M. Keynes y a Thorstein Veblen.[252]

---

[251] Casson, Mark: (2003, página 21). Casson afirma que tanto en la economía de mercado como en la economía centralmente planificada existe la función empresarial. En el segundo caso, es llevada a cabo por el planificador central.

[252] Valdalizo, Jesús y López, Santiago: (2000, páginas 16 a 21).

Siguiendo a Mises y a los economistas austríacos, aquí se destaca al empresario como fuerza motriz del proceso económico, más precisamente, de los mercados abiertos y competitivos donde no existen barreras legales de ingreso y salida de otros jugadores. Se lo reconoce como una categoría clave del proceso de creación de riqueza porque con sus descubrimientos, errores y aprendizajes, provoca cambios coordinadores, *i.e.* mejora la asignación de recursos al orientarlos hacia sus mejores usos alternativos.

Pero no se pretende rescatar la figura del empresario con independencia del marco institucional. El empresario es la fuerza motriz de la economía cuando existe competencia. Un pseudoempresario o buscador de rentas detiene el proceso de descubrimiento y sus tendencias coordinadoras.

El sistema institucional representa una estructura de incentivos. Dependiendo de las instituciones, los incentivos pueden potenciar la empresarialidad o impulsar la pseudoempresarialidad.[253] No se puede afirmar que cada empresario lleva necesariamente un pseudoempresario dentro como el Doctor Jeckill a su Señor Hide en la novela de Robert Louis Stevenson. Pero la vía de los privilegios es atractiva para muchos porque evita esfuerzos de desarrollo de procesos y productos. En particular, los empresarios que están dentro de un sector verán con interés que se interpongan barreras de ingreso para otros empresarios. Los que están fuera, querrán la disminución de tales barreras. Como sugiere Victor Goldberg "[...] las personas no solo persiguen su propio bienestar dentro de las reglas, también asignan recursos para cambiar las reglas para su propio beneficio".[254]

Por este motivo la competencia debe entenderse como regla, como una institución de las que conforman el sistema institucional. A su vez, esa regla debe ser establecida e impuesta a los empresarios. En

---

[253] Boettke, Peter y Coyne, Christopher: (2003, página 77). En la misma línea Harper, David A.: (2003, capítulos 4 y 5) y Fogel, Kathy; Hawk, Ashton; Morck, Randall y Yeung, Bernard (2006, páginas 540 a 580). En el capítulo 3 se profundiza sobre las instituciones que impulsan la empresarialidad.

[254] Goldberg, Victor P. (1974, página 461). En la misma línea, George J. Stigler, en el contexto de la denominada Ley de Aaron Director, afirma: "Cualquier porción de la sociedad que pueda asegurarse el control de la maquinaria del estado querrá emplear esa maquinaria para mejorar su propia posición". Stigler, George J.: (1970, página 1).

términos normativos, debe impedirse que algunos consigan imponer su voluntad y obtengan privilegios legales que los conviertan en pseudoempresarios.

Desde este enfoque, la competencia puede interpretarse en términos normativos como igualdad ante la ley, aspecto constitutivo del Estado de Derecho. Luego, la empresarialidad cumple su función en el mercado si ningún empresario tiene derechos "exclusivos" que impiden a otros la explotación de sus descubrimientos. La pseudoempresarialidad surge cuando alguno/s consigue/n privilegios o, lo que es lo mismo, cuando hay desigualdad de derechos.

Pero las instituciones no se limitan solo a la competencia. Sostener que es la única regla o la única importante sería cometer un error de reducción. En una sociedad libre con Estado de Derecho deben coexistir el respeto por la vida, la defensa de los derechos de propiedad y el libre uso y movimiento de tales derechos (competencia).

El próximo capítulo indaga en los conceptos, funciones y posibilidades que brindan las instituciones. En particular, se busca interpretar las consecuencias que diferentes arreglos institucionales tienen para la empresarialidad y el desarrollo

Capítulo 3
Función empresarial e instituciones

Resulta casi imposible pensar la vida en sociedad en ausencia de mecanismos para regular los comportamientos individuales.[255] Las instituciones pueden verse como prácticas o reglas que restringen la interacción humana en un sentido y la incentivan en otro. Definen el ámbito de las acciones posibles y, al mismo tiempo, obligan o estimulan determinadas formas de actuar. En particular, algunas instituciones impulsan la empresarialidad y otras la reprimen; algunas instituciones promueven una empresarialidad productiva y otras una empresarialidad improductiva (o pseudo-empresarialidad).[256]

El objeto del capítulo es definir las instituciones y analizar la relación con la empresarialidad. Específicamente, se examinan los mecanismos institucionales que impulsan la actividad empresarial. En otros términos, las instituciones se analizan como causa y la empresarialidad como efecto.[257] En el capítulo siguiente se analizará la relación inversa: cómo impactan los descubrimientos empresariales a las instituciones.

---

[255] James Buchanan afirma: "Necesitamos las reglas para vivir juntos, por la simple razón de que sin ellas nos pelearíamos, pues lo que un individuo deseare sería apetecido, casi con certeza, por cualquier otro. Las reglas definen los espacios privados dentro de los cuales cada uno de nosotros podemos llevar a cabo nuestras propias actividades". Buchanan, James: (1985, página 42).

[256] En el extremo de las instituciones de economía centralmente planificada, la asignación de recursos se lleva a cabo sin la concurrencia de empresarios.

[257] Boettke, Peter y Coyne, Christopher: (2003, página 77).

109

Introducción. División del trabajo y comercio

Una persona que decida vivir sola, en autarquía, deberá producir con sus recursos aquello que desee consumir. La característica emergente del aislamiento es su baja productividad relativa. Por otro lado, la vida en sociedad implica cooperación.[258] La división del trabajo es la forma de cooperación en sociedad, donde los individuos actúan en distintos grados de especialización productiva. Un individuo se especializa cuando deja de producir otros bienes y servicios, *i.e.* cuando produce menor variedad de bienes o servicios. Según señaló Adam Smith al inicio de su tratado de economía, con la especialización se obtienen aumentos de productividad gracias al ahorro de tiempos y al aprendizaje que genera la rutina laboral.[259]

En primer lugar, con la dedicación a una actividad particular, el trabajador evita los tiempos muertos de cambio de actividad, preparación de máquinas e insumos, etc. Además, la especialización permite recoger los beneficios de las rutinas laborales y perfeccionar las tareas introduciendo cambios en el proceso.[260]

Tanto la división técnica como social del trabajo aumentan la productividad, *i.e.* elevan los excedentes de cada productor especializado. Cada individuo dispone de mayor cantidad de *un solo* bien (o de unos pocos). Para satisfacer necesidades con otros bienes o servicios deberá recurrir a otros productores especializados con excedente de sus productos.

La interacción con otros individuos puede ser voluntaria o violenta. Si el individuo tratara de obtener los bienes ajenos por vía violenta, los demás perderían incentivos y la productividad sufriría un retroceso. Por contrario, podría obtener esos bienes a través de la

---

[258] Mises sostiene que la sociedad misma es "[...] división del trabajo y esfuerzo compartido". Mises, Ludwig: (1949, página 144).

[259] Smith agrega un tercer factor, la introducción de la maquinaria. Smith, Adam: (1776, páginas 7 a 15). Habría que agregar que la producción de un bien de capital solo es posible luego de la postergación del consumo presente (ahorro) como se explica en Apéndice del capítulo 1.

[260] En el famoso ejemplo de los alfileres Smith, si un trabajador tuviera que cumplir con cada etapa del proceso, se perdería tiempo valioso entre la preparación del colado del metal, el estiramiento, los afilados, los remaches, etc. Entre varios trabajadores especializados podrían evitar la mayor parte del desperdicio de tiempo.

principal forma de interacción voluntaria: el contrato de intercambio.[261] En una sociedad contractual los intercambios pueden ser más o menos complejos. Independientemente de su complejidad, al momento de intercambiar, los individuos entregan bienes que valoran menos. De este modo, satisfacen más necesidades y aumentan su bienestar. En este sentido, el comercio hace posible la división del trabajo y el aumento de productividad.

La descripción anterior se adapta a lo que Smith pretendió explicar como proceso de creación de riqueza. Pero ese crecimiento exige determinadas condiciones previas. Para que los individuos puedan aumentar los intercambios y el bienestar se requieren, al menos, dos antecedentes: la propiedad de los bienes entregados y la libertad económica para disponer de los bienes propios.

La propiedad privada y la libertad económica constituyen reglas esenciales para el descubrimiento y explotación de oportunidades de negocios. En otros términos, para el funcionamiento del mecanismo de precios y el ejercicio de la empresarialidad. Kirzner lo expresa diciendo:

> [Los] límites del mercado son impuestos por sus prerrequisitos institucionales. Sin estos prerrequisitos institucionales – en principio, derechos de propiedad privada y libertad contractual y cumplimiento de los contratos – el mercado no puede operar.[262]

Los prerrequisitos mencionados forman parte del entramado institucional. Identificar el entorno institucional que causa la empresarialidad es el objetivo del capítulo. Para ese fin, la siguiente sección comienza definiendo las instituciones y su impacto en el desempeño económico de los individuos que interactúan en sociedad.

---

[261] Rothbard, Murray N.: (1962, páginas 71 y 72).
[262] Kirzner, Israel M.: (2000, página 83).

111

Instituciones

Existen diferentes formas de aproximarse a las instituciones y no hay unanimidad en cuanto a su definición y tratamiento teórico. En la literatura del tema se encuentran definiciones de instituciones como reglas (Douglass North) o sistemas de reglas (Geoffrey Hodgson), como pautas de conducta regular (Friedrich Hayek), como tecnologías sociales (Richard Nelson y Bhaven Sampat), como mecanismos para reducir costos de transacción (Oliver Williamson). Para los objetivos propuestos, estas diferencias exigen un análisis para explicitar el concepto de institución a adoptar.

North las define como restricciones que estructuran el comportamiento y la interacción de los individuos en sociedad.[263] Las restricciones pueden ser formales o informales. Entre las primeras menciona a las constituciones, los códigos legales y los derechos de propiedad. Las instituciones informales son las costumbres, tradiciones, tabúes, códigos de conducta y sanciones sociales. De esta concepción se deriva la identificación de las instituciones como "reglas del juego", según la terminología empleada en teoría de juegos.[264]

Las reglas formales se identifican por lo general con restricciones legales escritas, de carácter explícito y especialmente diseñado para un fin particular. En un sentido similar, Menger denominó pragmáticos a los fenómenos sociales que surgen del acuerdo o de la legislación positiva persiguiendo determinado objetivo intencional.[265] Por contraste, las reglas informales se definen como no escritas o no legales en el sentido de no estar codificadas. A diferencia de las normas formales, son de carácter tácito y origen espontáneo (orgánico, en términos de Menger).[266]

---

[263] North, Douglass C.: (1990, página 13) y North, Douglass C.: (1991, página 97).
[264] North comienza su libro de 1990 afirmando: "Las instituciones son las reglas de juego en una sociedad o, más formalmente, son las limitaciones generadas por el hombre que dan forma a la interacción humana". North, Douglass C.: (1990, página 13).
[265] Menger, Carl: (1883, página 221).
[266] Menger, Carl: (1883, página 222).

La distinción precedente entre reglas formales e informales no implica que ambas sean independientes.[267] Al contrario, existe una interrelación y retroalimentación entre ambas que es importante para su cumplimiento y aplicación. Tal como lo señala Federic Sautet, si las instituciones formales pasan por alto o contradicen las prácticas espontáneas existirá un alto costo de aplicación y cumplimiento de las primeras. Cuánto mayor sea la coincidencia entre ambas, menor será el conflicto y el costo de hacer funcionar el aparato formal.[268] Hodgson describe al respecto:

> Claramente, la mera codificación, legislación o proclamación de una regla es insuficiente para producir que esa regla afecte el comportamiento social. Puede ser simplemente ignorada, tal como muchos conductores violan los límites de velocidad en las rutas y muchos europeos ignoran las restricciones legales para fumar en restaurantes.[269]

Por ello, las instituciones formales o legales que no tienen apoyo en las costumbres son meras declaraciones legislativas en lugar de verdaderas instituciones.[270]

Hodgson considera a las instituciones como sistemas de reglas sociales establecidos y arraigados que estructuran la interacción social.[271] En el sistema de reglas se encuentran reglas conocidas y otras

---

[267] Hodgson sostiene que el lenguaje es una excepción porque todas las instituciones dependen del lenguaje pero este no depende de ninguna otra. Hodgson, Geoffrey: (1998, página 182) y Hodgson, Geoffrey: (2006, página 13). Sin embargo, el respeto de los derechos individuales a la vida y a la propiedad, constituye un requisito anterior para que los individuos entablen una relación que derive en reglas de comunicación e interpretación. Desde este punto de vista, estas reglas de respeto se consideran independientes del resto.

[268] Sautet, Federic: (2005, páginas 4 y 5).

[269] Hodgson, Geoffrey: (2006, página 12).

[270] Hodgson, Geoffrey: (2006, página 18).

[271] Hodgson, Geoffrey: (2006, página 2). Como ejemplo, Hodgson menciona como sistemas de reglas al lenguaje, la moneda, las leyes, los sistemas de pesos y medidas, los modales para comer o las reglas de cortesía. Puede sostenerse que Hayek también define las instituciones como sistemas de reglas a partir de su ensayo del año 1967 "Notas sobre la evolución de los sistemas de reglas de conducta". Hayek, Friedrich A.: (1967, página 115 a 133).

reglas implícitas. Entre todas, existe interrelación e interdependencia. Algunas reglas son auto-regulables (como las reglas de la pronunciación) y no requieren un poder de policía externo que obligue a los individuos a aplicarlas y cumplirlas. Otras reglas exigen un aparato de coerción para hacerlas cumplir y velar por su aplicación.[272]

Definir las instituciones como sistemas de reglas implica considerar a las organizaciones como instituciones. Hayek entiende por organización a un orden social dirigido, creado deliberadamente por un individuo o grupo de individuos para la consecución de fines determinados.[273] Una organización tiene una connotación antropomórfica en tanto orden que es producto de un plan.[274] Son órdenes relativamente sencillos, limitados por el conocimiento incompleto de sus creadores y, además, son órdenes concretos porque su existencia puede ser percibida a través de una simple inspección.[275] Además, implican siempre un tipo de gobierno y de jerarquía con diferente poder de decisión. Luego, las organizaciones constituyen sistemas de reglas.[276]

---

[272] Hodgson, Geoffrey: (2006, páginas 13 y 14). Viktor Vanberg, siguiendo a Edna Ullmann-Margalit y Andrew Schotter, considera que en problemas de coordinación recurrentes, a partir de un proceso de aprendizaje, surgen y se conservan espontáneamente normas que se "autosostienen" y "autorrefuerzan" (*self-policing* y *self-enforcing*). Es el caso de los conductores que enfrentan el problema de circular por la mano izquierda o derecha. En problemas recurrentes tipo "dilema del prisionero", como respetar la propiedad ajena, sostiene que es menos probable el surgimiento espontáneo de normas de comportamiento. Sólo es posible bajo determinadas condiciones de interacción (*i.e.* número de individuos que interactúan y plazo de tiempo de interacción). Vanberg, Viktor: (1984, páginas 34 a 41).

[273] Hayek, Friedrich A.: (1973, páginas 71 a 74).

[274] Hayek, Friedrich A.: (1967, página 115).

[275] Douglass North se encargaría de precisar, en el mismo sentido de Hayek: "Las organizaciones están compuestas de grupos de individuos ligados conjuntamente por intenciones comunes de alcanzar ciertos objetivos. Las organizaciones incluyen entes políticos (como partidos políticos, el senado, un concejo municipal y entes regulatorios), entes económicos (como firmas, sindicatos, granjas familiares, cooperativas), entes sociales (como iglesias, clubes, asociaciones atléticas) y entes educativos (como escuelas, universidades, centros de formación profesional)". North, Douglass C.: (1994, página 361). Sin embargo, para North deben distinguirse las instituciones de las organizaciones: las primeras son las reglas de juego y las segundas los jugadores. North, Douglass C.: (1995, página 15).

[276] Stavros Ioannides sugiere que una organización como la firma es un orden híbrido que contiene elementos de ambos tipos de órdenes: espontáneos y planeados. Las

En el pensamiento hayekiano, los individuos y las organizaciones forman parte de un orden mayor denominado sociedad, un orden complejo constituido por elementos heterogéneos, un orden que no tiene un resultado ni un fin conocido. En palabras de Hayek:

> La familia, la explotación agraria, la fábrica, la empresa, la agrupación de empresas, así como todo tipo de asociaciones, incluidas las públicas y hasta el propio órgano de gobierno, hállanse a su vez integrados en un orden social más amplio. Es aconsejable reservar el término "sociedad" para este orden global espontáneo, al objeto de distinguirlo de cuantos grupos organizados de menor envergadura existen en su seno [...].[277]

En una organización las normas deliberadas que rigen el comportamiento de sus miembros surgen de la jerarquía superior en función de los objetivos establecidos. Esas normas planeadas dan lugar a un proceso de interacción del que surgen otras normas espontáneas que también cumplen los individuos de la organización. En la sociedad, los individuos cumplen dos tipos de normas: unas originadas deliberadamente y otras espontáneamente. Las normas originadas espontáneamente son de carácter informal en principio, pudiendo ser luego codificadas y corporizadas en el aparato legal.

La palabra regla sugiere regulación y de la palabra norma deriva normativo. Por ello se entiende que las instituciones restringen el comportamiento. Pero las instituciones no deben confundirse con el comportamiento mismo. Aunque Hodgson advierte al respecto que "[...] la única forma en la que podemos observar las instituciones es a través de la manifestación del comportamiento".[278]

Sin embargo, al mismo tiempo que operan como restricción de determinadas conductas individuales, las instituciones abren la posibilidad a otras elecciones y acciones humanas que serían inviables

---

normas espontáneas surgen de los procesos de interacción entre los miembros de la compañía y se incorporan al sistema de reglas. Ioannides, Stavros (2003, páginas 159 y 160). El apéndice del capítulo 4 vuelve sobre este punto.
[277] Hayek, Friedrich A.: (1973, página 86).
[278] Hodgson, Geoffrey: (2006, página 13).

sin tal restricción. Por eso las instituciones restringen comportamientos y hacen posible otros.[279] En este sentido, las instituciones brindan la estructura de incentivos (y desincentivos) de una sociedad.

En los dos párrafos anteriores pueden encontrarse dos componentes de las instituciones: uno normativo y otro de regularidad en el comportamiento. El primero destaca la prescripción de las instituciones sobre los comportamientos individuales, mientras el segundo realza el mantenimiento regular y estable de tales comportamientos.[280] De ahí que los hábitos y las convenciones se consideren instituciones porque suponen la repetición y durabilidad de determinadas formas de acción en los individuos. Hayek resalta el aspecto de la regularidad en su concepción de las reglas:

> Debería ser claro que el término «regla» se usa para indicar un enunciado capaz de describir una regularidad en la conducta de los individuos, prescindiendo que esa regla sea «conocida» por los individuos en un sentido distinto de aquel por el que actúan de acuerdo con ella.[281]

En la literatura sobre instituciones se manifiestan los dos componentes señalados como partes constitutivas. Pero ambos aspectos forman parte de lo mismo: un sistema de reglas que regula el comportamiento de individuos que interactúan en sociedad.

Aunque las organizaciones constituyan sistemas de reglas, este trabajo enfoca hacia las instituciones de orden social. Donde se desenvuelven los miembros de la sociedad y donde surgen y evolucionan las organizaciones.

Determinados marcos institucionales impulsan la interacción humana hacia el desarrollo y el bienestar mientras que otros provocan

---

[279] Elinor Ostrom define las instituciones como reglas que son prescripciones de comportamiento: "Prescripciones referidas a qué acciones (o estados del mundo) son *requeridos, prohibidos* o *permitidos*". Ostrom, Elinor: (1986, página 5), itálicas en el original. En palabras de Lachmann: "Las instituciones prescriben ciertas formas de conducta y desalientan otras". Lachmann, Ludwig: (1999, página 282).

[280] Miller, Luis M.: (2007, página 4). Esta distinción proviene de Crawford, Sue y Ostrom, Elinor: (1995).

[281] Hayek, Friedrich A. (1967, página 116).

lo contrario. Significa que cualquier sistema de reglas no provoca el mismo resultado. En principio, las instituciones que disminuyen la incertidumbre y facilitan el intercambio promueven mayor volumen de ahorro e inversión, mayor cantidad de descubrimientos empresariales y tienden al crecimiento económico. A continuación se analizan las funciones que cumplen (o deben cumplir) las instituciones para mejorar el bienestar de los miembros de la sociedad.

Funciones de las instituciones

Las instituciones cumplen funciones particulares en todo sistema económico. Aquí se aborda la función de las instituciones en una economía de mercado, ámbito de la acción empresarial.

Antes de introducir el papel que cumplen los sistemas de reglas se realizan dos aclaraciones. Decir que cumplen una función no implica decir que las instituciones actúan independientemente a partir de supuestas escalas de valores y restricciones. Los que actúan en base a fines y con determinados medios son siempre individuos. Al sostener que cumplen funciones se hace referencia a las posibilidades de mayor (o menor) coordinación entre los individuos que interactúan en sociedad. Por eso las instituciones cumplen funciones en el marco social, nunca en la economía de un individuo *a la* Robinson Crusoe, quien no requiere de reglas para interactuar debido a su aislamiento.

Por otro lado, al enfocarse en la funcionalidad de los sistemas de reglas no se sostiene que las supuestas ventajas de las mismas sea la respuesta al por qué los individuos adoptan la regla. Se trata de la denominada falacia o trampa funcionalista.[282] Decir que la adopción de una regla tiene consecuencias benéficas no explica por qué los individuos la siguen. Para Hodgson, "esa explicación incurre en el error de entender las funciones benéficas de un fenómeno como las causas mismas de su existencia".[283]

---

[282] Vanberg, Viktor: (1988, página 105).
[283] Hodgson, Geoffrey: (1997, página 112). La cita termina con una propuesta donde el autor refiere a Hayek como una de sus fuentes: "Una alternativa fundamental al funcionalismo es la explicación evolucionista en la que el carácter ventajoso de un hábito o regla, en un entorno determinado, confiere una ventaja selectiva a quienes los adoptan".

En otros términos, se confunden las causas con las consecuencias. Una posible respuesta se analizará en el siguiente capítulo al discutir el origen y el cambio institucional. En lo que sigue se tratan los servicios que brindan las instituciones para promover la empresarialidad y el crecimiento.

Las funciones forman parte del mismo proceso y se separan solo para fines analíticos. Se pueden distinguir las siguientes funciones de las instituciones: proveer incentivos, alinear expectativas y disminuir la incertidumbre. En una economía de mercado, estas funciones se encuentran relacionadas y tienen como resultado facilitar el intercambio y la división del trabajo.[284]

Proveer incentivos

Los sistemas de reglas observados por los individuos en sociedad establecen pautas restrictivas de comportamiento. Al delimitar lo que se puede y no se puede hacer, imponen un marco de acción a los individuos. Como la restricción no es absoluta y algunos comportamientos son posibles dentro de las reglas, se incentivan determinadas formas de acción. Por ejemplo, en los deportes las reglas incentivan a los jugadores a desarrollar destrezas que permiten mejores resultados individuales.[285] En los mercados abiertos y desregulados, la competencia incentiva a mejorar la performance empresarial para maximizar el valor del negocio. Pero no todas las reglas conducen a resultados superiores. En el ejemplo de la denominada "tragedia de los bienes comunales" existen incentivos contrarios o no cooperativos.[286] Si va-

---

[284] Pensando en los resultados de la interacción humana, Nelson y Sampat definen a las instituciones como tecnologías sociales: "Sugerimos asociar el término 'instituciones' con las 'tecnologías sociales' [...] la manera en que actúan e interactúan las personas conocedoras cuando es esencial lograr la coordinación efectiva de la interacción". Nelson, Richard y Sampat, Bhaven: (2001, página 17).

[285] Sautet lo expresa en términos de las reglas del tenis: "[...] si uno no puede ganar al tenis tirando la pelota fuera de las líneas o dejándola rebotar dos veces, entonces los jugadores estarán motivados a desarrollar las capacidades para jugar dentro de los límites y para correr siempre y devolver la pelota antes de que rebote por segunda vez". Sautet, Federic: (2005, página 2).

[286] Harold Demsetz distingue: "Propiedad comunal significa que la comunidad niega al estado o a los ciudadanos individuales el derecho a interferir con el ejercicio de

rios pastores pueden llevar sus ovejas a un territorio público de propiedad común, tendrán el incentivo a utilizarlo en exceso. Esto terminará por disminuir la calidad del suelo y sus posibilidades de uso para producir riqueza.

El establecimiento de derechos de propiedad es una solución que genera el incentivo a la cooperación: cada individuo tiene motivos para cuidar e incrementar la capacidad productiva de sus tierras.[287] En el mismo sentido, la regla que sanciona el robo y el hurto, implica el incentivo a esforzarse para obtener bienes a través de la especialización y el intercambio voluntario. Cuando los individuos respetan el derecho de propiedad disminuyen los costos de transacción y facilitan los contratos de intercambio.[288]

Instituciones como el respeto al derecho de propiedad y la libertad económica incentivan la cooperación entre individuos, fundamentalmente mediante la división del trabajo y el comercio.[289] Dada la importancia para este estudio, más adelante se tratan los derechos de propiedad y la libertad económica en apartados particulares.

Alinear expectativas

Las reglas, al representar una restricción de las acciones individuales en sociedad, permiten que cada individuo formule expectativas respecto de lo que otros pueden hacer o dejar de hacer. Al generar rutinas de comportamiento, las instituciones facilitan la alineación de

---

cualquier persona del derecho poseído comúnmente. Propiedad privada implica que la comunidad reconoce el derecho al propietario a excluir a otros del ejercicio del derecho de propiedad privada". Demsetz, Harold: (1967, página 354).

[287] Hardin, Garrett: (1968, página 1244) y Krause, Martín: (1999, páginas 243 y 244).

[288] Oliver Williamson distingue costos de contratación *ex ante* (redacción, negociación y salvaguarda) y *ex post* (adaptación, regateo, aseguramiento de compromisos). Williamson, Oliver: (1985, páginas 31 a 33). El respeto a la propiedad legítima disminuye el oportunismo y luego los costos de transacción.

[289] Justin Yifu Lin sostiene que las instituciones se originan en la propensión a intercambiar que señalara Adam Smith. Yifu Lin, Justin: (1989, página 5); Smith, Adam: (1776, página 25).

expectativas: aquello que los individuos imaginan, subjetivamente, respecto del futuro.[290] Según definen Richard Langlois y Nicolai Foss:

> El énfasis de la literatura en la incorrecta alineación de incentivos oscurece, en nuestra opinión, el rol fundamental que las instituciones (incluida la firma) juegan en la coordinación cualitativa, esto es, en auxiliar a las partes cooperadoras a alinear, no sus incentivos, sino su conocimiento y expectativas.[291]

Con las instituciones, los individuos conocen y esperan que los demás sigan determinadas conductas y eviten otras. En el caso de las reglas de tránsito, los conductores no tienen que elegir el carril cada vez que detectan un vehículo en sentido contrario. Ambos aceptan que el otro conducirá por el carril establecido (sea izquierdo o derecho).

La repetición de comportamientos rutinarios "instituye" conductas y mejora la capacidad predictiva de los individuos respecto de las acciones ajenas. Como sostuviera Edith Penrose refiriéndose a la administración de una firma, luego de varios procesos de aprendizaje, las rutinas liberan recursos que se pueden asignar a usos alternativos.[292] En el marco social, los individuos que siguen rutinas de comportamiento (instituciones) también liberan recursos que habilitan aumentos de producción gracias a la alineación de expectativas.

Para Viktor Vangerg, la función principal de las normas es la estabilización de las expectativas de comportamiento y de esta función se derivan las demás.[293] Por un lado, esta previsibilidad del comportamiento ajeno abre la posibilidad de nuevas acciones al liberar recursos

---

[290] Lachmann define las expectativas del siguiente modo: "La formación de las expectativas es un acto de nuestra mente por medio del cual tratamos de echar un vistazo a lo desconocido. Cada uno echa un diferente vistazo. Cuanto más amplio el rango de divergencia mayor será la posibilidad de que las expectativas de alguien llegaran a ser correctas". Lachmann, Ludwig: (1976, página 237).

[291] Langlois, Richard y Foss, Nicolai J.: (1999, página 205). En el mismo sentido, Lachmann sostiene que la función de los mercados de valores es coordinar las expectativas al alza (*bull*) y a la baja (*bear*), no cambiarlas. Lachmann, Ludwig: (1976, página 237).

[292] Penrose, Edith: (1959), citada en Foss, Nicolai J.: (1999, página 44).

[293] Vanberg, Viktor: (1988, página 22).

que, en algunos casos, tenían un destino improductivo (por ejemplo, en prevención de ataques de los demás). Por otro lado, la misma previsibilidad disminuye incertidumbre.

Disminución de incertidumbre

La mayor previsibilidad implica menor inseguridad y menor incertidumbre. En palabras de Gerald O'Driscoll, y Mario Rizzo:

> Para cualquier individuo dado del mundo real, las instituciones permiten angostar el rango de posibles acciones de una clase especificable, quizás aún ordenar los elementos de la clase en términos de su probabilidad. Las instituciones reducen pero no eliminan la incertidumbre; proveen, por así decirlo, «puntos de orientación» (Lachmann, 1971).[294]

Aunque la incertidumbre estructural knightiana no desaparece, las instituciones pueden promover su reducción. Al estabilizar conductas, los individuos mejoran sus pronósticos y la capacidad para anticiparse respecto de los actos ajenos. Suponiendo una situación extrema, si cualquier acción fuera posible, una especie de jungla hobbesiana o sistema donde "vale todo", la planificación dejaría de existir (o sería meramente coyuntural). Las posibilidades de comerciar, de ahorro e inversión diversificada caerían drásticamente. En un Estado de Derecho sucede lo contrario. Más adelante se verá que bajo el imperio de la ley, adquieren certeza el respeto a la propiedad y la libertad individual.

Con estabilidad de las reglas de comportamiento durante períodos prolongados se hace posible la planificación en horizontes temporales relativamente más largos. De aquí surgen incentivos para el ahorro y la inversión. Con ello aumentan los eventos empresariales. Los empresarios, al despejar posibles acciones del resto de los agentes económicos y del gobierno, disminuyen sus primas por riesgo y pueden concentrarse en los precios, derivando en una mayor cantidad de descubrimientos.

---

[294] O'Driscoll, Gerald y Rizzo, Mario: (1985, página 32). Lachmann sostiene primero que los planes individuales proveen "puntos de orientación"; luego, en otro nivel, las instituciones. Lachmann, Ludwig: (1971, página 38 y 51).

Esto no significa que en contextos de volatilidad normativa, especialmente legal, no exista la empresarialidad. De hecho, como señala David Harper, muchos empresarios pueden beneficiarse de la incertidumbre legal.[295] Pero en contextos de cambios permanentes en la legislación se espera una reducción de otros tipos de empresarialidad (*i.e.* de largo plazo) o, en el límite, que la especulación de corto plazo sea la única forma de empresarialidad.

En un escenario de instituciones estables de economía de mercado que disminuyen la incertidumbre, se potencia la empresarialidad de largo plazo pero también la especulativa de corto plazo. La estabilidad institucional impulsa tanto los mercados primarios de capitales donde se canalizan ahorros hacia la inversión como también mercados secundarios, donde se intercambian activos ya emitidos. También impulsa los mercados de derivados. En los mercados de activos en general se verifican actividades de especulación que cumplen objetivos varios en el proceso (otorgan liquidez, coberturas de riesgo, información sobre tendencias). En relación a las instituciones de los mercados de activos, Lachmann afirma:

> Algunas instituciones deben ser lo suficientemente flexibles para ajustarse a los cambios, mientras otras, en contraste, deben ser lo suficientemente resistentes al cambio para hacer predecible el resultado de las transacciones intertemporales.[296]

Cuando las reglas son ciertas, los empresarios pueden establecer con más precisión sus pronósticos. Pero también los consumidores pueden planificar su consumo a lo largo del tiempo. Luego, la probabilidad de realizar proyectos de largo plazo y aumentar la intensidad de capital de la economía aumenta por una doble vía: mejora la capacidad de descubrimiento empresarial y aumenta el volumen de fondos disponibles.

La conclusión parcial de esta sección indica que una economía con multiplicidad de descubrimientos empresariales, que eleva la

[295] Harper, David A.: (2003, página 68).
[296] Lachmann, Ludwig: (1979, página 260).

intensidad de capital y la capacidad para explotar economías de escala, requiere estabilidad institucional para reducir incertidumbre.[297] Más precisamente, la economía necesita instituciones estables de economía de mercado. De lo contrario, quedará estancada en la denominada economía "kiosk-capitalista": negocios de baja productividad y escala, que atienden mercados domésticos y son incapaces de alcanzar mercados de mayor volumen.[298]

Instituciones de economía de mercado: complejidad y empresarialidad

Un sistema institucional está constituido por normas constitucionales, normas ordinarias operativas y normas informales de comportamiento. Las reglas constitucionales son principios generales y fundamentales que tienen supremacía sobre las normas operativas y ordinarias.[299]

Cuando se considera la estabilidad institucional se trata la estabilidad de las normas constitucionales y no de todas las reglas. Las reglas operativas pueden sufrir modificaciones de acuerdo a los cambios técnicos y sociales, siempre según la modalidad establecida en la constitución y sin alterar su espíritu.

Los derechos de propiedad y la libertad económica constituyen derechos individuales esenciales para la aparición y multiplicación de la empresarialidad. Y el efecto se realza cuando adquieren carácter constitucional y queda arraigado como presupuesto base para la interacción de los individuos.

La importancia del correcto establecimiento y defensa de los derechos individuales radica en que promueven un orden espontáneo capaz de administrar mayores volúmenes de información.[300] Al estabi-

---

[297] Justin Yifu Lin considera que las firmas, sistemas de irrigación, autopistas, escuelas, entre otras, son instituciones que cumplen una función económica para aprovechar economías de escala. Pero esas instituciones deben ser consideradas "derivadas" o posteriores a las instituciones que se suponen estables para dar lugar a las primeras. Yifu Lin, Justin: (1989, página 8).
[298] Skidelsky, Robert: (2000).
[299] Hayek, Friedrich: (1960, página 243).
[300] Hayek sostiene que con dichos principios cada individuo puede disponer de información que no podría aprender directamente. Hayek, Friedrich: (1973, página 39).

lizar expectativas y disminuir la incertidumbre, se incentiva el descubrimiento de oportunidades para producir nuevos bienes y servicios y realizar nuevos intercambios. Este crecimiento implica mayor diversificación y riqueza pero también mayor cantidad y diversidad de información. Específicamente, información sobre nuevas valoraciones, nuevos usos de recursos y nuevos conocimientos técnicos. La dinámica y el crecimiento en el volumen de información promueven aprendizajes y cambios que agregan complejidad al orden social.

En lo que sigue se profundiza en los fundamentos institucionales para el funcionamiento de una economía de mercado y, en sentido similar, para impulsar la actividad empresarial. Primero se analizan los derechos de propiedad y luego la libertad económica. Más delante, se realiza una aproximación al Estado de Derecho y a la constitución de Estado de Derecho.

Se tratará por separado a la propiedad y a la libertad económica pero dejando establecido que existe un vínculo estrecho entre ambos. En particular, John Locke consideró a la propiedad en un sentido amplio incluyendo a la vida, a la libertad y al patrimonio.[301] En el sentido de Locke, el hombre puede disponer, sin ejercer violencia contra terceros, no solo de sus bienes materiales y sus productos, sino también de su cuerpo y su mente, su propia persona. Por su parte, Richard Pipes precisa que "[...] mientras la propiedad en ciertas formas es posible sin la libertad, lo contrario es inconcebible".[302] Puede además, considerarse a la propiedad como una parte de la libertad económica, tal como se verá en breve.

Se pueden distinguir derechos de propiedad absolutos y relativos, individuales y colectivos, públicos y privados, en sentido económico o legal, entre otras clasificaciones. Con la libertad sucede lo mismo: libertad política, de pensamiento, de prensa, de comercio, etc.[303] En lo que sigue se vinculan ambos conceptos con el descubrimiento y explotación de oportunidades empresariales. En particular,

---

[301] John Locke termina del siguiente modo su justificación del poder público: "[El hombre] busca y desea asociarse con otros, que están unidos o tienen en mente unirse, para la mutua preservación de sus vidas, libertades y propiedades, lo que llamo con el nombre general de *propiedad*". Locke, John: (1691, párrafo 1163).
[302] Pipes, Richard: (1999, página 15).
[303] Pipes, Richard: (1999, página 20).

el impacto de los derechos de propiedad y la libertad económica en la capacidad empresarial y en la cantidad de eventos empresariales.

Propiedad privada

Mises afirma que la propiedad privada de los medios de producción es la institución fundamental de la economía de mercado.[304] En ausencia de la misma, es imposible el sistema de precios y la asignación de recursos que caracteriza al proceso. Pero especialmente, en ausencia de derechos de propiedad resulta imposible la acción empresarial.

Al descubrir una oportunidad de negocios, un empresario descubre que puede crear valor si adquiere derechos de propiedad a determinado precio y en el futuro los transfiere a precios mayores. El empresario compra bienes que pertenecen a otros, una vez adquiridos los controla hasta venderlos y, al hacerlo, cede derechos de propiedad a cambio de otros. La empresarialidad resulta difícil cuando se desconoce el derecho de propiedad de lo que se compra, no se puede asegurar el derecho de propiedad de lo que se vende y de lo que se obtiene a cambio.

Según sintetiza Harper, la institución de la propiedad privada incluye dos principios fundamentales:

> El primero es que la gente tiene asegurada una esfera privada de cosas que pueden controlar y que pueden llamar su propiedad ('el derecho a controlar y beneficiarse de los recursos'). La esfera privada de una persona consiste de aquellas cosas en el ambiente individual con el cual los demás no pueden interferir. El segundo principio es que esas cosas pueden ser transferidas desde la esfera de una persona a la de otra por medio del consenso mutuo ('el derecho a disponer los recursos').[305]

---

[304] Mises, Ludwig: (1949, página 682).
[305] Harper, David A.: (2003, página 74). Siguiendo a Eirik Furubotn y Rudolf Richter, pueden compararse los dos principios con los derechos de propiedad absolutos y relativos. Los primeros dirigidos contra todos los demás agentes económicos; los

De ambos principios se deduce que la propiedad puede incrementarse o disminuirse dependiendo de las decisiones que tomen los propietarios a partir de los descubrimientos empresariales.[306] En otros términos, la riqueza es un flujo que puede aumentar siempre que existan incentivos a la cooperación voluntaria (o, por contrario, puede disminuir en caso de incentivos adversos).

El derecho de propiedad puede ser enfocado desde un punto de vista económico o desde un punto de vista legal.[307] Ambos revisten interés para el descubrimiento empresarial y la explotación de oportunidades.[308] El enfoque económico se refiere a la posesión entendida como control, explotación y posible transferencia de determinados activos sin la presencia concomitante de un título formal. Se trata de una posesión *de facto* de los activos y no de la definición legal de la propiedad (*i.e. de jure*).[309] La posesión de hecho puede estar respaldada o no por una disposición legal. En caso de no estar respaldada, la propiedad puede ser mantenida por medio de la fuerza física, por acuerdos tácitos o por la amenaza de sanciones sociales como el ostracismo.

El enfoque legal de los derechos de propiedad sugiere la existencia de una autoridad pública que reconoce de modo formal, a tra-

---

derechos de propiedad relativa solo contra la otra parte de un contrato. Furubotn, Eirik y Richter, Rudolf: (1998, página 87).

[306] Mises sostiene al respecto: "La propiedad de los medios de producción no es un privilegio sino una responsabilidad social. Los capitalistas y terratenientes están obligados a emplear sus propiedades para la mayor satisfacción posible de los consumidores. Si son lentos e ineptos en la ejecución de sus deberes, son penalizados con pérdidas. Si no aprenden la lección y reforman sus conductas, pierden su riqueza". Mises, Ludwig: (1949, páginas 311 y 312).

[307] Juan Bautista Alberdi distinguía dos aspectos de la propiedad: "[...] uno jurídico y moral, otro económico y material puramente". Alberdi, Juan Bautista: (1854, página 18). Mises denomina propiedad natural o primitiva a la propiedad económica, la que representa una relación física con los bienes. Por otro lado, la propiedad legal implica una relación jurídica. Mises, Ludwig: (1922, página 37). En *Human Action* distingue entre sentido cataláctico y legal. Mises, Ludwig: (1949, página 682).

[308] Harper afirma en ese sentido: "La institución de la propiedad privada (y los principios que encarna) tiene una importante dimensión psicológica al fortalecer nuestros sentimientos de auto eficacia, de control interno y de agencia personal y, por lo tanto, promover el estado de alerta empresarial". Harper, David A.: (2003, página 74).

[309] Pipes expresa que estas posesiones antiguamente no podían ser vendidas y solo se transferían por herencia. Pipes, Richard: (1999, página 19).

vés de algún título, la propiedad individual. Aunque la definición legal no es condición necesaria para la existencia de derechos de propiedad, la primera generalmente refuerza la segunda.[310] Con ello, fortalece la percepción individual y el proceso empresarial. Según constata Hernando de Soto, muchos individuos en países subdesarrollados tienen casas y granjas sin títulos de propiedad y negocios sin forma jurídica alguna.[311] Estos títulos y formas legales de empresas podrían servir como garantías de créditos o para atraer inversores, impulsando mayor cantidad de eventos empresariales y aumentando el tamaño de mercado. No significa que la empresarialidad se anula en ausencia de dichas formas legales. Pero se reduce a formas menos productivas en explotaciones de corto plazo, en función de la restricción de financiamiento.

De lo anterior, un sistema legal que defina y defienda la legitimidad de los derechos de propiedad puede promover el ejercicio de la empresarialidad y la creación de riqueza. En una economía de mercado, las formas legítimas de acceder al derecho de propiedad son aquellas donde no interviene la violencia. Adam Smith señaló como formas legítimas a la apropiación (de aquello sin dueño previo), la tradición o transferencia voluntaria, la prescripción, la accesión y la sucesión.[312] Debe agregarse la propiedad de los frutos del trabajo pro-

---

[310] Para Alberdi: "La propiedad es el móvil y estímulo de la producción, el aliciente del trabajo, y un término remuneratorio de los afanes de la industria. La propiedad no tiene valor ni atractivo, no es riqueza propiamente cuando no es inviolable por la ley y en el hecho". Alberdi, Juan Bautista: (1854, página 19). En esa línea de pensamiento, Mises señala: "En términos económicos, [...], solo es relevante la posesión natural, y el significado económico de la posesión legal yace solamente en el apoyo que presta a la adquisición, al mantenimiento y a la recuperación de la posesión natural". Mises, Ludwig: (1922, página 37).

[311] Hernando de Soto precisa: "[...] las casas de los pobres están construidas sobre lotes con derechos de propiedad inadecuadamente indefinidos, sus empresas no están constituidas con obligaciones claras y sus industrias se ocultan donde los financistas e inversionistas no pueden verlas. Sin derechos adecuadamente documentados, estas posesiones resultan activos difíciles de convertir en capital, [...] no sirven como garantía para un préstamo ni como participación en una inversión". de Soto, Hernando: (2000, página 32).

[312] Smith, Adam: (1762, página 14).

pio, realizado con factores complementarios propios.[313] En cada una de las mencionadas, el acceso a la propiedad no supone la utilización de coerción de índole alguna (como el hurto, el robo, o el fraude).

Kirzner agrega una forma empresarial de acceder a la propiedad: la apropiación de los frutos de la creatividad y el descubrimiento empresariales. Pensando en la empresarialidad pura, carente de capital y otros recursos, considera aplicable la regla *finders-keepers* o "quien lo encuentra-se lo queda":

> El principio de «quien lo encuentra-se lo queda» afirma que un objeto sin propietario se convierte en legítima propiedad privada de la primera persona que, habiendo descubierto su disponibilidad y valor potencial, toma posesión de él.[314]

Este principio incluye al empresario en el caso de la apropiación de Smith:

> El empresario perspicaz ha descubierto una oportunidad hasta entonces no reclamada por nadie y que nadie, de hecho, había siquiera advertido, pues de lo contrario ya habría sido aprovechada. Al descubrirla y aprovecharla, este empresario se encuentra en la misma situación del que se tropieza con un objeto sin propietario previo y se hace de él.[315]

En su razonamiento, el empresario puro tiene derecho al resultado de su *alertness*. Aún aceptando la abstracción del empresario puro, la

---

[313] Locke consideró al trabajo como la fuente de propiedad legítima: "[...] cada hombre tiene un derecho de propiedad sobre su propia persona [...] El trabajo de su cuerpo y la obra de sus manos, podemos decir que son propiedad suya". Locke, John (1690, capítulo 5, párrafo 27). Utilizando esa lógica, se podría criticar al capitalismo por no otorgar a los trabajadores "todo" el fruto de su trabajo. Por eso Milton Friedman y Richard Pipes, entre otros, rechazan la postura de Locke. La crítica de Friedman está en Kirzner, Israel M.: (1979, página 185). Pipes, Richard: (1999, página 62). Kirzner, además agrega otro motivo: la rechaza por no contemplar la empresarialidad pura, la que no cuenta con recursos como fuente de propiedad. Kirzner, Israel M.: (1979, página 186).

[314] Kirzner, Israel M.: (1989, página 154).

[315] Kirzner, Israel M.: (1989, página 168).

Juan Sebastián Landoni. Empresario institucional

regla propuesta por Kirzner estaría incluida dentro de las formas legítimas de acceder a la propiedad. En particular, de la apropiación y de la transferencia basada en el consentimiento. Esta última, en función de las compras y ventas que el empresario realiza para obtener el beneficio buscado.

La legitimidad de los derechos de propiedad tiene un importante corolario en términos de la distribución propia de una economía de mercado. Cuando se parte de una situación donde los derechos de propiedad son legítimos, los intercambios voluntarios del proceso de mercado dan lugar a un resultado igualmente legítimo.[316]

En una economía de mercado, la propiedad privada puede pertenecer a un individuo o a un grupo de individuos como una familia o una organización con o sin fines de lucro. Una economía socialista se basa en la posesión estatal o pública de los medios de producción. En el capítulo 1 fue señalado el pensamiento de Mises respecto a la imposibilidad de asignar racionalmente los recursos en una economía socialista por ausencia de derechos de propiedad y precios de los medios de producción. Para la actividad empresarial, concretamente, significa imposibilidad de cálculo económico y por lo tanto su negación. La utilización de los recursos en la economía socialista depende de los "descubrimientos" que pueda realizar el planificador. Esa asignación, al realizarse sin las indicaciones de los precios de los factores y del capital, deriva en excesos de oferta y demanda masivos y recurrentes.[317]

El establecimiento y la defensa de los derechos de propiedad legítimos no solo permiten una legítima distribución del ingreso. Además promueven incentivos a la creatividad empresarial: impulsan el estado de alerta y la capacidad de juzgar eventos futuros. En virtud de ello el proceso de mercado tiende a asignar los recursos (derechos

---

[316] Robert Nozick lo expone en términos de justicia: "Cualquier cosa que surja de una situación justa a través de pasos justos, es ella misma justa". Nozick, Robert: (1974, página 154).

[317] Mises denominó "planificación del caos" al intento de administrar centralmente los recursos: "Una administración socialista de la producción simplemente desconocería si la ejecución de sus planes es o no el más apropiado medio para obtener los fines buscados. Operará en la oscuridad, por así decirlo. Desperdiciará los escasos factores de producción, tanto materiales como humanos (trabajo). El caos y la pobreza general será el resultado inevitable". Mises, Ludwig: (1947, página 29).

de propiedad) hacia sus mejores y valiosos usos. El proceso no está exento de reasignaciones de derechos a partir de los aprendizajes posteriores a las estimaciones incorrectas. De aquí que no sea posible considerar al mercado como una situación perfecta o de ajuste automático e instantáneo. Por contrario, es un proceso de ensayo y error que tiende hacia la coordinación dinámica de planes individuales.

Libertad y libertad económica

Hayek define la libertad de un individuo en sociedad como la reducción al mínimo de la coacción arbitraria por parte de otros. En su enfoque, la libertad no implica poder efectivo para elegir entre cualquier curso de acción imaginable, sino "[...] independencia frente a la voluntad arbitraria de un tercero".[318] Un estado de situación donde el individuo no está sujeto a restricción o imposición por medio de la fuerza de otro u otros. Esta concepción de la libertad ha sido interpretada como ausencia de coacción. Sin embargo, el autor austríaco aclaró que la coacción no puede evitarse totalmente porque solo se la puede impedir con amenaza de coacción. Aunque es una definición por vía negativa (*i.e.* niega la presencia de coacción), la libertad supone un marco para las acciones positivas de los individuos.

La libertad se puede manifestar en los distintos ámbitos que abarca la vida de una persona. Por eso, Fritz Machlup considera posible un catálogo de "libertades": política, intelectual o moral y económica.[319]

En esta sección se sostiene y muestra que una sociedad donde impera el principio de la libertad, fundamentalmente la libertad económica, puede potenciar la capacidad empresarial de sus indivi-

---

[318] Hayek, Friedrich: (1960, páginas 31 a 46).
[319] Machlup, Fritz: (1969, página 137). En libertad política incluye la libertad de coalición con otros, de asamblea para deliberar, de voto y de revolución. En las morales: libertad de pensamiento y expresión, de privacidad, y de prensa (las anteriores se interceptan con las políticas), de no conformidad y excentricidad, de enseñanza e investigación y de consciencia religiosa. Pipes agrega la libertad legal como derecho a ser juzgado por terceras partes de acuerdo a la ley. Pipes, Richard: (1999, página 20). Todas "esas libertades" son aspectos de la libertad. El tratamiento de "las libertades" no significa que al limitar una de ellas no se afecte al resto, o mejor, a la libertad misma.

duos.[320] En primer término, menos arbitrariedad e imposición de terceros, representa un abanico más amplio de oportunidades de negocios que, afirma Kirzner, encienden el estado de alerta para desplegar la empresarialidad.[321] En segundo lugar, como argumenta Harper, impacta psicológicamente generando fuertes creencias de agencia que acentúan el estado de alerta empresarial de las personas.[322]

En sentido empresarial, la libertad no implica elegir entre determinados medios fijos y conocidos para alcanzar resultados conocidos como en el enfoque de la libertad de la corriente principal del pensamiento económico. En la teoría del proceso de mercado, ni los costos, ni los precios de venta, ni las tecnologías están disponibles; tampoco los resultados de sus posibles combinaciones. La realidad que se pretende aproximar con la teoría del proceso de mercado no exige de los individuos en general, y empresarios en particular, una selección y ajuste de medios dados a fines también dados. Ante los supuestos de la *mainstream,* Kirzner sostiene que, paradójicamente, el concepto de elección pierde sentido:

> Podemos decir, sin rodeos, que la visión estrecha de libertad, que hemos atribuido a la concepción de la elección del economista estándar, deviene en que no involucra elección alguna. En esa concepción de la elección, en efecto, uno ha elegido *antes* del momento de decisión.[323]

En la visión del proceso de mercado, la libertad económica impacta en la empresarialidad porque permite explotar los estados de alerta y la capacidad de pronóstico individuales que redunda en la imaginación y creación de nuevas oportunidades. No se trata de resolver un sistema cuya solución se encuentra implícita en sus supuestos, sino de orien-

---

[320] Para Alberdi, se pueden denominar libertades económicas: "[...] la libertad de comercio y de navegación, el derecho al trabajo; la libertad de locomoción y de tránsito, la de usar y disponer de su propiedad, la de asociarse, consagradas por los artículos 10, 11, 12 y 14 de la Constitución [Argentina de 1853]". Alberdi, Juan Bautista: (1854, página 43).

[321] Kirzner, Israel M.: (1985, página 11).

[322] Harper, David A.: (2003, página 63).

[323] Kirzner, Israel M.: (1979, página 227), itálicas en el original.

tarse para anticipar mejor las condiciones futuras del mercado, condiciones desconocidas e inciertas. En su argumentación a favor de la libertad, Hayek define:

> Si fuéramos conscientes, si pudiéramos conocer no sólo todo lo que afecta a la consecución de nuestros deseos presentes, sino también lo concerniente a nuestras necesidades y deseos futuros, existirían pocos argumentos a favor de la libertad. Y viceversa, la libertad del individuo hace imposible la completa presciencia. La libertad es esencial para dar cabida a lo imprevisible e impronosticable: la necesitamos porque hemos aprendido a esperar de ella la oportunidad de llevar a cabo muchos de nuestros objetivos. Puesto que cada individuo conoce tan poco y, en particular, dado que rara vez sabemos quién de nosotros conoce lo mejor, confiamos en los esfuerzos independientes y competitivos de muchos para hacer frente a las necesidades que nos salen al paso.[324]

Para Hayek, la libertad eleva la probabilidad de un mejor aprovechamiento del conocimiento disperso y también su crecimiento. Al referirse a los "esfuerzos independientes y competitivos" piensa en el aporte de todos los individuos de la sociedad. Machlup considera esto como "la gran fertilidad de la libertad": hacer que oportunidades potenciales se conviertan en reales al ser percibidas.[325] De lo anterior, y pensando en términos de empresarialidad, se entiende que la mayor libertad provoca descubrimientos que de otro modo estarían velados para los empresarios.[326]

La libertad económica hace referencia a la ausencia de restricciones que impidan la posibilidad de determinadas acciones por parte de individuos en general y empresarios en particular. Según establecen James Gwartney y Robert Lawson, los elementos salientes de la libertad económica son libertad de elección personal, intercam-

---

[324] Hayek, Friedrich: (1960, página 56). Más abajo continúa diciendo: "Aquellos que propugnan la libertad difieren del resto en que se incluyen a sí mismos entre los ignorantes e incluyen también a los más sabios".

[325] Machlup, Fritz: (1969, páginas 130 y 131).

[326] Kirzner, Israel M.: (1979, página 233).

bio voluntario coordinado por los mercados, libertad para entrar y competir en los mercados y protección de las personas y su propiedad contra agresiones de otros.[327] A los efectos de medir la libertad económica, los mismos autores identifican un conjunto de variables que la determinan:

1. Tamaño del gobierno: gastos, impuestos y empresas públicas.
2. Estructura legal y seguridad de los derechos de propiedad.
3. Acceso a moneda sana.
4. Libertad de comercio internacional.
5. Regulación sobre el crédito, el trabajo y los negocios.

Cada una de las variables mencionadas impacta en la empresarialidad y el proceso de mercado. Partiendo del "catálogo" de Machlup y de los ajustes realizados por Harper, se consideran relevantes para la empresarialidad los siguientes aspectos de la libertad económica:[328]

Aspectos de la libertad económica que fortalecen la empresarialidad.	
Libertad de:	**Significa que los individuos son libres de:**
Elección empresarial	Descubrir y explotar oportunidades de negocios; usar cualquier tipo de recurso en cualquier tipo de negocio en cualquier sector de actividad.
Lograr premios	Realizar beneficios; apropiarse de los resultados del arbitraje, la especulación y la innovación.
Comercio y de mercado	Comprar y vender cualquier bien o servicio a cualquier precio mutuamente acordado, cualquiera sea su calidad y cantidad, provenga de sus países o del extranjero; descubrir y explotar diferenciales nacionales o internacionales de precios; ajustar precios, cantidades y calidades en respuesta al cambio en el mercado.
Contratación	Seguir sus intereses realizando acuerdos voluntarios y promesas vinculantes con otros individuos u organizaciones.

---

[327] Gwartney, James y Lawson, Robert: (2008, páginas 5 y 6).
[328] Harper, David A.: (2003, páginas 118 y 119).

Competencia	Entrar y salir a cualquier mercado y competir del mejor modo que puedan, sin interferir en la libertad de otros; esto incluye desplazar empresas existentes que no se adapten a las condiciones del mercado.
Comercialización	Promocionar, publicitar y distribuir sus productos de cualquier modo.
Ocupación	Entrar a la ocupación que puedan y deseen; incluyendo dedicarse a los negocios y a la empresarialidad antes que ocuparse en relación de dependencia o no tener ocupación.
Movimiento	Trasladarse a cualquier destino, establecer residencia donde decidan, contratar personal de cualquier nacionalidad.
Posesión	Poseer y adquirir propiedad.
Elegir la forma societaria	Organizarse en sociedades anónimas, de responsabilidad limitada, entre otras, según convenga a sus negocios.
Coalición y asociación	Integrarse con otros individuos o empresarios por cualquier propósito sin interferir en la libertad de otros.
Privacidad e intimidad	Desarrollar y comunicar a quienes deseen sus descubrimientos, mantener sus expectativas e ideas en secreto, sin la supervisión de terceros no deseados.
Expresión	Hablar en público o en privado, expresar sus ideas de cualquier forma (como en un plan de negocios o prospecto), imprimir y publicar sobre cualquier tema.
No conformidad	Ser diferentes en hábitos, comportamientos o prácticas personales y de negocios.
Experimentación e investigación	Probar nuevos productos, procesos, formas organizacionales, etc.; realizar investigación y desarrollo en cualquier campo; testear sus ideas; cometer errores y enfrentar sus consecuencias; investigar y adquirir información de cualquier tema por cualquier método, siempre que no se

	utilice la violencia.
Consumo	Comprar bienes y servicios que satisfacen sus necesidades.
Revisión	Cambiar sus planes y decisiones hechas en el ejercicio de las libertades de la lista precedente.

Cada uno de los aspectos de la libertad económica mencionados en la lista supone la ausencia del uso de la coacción. Caso contrario estaría en contra del principio mismo de la libertad. Además, la enumeración realizada no es exhaustiva ni definitoria. Los distintos aspectos se relacionan y complementan con otros. Incluso determinadas agrupaciones pueden considerarse, en parte, redundantes. Por ejemplo, la libertad de publicitar un producto puede verse como parte de la libertad de comercio y también de la libertad de expresión. Lo mismo puede decirse de la libertad de comercio, de mercado y de competencia, donde la primera puede incluir a las demás. Algo similar resulta entre la libertad contractual, la libertad de comercio y de mercado. Al margen de la cercanía conceptual, se debe resaltar que difícilmente prolifere la empresarialidad en ausencia de libertad contractual y de libre competencia (o de mercado).[329] Por su importancia para la empresarialidad, se remarcan a continuación los efectos de la libertad contractual y de la libre competencia.

Libertad contractual

Ambos aspectos, la libertad contractual y la libre competencia, se encuentran estrechamente vinculados al derecho de propiedad. Respecto del primero, Pipes considera:

> El derecho de los individuos a contraer obligaciones contractuales es uno de los atributos definitorios del derecho de propiedad. Esto es particularmente cierto en las sociedades in-

---

[329] En palabras de Kirzner: "Una sociedad libre es fértil y creativa en el sentido que su libertad genera estado de alerta a posibilidades que pueden ser de utilidad a la sociedad; una restricción a la libertad de la sociedad adormece ese estado de alerta y ciega a la sociedad las posibilidades de mejoras". Kirzner, Israel M.: (1979, página 239).

dustriales modernas, en las que la mayor parte de la propiedad no consiste en objetos físicos sino en créditos y otros intangibles.[330]

La libertad contractual es importante tanto en el ámbito del mercado como en las firmas. En el mercado y en las firmas, las transacciones se realizan por medio de diferentes contratos. La firma realiza un tipo de contrato de mercado, donde los plazos y las condiciones resultan ser de diferente complejidad.[331] En el enfoque de la firma como nexo de contratos, un contrato de largo plazo entre directivos de una empresa y un trabajador es una cortina para un proceso continuo de negociación que se encuentra implícito.[332] La conclusión puede extenderse a cualquier oferente de recursos.

Resulta imposible que un contrato sea completo en términos de divisar todas las futuras contingencias y las acciones de cada parte involucrada ante cada contingencia. Solo se pueden escribir y cerrar contratos incompletos en virtud del problema hayekiano de información dispersa (asimétrica, dinámica y costosa). Los contratos son incompletos por que los agentes actúan con racionalidad limitada (*i.e.* límites a la capacidad para conocer y predecir).[333] Significa que ante la aparición y descubrimiento de nueva información, imprevista al momento del contrato, surgirá la necesidad de renegociar.

A través de los contratos con los propietarios de factores, las autoridades de la firma establecen un marco para negociaciones futuras que otorgan margen de maniobra para introducir cambios. La

---

[330] Pipes, Richard: (1999, página 332).
[331] Cheung, Stephen: (1993, página 3).
[332] Entre los principales autores de la teoría de la firma como nexo de contratos están Stephen Cheung, Michael Jensen, William Meckling, Armen Alchian y Harold Demsetz. Foss, Nicolai J.: (1999, página 22).
[333] Herbert Simon, además de introducir la idea de racionalidad limitada, anticipó en su análisis del contrato laboral lo que luego sería la teoría de contratos incompletos. En un contrato laboral no puede especificarse lo que el empleado debe hacer ante cada evento futuro posible. Luego, el empleado espera que las directivas posteriores caigan dentro de un "área de aceptación". Foss, siguiendo a Simon, sostiene que los contratos incompletos se deben a la racionalidad limitada que supone costos de información, problemas de lenguaje natural, emergencia de novedades genuinas, etc. Foss, Nicolai J.: (1999, páginas 15 y 36).

emergencia de un descubrimiento empresarial posterior puede implicar un cambio en el abastecimiento de materias primas, en la disposición de máquinas, en funciones laborares, entre otros. Para fortalecer el estado de alerta y explotar oportunidades de negocios en situaciones de incertidumbre se requiere que los agentes puedan realizar las modificaciones necesarias, *i.e.* libertad contractual. Un contrato rígido que no contemple adaptaciones o que de lugar a litigios crecientes, desincentiva el estado de alerta. En este sentido, la libertad contractual significa que los empresarios y demás participantes del proceso de mercado son libres de realizar promesas vinculantes susceptibles de modificación para enfrentar imprevistos.

Pero la libertad contractual amplía el campo de dominio de los agentes bajo determinadas normas contractuales. No solo es necesario hacer posible la transferencia de los recursos a sus usos más valiosos por medio de contratos voluntarios. Además, se requiere de un sistema judicial y legislativo que respete y defienda tanto las promesas de largo plazo realizadas entre los agentes económicos como sus posibles ajustes voluntarios. Esto es particularmente relevante en el caso de inversiones de alta especificidad de activos que podrían dar lugar al oportunismo de las partes. Sin garantías legales que protejan a los participantes, no se realizaría el contrato. La especificidad se refiere al grado en que un activo puede destinarse a usos alternativos manteniendo su valor productivo y de mercado. Por ejemplo, una empresa demanda a su proveedora un producto que exige inversiones específicas (emplazamiento, desarrollo de activos físicos o humanos). Como no hay activo equivalente en el mercado, ambos pueden ocasionar pérdidas de capital a la contraparte: el oferente puede beneficiarse recibiendo una cuasi-renta respecto de su inversión inicial y el demandante puede perjudicarlo interrumpiendo el contrato. Las garantías contractuales refuerzan la continuidad de la transacción. Si no se consiguen las garantías o el riesgo de incumplimiento es alto (oportunismo), la inversión no se realiza y la empresa demandante terminará integrándose verticalmente.[334] En tal caso, la organización interna de

---

[334] La lógica de esta teoría, seguida por Oliver Williamson, expresa que cuanto menos específicas sean las inversiones, las empresas tendrán mayores posibilidades de recurrir al mercado, y cuanto más específicas sean tales inversiones, mayores serán los incentivos a la integración vertical. Foss, Nicolai J.: (1999, página 35).

contratos intra-firma tiene ventajas sobre los contratos de mercado. Los conflictos entre divisiones de una misma firma llegan como máximo a los directivos de la corporación. Mientras los conflictos entre firmas pueden llegar hasta las cortes, en los conflictos dentro de una empresa existe una especie de ley contractual: la dirección de la firma es la "última corte de apelaciones" para las divisiones.[335]

Si no existe respeto por la libertad contractual, la tendencia a la integración aumenta, por un lado, y disminuyen los descubrimientos empresariales, por otro. En particular, cuando el sistema judicial interfiere en el proceso de contratación y redistribuye arbitrariamente beneficios, otorgando a una parte lo que pierde otra. Cuando en los conflictos contractuales existe indeterminación legal, se reduce el sentido de agencia que impacta en el estado de alerta empresarial (*alertness*).[336] Además, se complica la posibilidad de evaluar el futuro y perjudica la habilidad predictiva que determina la capacidad de juzgar eventos futuros (*judgment*).

Lo mismo puede decirse de la proliferación de controles de precios sobre determinados bienes (canasta básica de alimentos, medicamentos, etc.), servicios (alquileres, transporte público, atención médica, etc.) y leyes de salarios mínimos significativos. También son contrarias a la libertad contractual las políticas monetarias imprevisibles, las regulaciones bancarias y de mercado de capitales. Y del mismo modo opera la denominada "discriminación positiva" que impone cupos por edad, sexo, raza, capacidades diferentes, etc.[337]

Las restricciones mencionadas que inciden negativamente en la libertad contractual, también tienen efectos en la libertad de comercio y de competir. A continuación se analizan los efectos de la libre competencia sobre la empresarialidad.

Con el objeto de fortalecer lo anterior, se analizará la importancia del Estado de Derecho (*rule of law*) para dar lugar a la libertad

---

[335] Foss, Nicolai J.: (1999, páginas 35 y 36) y Tarziján, Jorge: (2003, páginas 153 y 154).

[336] Harper, David A.: (2003, página 84).

[337] Pipes sentencia: "Sin duda, la intromisión más notoria del gobierno en los derechos contractuales se realiza en nombre de la acción afirmativa –las leyes y regulaciones puestas en vigor desde 1964 [en Estados Unidos] bajo la amplia clasificación de «derechos civiles»–". Pipes, Richard: (1999, página 339).

económica y a legítimos derechos de propiedad, ambos componentes destacados en el impulso de la actividad empresarial y la creación de riqueza.

Libre competencia

En Murray Rothbard puede notarse la intersección entre la libertad de comercio, de mercado y de competencia, conceptos distinguidos en la tabla que enumera aspectos de la libertad económica:

> El libre mercado en el mundo de la producción debe ser llamado «libre competencia» o «libre entrada», significando que en una sociedad libre cualquiera es libre de competir y producir en cualquier campo que elija. «Libre competencia» es la aplicación de la libertad a la esfera de la producción: la libertad de comprar, vender y transformar la propiedad de uno sin interferencia violenta de un poder externo.[338]

Una distinción es pertinente respecto de las restricciones que impiden la competencia en el mercado. Las barreras pueden ser elevadas por medios competitivos o por medios violentos. Una barrera competitiva no representa una limitación a la competencia porque su fuente es la elección voluntaria de los consumidores y porque no hay una utilización de la fuerza coactiva para establecerla. Por contrario, una barrera no competitiva implica la presencia de coerción en el mercado por parte de una fuerza externa, sea el gobierno, otro individuo o grupo de individuos. No hay barrera coercitiva cuando una empresa lidera su sector gracias la innovación en base a esfuerzos de investigación y desarrollo, de organización interna novedosa, de capacidades distintivas en los recursos humanos o por el acceso a una fuente de abastecimiento.[339] Aún cuando ese liderazgo resulte en una sola empresa en el sector. En tal caso existen barreras competitivas.

---

[338] Rothbard, Murray N.: (1962, página 581).

[339] Mises consideró monopólico al caso de una empresa que posee la única fuente abastecimiento de un recurso. Mises, Ludwig: (1949, página 360). Sin embargo, aún es ese caso, si no hay barrera legal, existe competencia con propietarios de recursos sustitutos más o menos cercanos y de productores de bienes competitivos. Una discu-

Las barreras coercitivas provienen de la utilización de la fuerza por parte de individuos amparados por el estado, sea por acción u omisión. Esta concepción se precisa en la definición de monopolio de sir Edward Coke:

> Un monopolio es una institución o autorización otorgada por el rey, con su garantía, encargo u otra forma [...] a cualquier persona o grupo de personas, cuerpos políticos o corporativos, para la exclusividad de comprar, vender, producir, trabajar o utilizar cualquier cosa, por la cual cualquier persona o grupo de personas, cuerpos políticos o corporativos, están siendo restringidos de cualquier libertad que hayan tenido u obstaculizados en su comercio lícito.[340]

Uno de los antecedentes más destacados de la evolución legal inglesa es el "Caso de los Monopolios". Se refiere al pleito entre un empresario que intentó producir naipes cuando la licencia para importar y venderlos había sido concedida por la reina a un miembro de la corte. Coke escribió sobre el caso años después:

> [...] si se concede a un hombre el derecho exclusivo de fabricar naipes o de llevar a cabo cualquier otro comercio, tal concesión es contraria a la libertad del ciudadano que antes hizo tal mercancía o pudo haber utilizado tal derecho de comercio [...] y, en consecuencia, contraria a la Carta Magna.[341]

En el pensamiento de Coke, continuado por la tradición clásica y la escuela austríaca de economía, el monopolio es un privilegio garantizado por el estado a un individuo o grupo de individuos.[342] No intere-

---

sión sobre la concepción misesiana de monopolio se encuentra en Kirzner, Israel M.: (2000, páginas 229 a 235).

[340] Citado en Rothbard, Murray N.: (1962, página 591).

[341] Citado en Hayek, Friedrich A.: (1960, página 226).

[342] Monopolio proviene etimológicamente del griego *monopōlion* y luego del latín *monopolium*. Monlau, Pedro F.: (1941, página 869). Explorando la raíz etimológica pueden encontrarse dos acepciones. La primera acepción es "único vendedor". De esta acepción se deduce, con Rothbard, que solo existen monopolios, en función de las características únicas de todo individuo. Rothbard, Murray N.: (1962, página

Juan Sebastián Landoni. Empresario institucional

sa que el beneficio sea para una empresa o varias. Lo que otorga significado al monopolio es la interferencia estatal en el mercado, interferencia que impide la entrada (o salida) de otros jugadores. Un monopolio no puede, en este sentido, originarse en el mercado. Puede provenir de una ley del parlamento, una sentencia de las cortes o cualquier disposición administrativa del poder público. Y la prohibición se ejecuta y aplica mediante la fuerza del estado. Los argumentos utilizados por los buscadores de privilegios son variados. Sin pretender una enumeración completa, los motivos van desde proteger la industria nacional, garantizar fuentes de trabajo doméstico, permitir el aprendizaje para poder competir, evitar prácticas de *dumping*, hasta garantizar la justicia social y la protección del medio ambiente. Cualquiera sea el justificativo, pueden derivar en restricciones discriminatorias de orden exógeno al mercado: impuestos y derechos al comercio exterior, licencias, patentes, prohibiciones o certificados para operar, antigüedad en el sector, etc.

Las prácticas de cabildeo (*lobby*) de los pseudoempresarios tienen como objeto la búsqueda de rentas basadas en privilegios legales, contrarias a los beneficios que otorgan las preferencias de los consumidores.[343] Es el caso de los que desean evitar la presión competitiva y de quienes no pueden soportar el proceso competitivo. Cuando esos pseudoempresarios consiguen la implantación de barreras exógenas al mercado, los empresarios seguidores e innovadores quedan impedidos de explotar sus descubrimientos. Por tal motivo, la capacidad empresarial se resiente tanto como la innovación y sus consecuencias sobre la creación de riqueza.

Libre competencia significa entonces ausencia de restricciones monopólicas al movimiento de empresas en determinado sector. Representa el marco para un proceso donde los empresarios pueden

590). En cuanto a la segunda acepción, se define monopolio como "derecho exclusivo de venta". Mientras la primera es más acorde con una definición neoclásica de monopolio, la segunda es afín al pensamiento clásico, institucionalista y austríaco.
[343] Aunque Anne Krueger introdujo la expresión *rent-seeking*, fue Gordon Tullock quien utilizó el concepto para referirse a la búsqueda de restricciones a la competencia, definición compatible con la idea de monopolio como privilegio y que deriva en prácticas de soborno, corrupción, contrabando y mercados negros. Tullock, Gordon: (1967, página 224) y Krueger, Anne: (1974, página 291).

realizar sus descubrimientos, llevarlos a cabo, aprender de los resultados y corregirlos.[344] En un sector con libertad de entrada, los empresarios tratarán de mejorar sus performances para maximizar el valor de sus negocios. Ese proceso competitivo no está exento de un resultado particular: que una empresa quede como única oferente. Lo que no significa ausencia de competencia. Si existe libertad de competir habrá competencia potencial, por un lado, y competencia fáctica con el resto de los empresarios para obtener parte del presupuesto de los consumidores, por otro lado. Luego, la libertad para entrar a los mercados representa una fuente creciente de oportunidades de negocios que hace posible mayor cantidad de eventos empresariales y la tendencia a la coordinación de planes individuales.

La libertad económica y los derechos de propiedad constituyen pilares de una sociedad donde se expande la empresarialidad y se posibilita el desarrollo. En la discusión anterior, sin embargo, no se menciona al Estado de Derecho ni al orden constitucional como esquemas que "maximizan" las libertades individuales. A continuación se muestra por qué se requiere de un Estado de Derecho para el funcionamiento del proceso empresarial de mercado.

Estado de Derecho[345]

En el pensamiento de Hayek, el Estado de Derecho constituye la base para la realización de la libertad o, en otros términos, la concepción básica de la ley de la libertad.[346] En otros términos, representa un marco jurídico para un orden social libre y abierto.

Hayek se aproxima al Estado de Derecho de dos formas relacionadas.[347] Una interpretación distingue entre el imperio de la ley y el imperio del gobierno. Se considera al Estado de Derecho opuesto a la

---

[344] Afirma Hayek al respecto: "[...] qué bienes son escasos, o qué cosas son bienes y en qué medida son escasos o valiosos, es precisamente lo que la competencia debe descubrir". Hayek, Friedrich A.: (1968, página 230).
[345] En el capítulo XI del libro *The Constitutions of Liberty*, Hayek rastrea los orígenes y evolución del Estado de Derecho (*Rule of Law*). Hayek, Friedrich A.: (1960, páginas 162 a 175).
[346] Hayek, Friedrich A.: (1960, página 195 y 196).
[347] Harper, David A.: (2003, página 64 y 65).

arbitrariedad y capricho del gobierno, contrario al despotismo. Para esta visión el poder político debe ejercerse y encuadrarse dentro del marco de la ley. En ese marco se imponen límites a las funciones del gobierno por medio de normas de carácter general. Y de allí se afirma que limitar la arbitrariedad del gobierno significa que las leyes son iguales para los gobernados y gobernantes, ambos deben obediencia a la ley. Afirma Hayek al respecto:

> En primer lugar subrayaremos que, puesto que el imperio de la ley significa que el gobierno nunca debe ejercer coacción sobre el individuo excepto para hacer cumplir una ley conocida, ello constituye una limitación a los poderes de todo gobierno, sin excluir al poder legislativo.[348]

El Estado de Derecho no es entonces una forma de hacer legal cualquier acto de gobierno sino de considerar como legítimo solo aquellos actos que respetan la libertad y propiedad individuales.

La segunda interpretación también deriva de la cita anterior de Hayek y entiende al imperio de la ley como un principio "meta-legal" que especifica las cualidades que las leyes deben poseer:

> Se trata de una doctrina concerniente a lo que la ley debe ser, referente a los atributos que las leyes particulares deben poseer. Esto es particularmente importante porque en la actualidad la concepción del imperio de la ley es confundida a veces con el requisito de la mera legalidad en todo acto de gobierno. El imperio de la ley presupone obviamente completa legalidad pero no es suficiente: si una ley otorga al gobierno poder ilimitado para actuar a su gusto, todas sus acciones serán legales pero no estará ciertamente bajo el imperio de la ley.
> [...] El imperio de la ley no es entonces una regla legal, sino una regla respecto de lo que la ley debe ser, una doctrina me-

---

[348] Hayek, Friedrich A.: (1960, página 282 y 283).

ta-legal o un ideal político. Solo será efectivo si el legislador se siente limitado por él.[349]

En esta doctrina meta-legal o regla de orden superior hayekiana, las cualidades que deben reunir las leyes particulares son certeza, generalidad e igualdad. Para este enfoque, el Estado de Derecho implica definir la estructura legal consistente con la libertad individual.[350] Las tres características tienen efectos en la capacidad de descubrimiento empresarial como se muestra en lo que sigue.

Certeza de la ley

La certidumbre de la ley fue introducida al tratar la función de las instituciones de disminuir incertidumbre.[351] El Estado de Derecho persigue el cumplimiento de esa función al establecer la certidumbre como cualidad de la ley. Se refiere a la predictibilidad de la misma y no a la ausencia de cambio alguno. La ley pierde certeza cuando está sometida a cambios repentinos y erráticos que hacen imposible su predicción.[352] Nuevamente, Hayek sostiene:

[... el imperio de la ley] significa que el gobierno en todas sus acciones está limitado por reglas fijadas y anunciadas de antemano – reglas que hacen posible pronosticar con razonable certeza cómo la autoridad usará sus poderes coercitivos en

[349] Hayek, Friedrich A.: (1960, página 283).

[350] Otros enfoques consideran que el Estado de Derecho debe mantener las condiciones para el florecimiento de la dignidad humana. Incluyendo condiciones económicas y sociales para el desarrollo de las personas. Raz, Joseph: (1977, página 13). En este trabajo se muestra más abajo que ese enfoque podría desvirtuar los principios del Estado de Derecho tal como define y sostiene Hayek.

[351] Para Hayek: "Probablemente, no exista otro factor que haya contribuido más a la prosperidad de Occidente que la relativa certidumbre de la ley que ha prevalecido aquí". Hayek, Friedrich A.: (1960, página 208).

[352] En referencia a los romanos, Bruno Leoni expresa: "[...] aceptaron y aplicaron un concepto de la certeza de la ley que podría describirse como la noción de que la ley no debía estar sometida a cambios súbitos e imprevisibles. Además, la ley nunca debería someterse, como norma, a la voluntad arbitraria o al poder arbitrario de una asamblea legislativa, o de cualquier persona, incluyendo a los senadores y a otros magistrados conspicuos del Estado". Leoni, Bruno: (1961, página 110).

determinadas circunstancias y planear los asuntos individuales sobre la base de ese conocimiento.[353]

La posibilidad de pronosticar con razonable certeza representa un aspecto de consideración para que los empresarios puedan formular sus planes y explotar sus descubrimientos. En particular para aquellos proyectos que requieren de mayor cantidad de fondos y de mayor plazo de ejecución. Cambios repentinos en la legislación podrían provocar que algunos proyectos que estaban dentro del marco legal al momento de lanzamiento dejen de estarlo luego. Al ocasionar mermas en los beneficios *ex post*, se agrega un factor de riesgo al cálculo económico y disminuye la capacidad de los empresarios para juzgar eventos futuros.

Adicionalmente, la retroactividad de la ley provoca en los empresarios pérdida de confianza en las consecuencias de sus propias decisiones presentes y una sensación de desconocimiento de las leyes que deberán observar en el futuro.[354] Al minar la libertad económica y la autonomía del hombre de negocios, es de esperar una merma en el número de eventos empresariales, especialmente los de largo plazo.

Lo expuesto en párrafos anteriores no implica que la certeza de la ley deba confundirse con la certeza de la ley escrita. Como aclara Bruno Leoni:

> La certeza de la ley, en el sentido de una fórmula escrita, se refiere a un estado de cosas inevitablemente condicionado por la posibilidad de que la ley actual pueda ser reemplazada en cualquier momento por otra. Cuanto más intenso y acelerado sea el proceso legislativo, más incierto resultará el problema de la duración de la legislación presente. Además, nada puede impedir que una ley, que en el sentido antes indicado es cierta, resulte imprevisiblemente alterada por otra ley igualmente «cierta».[355]

---

[353] Hayek, Friedrich A.: (1944, página 80).
[354] Harper, David A.: (2003, página 71).
[355] Leoni, Bruno: (1961, página 105 y 106).

Existe una relación fundamental entre la dinámica del mercado y la dinámica legislativa. El cambio permanente en la información y en los precios caracteriza al mercado. Esos cambios provocan nuevos descubrimientos empresariales que, a su vez, cambian precios y continúan el proceso. Pero el funcionamiento del proceso requiere estabilidad en las instituciones de mercado: propiedad privada y libertad económica. Aplicada a este contexto, la certeza de la ley es un "concepto a largo plazo", como define Leoni:

> [...] la posibilidad abierta a los individuos de hacer planes a largo plazo basándose en una serie de normas espontáneamente adoptadas por la gente en comunidad, y realmente comprobadas por los jueces durante siglos y generaciones.[356]

Esta aproximación a la certeza de la ley hace referencia a la seguridad que brinda a los agentes económicos la estabilidad jurídica de los derechos individuales.

Igualdad y generalidad

Las normas generales y abstractas, define Hayek, son aquellas que no hacen referencia a personas, grupos de personas, lugares u objetos particulares; aquellas que no especifican u ordenan acciones que los individuos deben llevar a cabo; prohíben en lugar de prescribir determinados actos.[357] Son reglas que proveen el marco para la acción individual pero donde el contenido de las múltiples acciones posibles depende de valoraciones establecidas individualmente. En otras pala-

---

[356] Leoni, Bruno: (1961, página 123). En la cita, Leoni hace referencia a la tradición del *common law* donde el proceso legislativo está basado en "casos particulares" resueltos por los jueces a partir del derecho consuetudinario. En el capítulo 4 se retoma este aspecto al discutir el origen de las instituciones.

[357] Hayek, Friedrich A.: (1960, página 287). Sobre generalidad y abstracción, sintetiza: "La ley no es arbitraria porque se establece con ignorancia del caso particular y ninguna voluntad decide la coacción para hacerla cumplir. Esto último, sin embargo, es verdad tan solo si llamamos «ley» a las normas generales que aplican igualmente para todos. Esa generalidad es probablemente el aspecto más importante del atributo de la ley que hemos denominado «abstracción»". Hayek, Friedrich A.: (1960, página 202).

bras, se aplican por igual a todos los individuos de una sociedad sin imposiciones arbitrarias o discriminatorias referidas a particulares condiciones de tiempo y lugar. La generalidad no es independiente de la certeza de la ley. Ambas se complementan y sirven para fortalecer el cálculo económico y la planificación empresarial. Al no especificar acciones que los individuos deban llevar a cabo, las normas generales y ciertas son normas con efectos a largo plazo en el sentido de abrir el espacio a acciones todavía desconocidas. Dentro de esas acciones están los diferentes, impredecibles y aún desconocidos descubrimientos empresariales. Esos descubrimientos pueden llevarse a cabo por quienes ya eran empresarios o por quienes empezarán a serlo, pero que el marco legal desconoce y al mismo tiempo habilita. Por eso, resulta imprescindible un marco de libertad económica, como expresa Harper:

> Como no es posible identificar a los empresarios *ex ante* (al menos para cualquier oportunidad de mercado aún sin descubrir), es esencial que el esquema institucional provea a cada persona con el máximo de libertad empresarial compatible con igual libertad para todos los demás individuos.[358]

En un marco de normas generales y aplicables a todos por igual, los individuos tienen más posibilidades de realizar descubrimientos. No significa que estén dotados de las mismas capacidades empresariales sino que enfrentan las mismas restricciones legales, sin favorecer a unos y perjudicar a otros. Idénticas restricciones significa ausencia de discriminación e impedimento a la libertad económica. Según la tabla anterior, libertad para: elegir el sector de actividad, ingresar y competir, comprar los factores que se consideran relevantes para el negocio, vender los productos en el mercado descubierto, realizar contratos y acuerdos de distinto tipo, seleccionar la figura legal de constitución de la empresa, etc. Desde este punto de vista, el Estado de Derecho, entendido como atributos de la ley, representa la salvaguarda institucional de la libertad económica y el ejercicio de la empresarialidad.

---

[358] Harper, David A.: (2003, página 69).

La igualdad ante la ley supone ausencia de privilegios, sean individuales o grupales, que beneficien arbitrariamente a unos a costa de otros.[359] En un Estado de Derecho con igualdad ante la ley, los empresarios comercian y compiten como iguales legales.[360] Entonces, el Estado de Derecho constituye la estructura institucional para la competencia entendida como ausencia de barreras legales para la entrada de empresarios, *i.e.* para la competencia y la empresarialidad, por ser ambas inseparables.[361]

Para los empresarios, la igualdad ante la ley representa una presión impersonal que los obliga a continuar descubriendo alternativas y una ampliación del campo de acción que mejora la creencia de agencia sobre el impacto de sus actos sobre el entorno. Por tanto, tiende a aumentar los descubrimientos porque mejora la capacidad empresarial para estar alerta y encontrar mercados subvaluados.

Una consecuencia nociva de la violación de la igualdad de la ley mediante privilegios es que surgen rentas monopólicas que potencian el incentivo a la búsqueda de rentas.[362] Cuando los empresarios se disputan rentas que provienen de privilegios utilizan recursos para el cabildeo que podrían destinarse a usos productivos. De allí la clasificación de empresario improductivo, destructivo o pseudo-empresario. Esa práctica, que podría denominarse pseudo-competencia, resulta en menor creación de valor y riqueza.[363] Ahora las pérdidas de bienestar tienen dos fuentes: una por el desvío de fondos hacia la búsqueda de rentas y otra por los privilegios conseguidos por los buscadores de rentas.

---

[359] La expresión *isonomía* alude a "igualdad de las leyes para toda clase de personas". Se cree que tiene su primer antecedente en la Atenas de Solón, seis siglos antes de Cristo, y era utilizado como opuesto de tiranía. Hayek, Friedrich A.: (1960, página 218 y 219). También Infantino, Lorenzo: (1999, página 46).

[360] Harper, David A.: (2003, página 71).

[361] Boettke, Peter y Coyne, Christopher: (2003, página 69).

[362] La próxima sección analiza la política macroeconómica del gobierno como una fuente de privilegios que deviene en rentas monopólicas.

[363] En el texto se reserva el término competencia a prácticas que no incluyan la persecución de privilegios otorgados por el estado. Esto marca una diferencia con Krueger y Tullock, quienes utilizaron la expresión competencia para referirse a la búsqueda de rentas. Krueger, Anne: (1974, páginas 291 a 295) y Tullock, Gordon: (1967, páginas 224 a 232).

La "inflación legislativa" que atenta contra la certeza e igualdad de la ley resulta contraria al Estado de Derecho porque levanta la limitación del poder político y legislativo. Al mismo tiempo es una limitación de la empresarialidad porque se cierran posibilidades de explotación de oportunidades descubiertas. Como corolario puede verificarse una "selección adversa" de empresarios al ocasionar arbitrajes hacia sectores de economía informal o hacia marcos institucionales propicios (*i.e.* países con Estado de Derecho).[364]

Estado de Derecho y política macroeconómica

A partir de la definición propuesta de Estado de Derecho, puede discutirse su compatibilidad con la política macroeconómica. Y luego el impacto de dicha política en la empresarialidad.[365] Para tales fines, se entiende por política macroeconómica a la política del gobierno en materia monetaria y financiera, de regulaciones del sector externo y en términos fiscales y tributarios.

Según señala Sanford Ikeda, la intervención del gobierno tiene una doble consecuencia no intencionada: provoca descoordinación en algunos sectores al alterar los incentivos e impide la coordinación en otros al bloquear descubrimientos.[366] Pueden distinguirse cuatro efectos de la intervención sobre la actividad empresarial y el proceso económico:

1. *directos* son aquellos que provienen de la intervención inicial;

---

[364] Una confirmación puede encontrarse en Ronald Gilson y Bernard Black: "El éxito de los emprendedores inmigrantes en países con fuertes sectores de capital de riesgo (por ejemplo, inmigrantes rusos en Israel o inmigrantes asiáticos en Estados Unidos) sugiere que los empresarios emergerán si se dispone de la infraestructura institucional necesaria para impulsarlos". Gilson, Ronald y Black, Bernard: (1999, página 270).
[365] John N. Gray es contundente respecto de la posibilidad de llevar a cabo política macroeconómica en un Estado de Derecho: "[...] en una sociedad libre, aunque pueda haber una política lícita con respecto a las instituciones económicas, no puede haber algo como la política económica tal como en este momento se la entiende, porque someterse al estado de derecho excluye todo lo que se parezca a un manejo macroeconómico". Gray, John N.: (1982, página 18).
[366] Ikeda, Sanford: (1997, página 105).

2. *indirectos* los que resultan de intervenciones posteriores para corregir los efectos iniciales;

3. consecuencias *internas* que afectan al mercado donde se dirige la intervención; y

4. consecuencias *externas* que afectan la coordinación en mercados adyacentes de bienes sustitutos y complementarios.[367]

Cada uno de los efectos constituye un impacto en la empresarialidad y en la coordinación del proceso de mercado. El activismo gubernamental puede estar basado en subsidios, impuestos, manipulación de la oferta monetaria, controles de precios, propiedad de empresas o concentración de funciones de salud, educación, seguridad social, etc.[368]

Directa o indirectamente, interna o externamente, el resultado es un cambio en las condiciones que subyacen a los descubrimientos empresariales. En su crítica al intervencionismo, Mises destaca que los empresarios tienen interés particular en los favores del gobierno por lo que presionan para conseguirlos y obtener recursos a su favor: "El interés particular de los empresarios y capitalistas también demanda intervencionismo para protegerlos contra la competencia de los hombres más activos y eficientes".[369]

La intervención puede tomar distintas formas de política macroeconómica: política monetaria, política del sector externo y política fiscal. Cada una tiene efectos sobre la empresarialidad y se presentan a continuación.

a. La política monetaria

Siguiendo la definición austríaca, la expansión de dinero por encima de su demanda, ejecutada por el monopolio legal de emisión y el curso

---

[367] Elaborado por Harper siguiendo a Ikeda. Harper, David A.: (2003, página 193).

[368] Un sistema de seguridad social que garantice un nivel de ingresos puede disminuir el incentivo a involucrarse en actividades empresariales (por lo menos, en la empresarialidad de corto plazo o por necesidad según la clasificación del Global Entrepreneurship Monitor). Bjørnskov, Christian y Foss, Nicolai J.: (2006, página 8). Bosma, Niels y Levie, Jonathan: (2009, página 12).

[369] Mises, Ludwig: (1940, página 79).

legal y forzoso, provoca inflación y deteriora el contexto de los descubrimientos empresariales.[370] Por otra parte, la manipulación discrecional de la política monetaria que favorece a determinados grupos de interés es incompatible con la certeza e igualdad de la ley (*i.e.* con el Estado de Derecho). Aún cuando sea utilizada para afectar el tipo de cambio, para bajar artificialmente la tasa de interés o para financiar gastos del gobierno. Cualquiera sea el mecanismo, la inflación distorsiona los precios relativos, el cálculo económico y la asignación de recursos. El deterioro en la calidad del dinero implica una reducción en la calidad de la información que brindan los precios. Ahora los cambios en los precios relativos provienen de factores políticos y dejan de informar solamente cambios en preferencias de consumidores, disponibilidad de recursos y conocimientos tecnológicos. Los empresarios comienzan a preocuparse más por las decisiones del gobierno y de la autoridad monetaria que por los datos reales del mercado. De ese modo, tienden a perder confianza en sus capacidades para aprender del entorno, para formular expectativas y para responder a los cambios en los datos del mercado. El *alertness* se debilita por que se diluye el nexo entre las acciones empresariales y sus resultados.[371]

Al mismo tiempo, la inflación impacta en el mercado de capitales. Por un lado, desincentiva el ahorro, genera conductas pródigas y promueve el endeudamiento. La consecuencia es mayor costo del capital para los empresarios y menor posibilidad de desarrollar los descubrimientos realizados.

Por otro lado, cuando la expansión monetaria tiene lugar a través de la expansión artificial del crédito, a corto plazo se verifica una caída en la tasa de interés. Esto mejora relativamente la rentabilidad de los proyectos de largo plazo. Según señala Mises, los empresarios realizan cálculo económico en base a una tasa de interés que no señala las preferencias temporales.[372] Se embarcan en proyectos que están sobrevaluados artificialmente y dan comienzo al auge. Posteriormente, deberán enfrentar el ajuste (recesivo). Nuevamente, los empresa-

---

[370] Mises, Ludwig: (1949, páginas 422 y 423).
[371] Harper, David A.: (2003, páginas 100 y 101).
[372] Mises, Ludwig: (1949, página 553).

rios pierden confianza en su capacidad de descubrimiento al romperse el vínculo entre sus acciones y resultados.

b. La política del sector externo

Respecto de las regulaciones del sector externo puede arribarse a una conclusión similar. Adam Smith consideró a los aranceles aplicados a las importaciones como monopolios basados en privilegios legales.[373] Representan barreras legales para los productores domésticos de los bienes arancelados que otorgan beneficios pagados por los consumidores y el resto de los productores no protegidos. Al contener el comercio, se limita el flujo de bienes y servicios especializados y los empresarios no pueden explotar determinados negocios.[374] Lo mismo debe sostenerse de los derechos específicos, subsidios, retenciones, desgravaciones impositivas, tipos de cambio múltiples, entre otras medidas que afectan al comercio exterior e interior. Estas alternativas distorsionan los precios relativos, impactan negativamente en la empresarialidad y conducen los recursos hacia usos menos productivos. Aún cuando benefician a un individuo o a un grupo, las restricciones al comercio exterior, en sus distintas variantes, atentan contra la libertad económica y son inconsistentes con la generalidad e igualdad ante la ley (*i.e.* con el Estado de Derecho).

c. La política fiscal y tributaria

La política fiscal y tributaria también provoca efectos en la empresarialidad. Cualquier política de gasto público redirige la demanda y modifica precios relativos, cambiando los incentivos de sectores particulares. Esto implica que las erogaciones fiscales no son inocuas sobre la empresarialidad y la asignación de recursos. Lo mismo aplica para una política de desgravación impositiva. El caso extremo de una política de nacionalización del gobierno representa un monopolio público que bloquea la explotación privada. Y a mayor cantidad de sectores nacio-

---

[373] Smith, Adam: (1776, página 462).
[374] Sobel, Russell S., Clark, J. R. y Lee, Dwight R.: (2006, página 10).

nalizados implica menor espacio para el descubrimiento empresarial.[375]

Del tamaño del gasto público en la economía depende la cantidad de fondos que se transfieren del sector privado. El sector público puede financiarse con impuestos, emisión monetaria (impuesto inflación), venta de activos o deuda pública. Bajo cualquiera de la formas de financiamiento, un incremento relativo en la magnitud del gobierno representa un menor ingreso disponible de los ciudadanos. Como consecuencia se reducen los fondos disponibles para el ahorro. Muchos empresarios pierden la posibilidad de autofinanciarse y otros pueden presentar menor volumen de recursos a potenciales inversores. Pero todos enfrentan mayores costos de capital, hecho que disminuye la cantidad de proyectos empresariales que se cristalizan en el mercado y que modifica la estructura productiva en un sentido diferente al de las preferencias.

Por último, debe notarse que sí existe una política macroeconómica compatible con el Estado de Derecho. La misma supone una acción gubernamental en sentido contrario al expuesto en párrafos precedentes: política monetaria de inflación nula y no intervención en el sistema financiero; mercados abiertos al comercio internacional; presupuesto fiscal equilibrado y gasto público concentrado en las funciones originarias del estado. A continuación, se profundiza en esas funciones originarias del estado y su relación con las instituciones de Estado de Derecho.

Estado de Derecho y funciones del estado

Mises entiende por estado al aparato de coerción que obliga a los miembros de la sociedad a atenerse a las normas de la vida comunitaria y denomina gobierno a las personas y entidades encargadas de administrar el estado.[376] Un estado se entiende como un ente protector porque sus funciones originarias, que no son la causa de su origen, se asocian a la protección de la vida y la propiedad. La acción de un

---

[375] Bjørnskov, Christian y Foss, Nicolai J.: (2006, página 8).
[376] Mises, Ludwig: (1927, página 56).

estado como ente protector se basa en el uso de la fuerza y la coerción.[377]

El origen del estado puede explicarse de modo contractualista o coercitivo. Para la teoría contractualista, el estado tiene su origen en un acuerdo voluntario y racional entre los miembros de la sociedad, quienes guiados por su propio interés procuran obtener servicios de carácter público. Según esta visión, los grupos humanos más productivos habrían realizado el "contrato social" para evitar ataques de otros grupos y evitar mermas de producción y bienestar. Aunque un acuerdo de semejante magnitud resulte inimaginable, constituye una metáfora para explicar que la raíz del estado es la función de seguridad y protección de la vida y la propiedad individuales contra agresiones de terceros.[378]

En el enfoque coercitivo se considera que el estado surge del uso de la fuerza, principalmente como resultado de la guerra. Franz Oppenheimer, quien abona esta idea, afirma:

> El Estado, completamente en su génesis, esencialmente durante sus primeras etapas de existencia, es una institución social, forzada por un grupo victorioso sobre un grupo vencido, con el único propósito de regular el dominio del grupo victorioso sobre el derrotado y asegurarse a si mismo contra revoluciones internas y ataques externos. Teleológicamente, este dominio no tuvo otro propósito que la explotación económica de los derrotados por los triunfadores.[379]

---

[377] Esa definición alude a Max Weber, para quien el estado es una organización que: "[...] demanda exitosamente el monopolio del uso legítimo de la fuerza física". Aunque no sea legítimo en su origen, el monopolio de la fuerza puede ser legitimado políticamente o por la costumbre. Weber, Max: (1946, página 78). Citado en de Jasay, Antony: (1985, capítulo 2).

[378] La versión cotractualista se asocia a Jean-Jacques Rousseau, Thomas Hobbes, John Locke. Carneiro, Robert L.: (1970, página 734); de Jasay, Anthony: (1985, capítulo 1 parte 5) y Holcombe, Randall G.: (2004, página 330).

[379] Agrega luego: "¡La propiedad de esclavos! El nómade es el inventor de la esclavitud, luego, ha creado el brote del estado, la primera explotación del hombre por el hombre". Oppenheimer, Franz: (1908, páginas 8 y 16).

Juan Sebastián Landoni. Empresario institucional

En el mismo enfoque, Mancur Olson asocia el estado con un "bandido estacionario" y lo distingue de un "bandido ocasional". Este último sería el caso de una banda que se dedica al pillaje nómade, robando ocasionalmente en distintas poblaciones. Según Olson, el bandido ocasional puede devenir en estacionario:

> Si el líder de una banda ocasional que sólo obtiene pobres botines tiene la fuerza suficiente como para apoderarse de un territorio dado y mantener alejados de él a otros bandidos, podrá monopolizar el crimen en ese territorio; se convertirá en bandido estacionario.[380]

Una vez establecido, el bandido estacionario tiene incentivos de tipo inclusivo. Su bienestar será mayor si logra ahuyentar a otros ladrones depredadores. Esto lo impulsa a ofrecer protección y, en consecuencia, incrementar la productividad de los habitantes.[381] A cambio podrá obtener un flujo permanente de recursos para su sostén (impuestos). Ahora, los mismos individuos gobernados se encuentran en mejor posición con un gobierno estable que sometidos al saqueo recurrente. De allí emerge el dilema de la anarquía, como ausencia de gobierno, que Randall Holcombe expone como sigue: "La principal cuestión es si un grupo de personas sin gobierno puede prevenir que depredadores, tanto internos como externos, hagan uso de la fuerza para establecer un gobierno".[382]

Y luego sostiene que "el gobierno es inevitable y los pueblos sin gobierno –o aún con un gobierno débil – serán absorbidos y regulados por pandillas que establecerán un gobierno sobre ellos".[383]

Resulta imposible que los pandilleros establecidos saqueen continuamente a los productores y pretendan mantener la fuerza para

---

[380] Olson, Mancur: (2000, páginas 8 y 9).
[381] Olson, Mancur: (2000, página 13).
[382] Holcombe, Randall G.: (2004, página 328). Mises ya había respondido al interrogante: "Una sociedad anarquista estaría expuesta a la merced de cualquier individuo. La sociedad no puede existir si la mayoría no está lista, mediante la aplicación de la amenaza o la acción violenta, para impedir que las minorías destruyan el orden social. Este poder está encarnado en el estado o el gobierno". Mises, Ludwig: (1949, página 149).
[383] Holcombe, Randall G.: (2004, páginas 333 y 334).

155

repeler a otros saqueadores o los levantamientos de los mismos habitantes. Para ser capaces de defenderse de ambos agresores potenciales necesitan recursos. Si los que gobiernan desean un flujo de ingresos sostenido, deberán proteger por mayores plazos de tiempo los derechos esenciales y anteriores de los individuos (la vida, la libertad y la propiedad). Nada garantiza definitivamente que el estado limite su poder a promover el orden y la justicia. Eso dependerá de los intereses en pugna y del poder de negociación de los gobernantes, de los gobernados y sus agrupaciones. Alcanzar el Estado de Derecho supone un proceso arduo y largo.

Puede observarse que tanto en las teorías contractualistas como en las coercitivas del origen del estado no están presentes las políticas macroeconómicas mencionadas en la sección anterior. El origen del estado puede ser pacífico o violento. Pero el estado, por conveniencia o no de los gobernantes, termina siendo un ente protector. El estado como ente protector es compatible con el imperio de la ley y sus funciones son: en primer lugar, la defensa contra potenciales agresores externos; en segundo lugar la seguridad de los individuos contra la violencia de otros conciudadanos; y en tercer lugar la administración de justicia.

En términos normativos, el estado acorde al imperio de la ley debe sostener las reglas de convivencia. Esas reglas definen el esquema básico para las relaciones sociales de cooperación y el ambiente de negocios para el ejercicio de la empresarialidad. Cuando el estado proteja los derechos de propiedad legítimos y otorgue libertad económica, mayor será el incentivo para aumentar la productividad y la cooperación social a través del intercambio. Al mismo tiempo se promueve el ahorro, se expanden los mercados de capitales, se incentivan los descubrimientos empresariales y la explotación de negocios de mayor plazo.

Gwartney, Holcombe y Lawson muestran datos que indican mayor impulso a la actividad empresarial y mayor crecimiento cuanto más concentrada la actividad del gobierno en las funciones centrales del estado.[384] Sin embargo, como lo hiciera Adam Smith, los autores incluyen la provisión de algunos bienes como infraestructura y educa-

---

[384] Gwartney, James; Holcombe, Randall y Lawson, Robert: (1998, página 165).

ción.[385] Y aunque ciertamente conflictivo con su visión del Estado de Derecho, Hayek acepta la intervención del gobierno más allá del sostenimiento de las normas de recta conducta a través de los servicios de seguridad, defensa y justicia. Por ejemplo, considera la provisión estatal de servicios contra inundaciones, determinadas obras públicas, garantizar un nivel mínimo de ingresos.[386] Para evitar el fortalecimiento del gobierno federal, propone que los gobiernos locales o regionales se encarguen de tales actividades y que las mismas no sean monopolios legales. Pero en su pensamiento, la prioridad del gobierno está en mantener las normas de recta conducta y cualquier expansión del sector público implica una merma de la capacidad del sector privado para crear riqueza.[387]

Constitución de Estado de Derecho y empresarialidad

Se ha criticado a Hayek por un exceso de confianza que deriva en esperar demasiado del Estado de Derecho.[388] Ronald Hamowy afirma que "Hayek subestima seriamente los poderes discrecionales inherentes a las funciones de los brazos ejecutivos y judiciales del gobierno".[389]

---

[385] A las funciones principales, Adam Smith agrega una función adicional: proveer bienes públicos como obras de infraestructura que en el sector privado no sería rentable producir y ofrecer. Smith, Adam: (1776, página 723).

[386] Hayek, Friedrich A.: (1973, páginas 185 a 186) y Hayek, Friedrich A.: (1979, páginas 85 a 87).

[387] Hayek, Friedrich A.: (1973b, página 186). El estudio empírico de Gwartney, Holcombe y Lawson confirma que la tasa de crecimiento de la economía es menor cuanto mayor es la relación de gasto público respecto al producto bruto. Gwartney, James; Holcombe, Randall y Lawson, Robert: (1998, página 172).

[388] Raz, Joseph: (1977, páginas 26 y 27) y Hamowy, Ronald: (1978, página 294).

[389] Hamowy, Ronald: (1978, página 294). Barry Weingast, sin dirigirse a Hayek, argumenta en el mismo sentido: "El dilema político fundamental de un sistema económico es este: un gobierno suficientemente fuerte para proteger los derechos de propiedad y hacer cumplir los contratos es también suficientemente fuerte para confiscar la riqueza de sus ciudadanos". Weingast, Barry: (1995, página 1). También Peter Boettke: "Un gobierno que sea suficientemente fuerte como para atar sus manos, es casi por definición suficientemente fuerte para romper esos lazos cada vez que los gobernantes lo estiman necesario". Boettke, Peter: (2005, página 217).

En ese enfoque, el Estado de Derecho es una condición necesaria pero no suficiente. Para mantener la universalidad de la ley se requiere un compromiso político creíble que contenga el poder del estado. Sin embargo, Hayek efectivamente entendía al Estado de Derecho como un ideal político y era consciente que las democracias mayoritarias podían, de hecho lo hicieron, violar los principios del imperio de la ley. En particular, mediante la proliferación de normas legales que aumentan la incertidumbre y mediante privilegios legales (monopólicos) que atentan contra la igualdad. Por eso Hayek considera necesario que determinadas tradiciones estén institucionalizadas y se reflejen en el comportamiento de los individuos en la sociedad: "En una democracia esto significa que [el Estado de Derecho] no prevalecerá a menos que forme parte de la tradición moral de la comunidad, un ideal común compartido y aceptado sin cuestionamiento por la mayoría".[390]

En virtud de la falibilidad humana, el Estado de Derecho constituye un ideal cuya aplicación práctica será imperfecta.[391] Sin embargo, aunque no se alcance la perfección, puede aproximarse mediante reglas constitucionales.

En sentido amplio, la constitución es una ley, escrita o implícita, que determina la estructura subyacente que especifica el orden político, legal y económico de la sociedad. Al contener las reglas generales y fundamentales que definen los derechos individuales de los miembros de una comunidad, se convierte en una constitución de Estado de Derecho. Por eso pretende sostener la universalidad de la ley preservando los derechos de los individuos contra acciones arbitrarias del gobierno. De ahí se la concibe como una definición y limitación de los poderes de las distintas ramas del gobierno.[392]

Luego, un gobierno constitucional de Estado de Derecho, supone un gobierno limitado a las funciones originarias de protección de los derechos de propiedad y libertad individuales, ambos determinantes de la actividad empresarial. Una ley constitucional de ese tipo otorga a los miembros de la sociedad un conjunto de reglas básicas

---

[390] Hayek, Friedrich A.: (1960, página 283).
[391] Hayek, Friedrich A.: (1944, páginas 80 y 81).
[392] Hayek, Friedrich A.: (1960, página 240).

que, al ser observadas y cumplidas, impulsan la cooperación y reducen comportamientos perniciosos (como robo, hurto, saqueo, violación de contratos, etc.).[393] Pero una constitución formal no garantiza resultado alguno en términos de empresarialidad y desarrollo. Al igual que el Estado de Derecho, la constitución está basada en consensos y factores preconstitucionales. Stefan Voight sostiene que la adopción y sostenimiento de una constitución de Estado de Derecho requiere una cultura constitucional compartida por la mayoría de la sociedad.[394] Sin los requisitos culturales, no tendría sentido copiar y promulgar una constitución que formalmente defienda el imperio de la ley. Persistirían los intereses privilegiados de algunos grupos de presión. Y la ley fundamental sería "letra muerta".

Pero la mejor cultura constitucional puede cambiar. En particular, por la permanente actividad de los grupos de interés que presionan a los gobiernos para conseguir privilegios y porque muchos gobiernos tienen incentivos cortoplacistas que los inducen a la discrecionalidad. En ausencia de consensos y una oposición a los excesos de poder, los gobiernos "constitucionales" pueden sortear los límites impuestos y socavar el espíritu del Estado de Derecho mediante prerrogativas que restringen la actividad empresarial.[395] Una vez que se abre la puerta a la política económica y a la legislación diferenciales, otros grupos de interés comienzan a destinar recursos para la presión política.[396] Al expandirse la actividad de estos grupos se utilizan capitales de modo menos productivo.

---

[393] Desde un enfoque contractualista de la constitución, Richard E. Wagner y James D. Gwartney consideran, en ese sentido, que la constitución resuelve el dilema del prisionero que enfrentan los individuos cuando tienen que optar entre cooperar (comerciar) y no cooperar (saquear). Wagner, Richard E. y Gwartney, James D.: (1988, página 33).

[394] Voigt, Stefan: (1998, página 192, 205 y 206).

[395] Una excepción sería el caso que plantea Stefan Voigt, donde la constitución de Estado de Derecho podría preservarse con un número importante de grupos de presión con fuerza similar que representen intereses heterogéneos. Su argumento "estilo mano invisible" expresa: "Si los grupos de interés son exitosos en prevenir al gobierno y otros grupos respecto de excepciones a las reglas universales, ellos pueden convertirse en los perros guardianes del imperio de la ley. En otras palabras, se convierten en salvaguardas del imperio de la ley aunque estén motivados solamente por su propia utilidad". Voigt, Stefan: (1998, página 204).

[396] Buchanan, James y Tullock, Gordon: (1958, página 328).

Para impedirlo, se requieren anclas constitucionales: consensos, restricciones y procedimientos diseñados para limitar el proceso legislativo y las políticas gubernamentales.[397] De ese modo, la constitución puede fortalecer la generalidad, igualdad y certeza de la ley y preservar la libertad económica y los derechos de propiedad. Al mejorar el ámbito de la cooperación, aumenta la propensión de los empresarios a descubrir negocios e impulsa el crecimiento.

Por ejemplo, la exigencia de una mayoría especial para modificar la constitución aporta estabilidad jurídica. Con el mismo objeto se establecen los procesos para promulgar leyes ordinarias (como el caso de las comisiones parlamentarias de constitucionalidad, de presupuesto, etc.). Al establecer mecanismos complejos para alterar la constitución y las leyes ordinarias, tiende a conservarse la certeza de la ley y la capacidad empresarial para juzgar eventos futuros y estar alerta a oportunidades.

Otra medida para preservar las instituciones de la economía de mercado y estimular la empresarialidad es el federalismo. El diseño constitucional puede establecer dos formas de separación de poderes: dentro del gobierno federal y entre gobiernos de distintas instancias jerárquicas. El federalismo político supone la separación jerárquica entre el gobierno federal y los gobiernos de estados o provincias, distinguiendo espacios autónomos de autoridad entre ambos.[398] El aporte del federalismo a las instituciones económicas proviene de disminuir el poder del gobierno federal y de introducir la competencia en la

---

[397] Entre otras, pueden mencionarse: la separación de poderes ideada por Montesquieu, la exigencia de una mayoría especial para modificar la constitución, la instalación de una Corte Suprema como árbitro externo que decide sobre la constitucionalidad de la legislación; la propuesta de James Madison para dividir el poder legislativo en cámaras con distintas formas de representación (una basada en población y otra en cantidad de estados); la propuesta de Knut Wicksell sobre cuasi-unanimidad para la aprobación de leyes. Wagner, Richard E. y Gwartney, James D.: (1988, página 33 a 38) y Hayek, Friedrich: (1960, capítulo 3). Hayek propone una constitución ideal con restricciones adicionales como acceso a la asamblea representativa a los cuarenta y cinco años por períodos de quince y sin reelección, etc. Hayek, Friedrich: (1976, páginas 190 a 194).

[398] A las dos características anteriores, William Riker agrega que la autonomía debe ser *self-enforcing*. Si dependiera de una fórmula escrita podría cambiarse o evitarse. Riker, William H.: (1964. página 11), citado en Weingast, Barry: (1995, página 5).

esfera política.[399] Por un lado, disminuye el poder del gobierno nacional al establecer como autoridad primaria para la política económica a los gobiernos locales de menor nivel. Por otro lado, introduce competencia entre gobiernos locales (sí, y solo sí, se eliminan constitucionalmente las barreras al comercio interior).[400] Además, la competencia entre gobiernos locales opera como restricción al poder de las autoridades autónomas. Los gobiernos menores que atentan contra el Estado de Derecho favoreciendo buscadores de renta desalientan a los empresarios y los obligan a "votar con los pies" (*i.e.* mover el capital hacia otro estado o provincia). Esa competencia política promueve la competencia económica. Y puede permitir que un sistema político federal sea *self-enforcing*, al promover el propio interés de las autoridades políticas a limitar su interferencia en el mercado.[401]

A través de restricciones firmes a las opciones de política del gobierno, el federalismo provee una base para el Estado de Derecho y un fundamento político para la economía de mercado. Si los individuos son capaces de prever que el gobierno no va a interferir en sus actividades, pueden perfeccionar sus predicciones y su capacidad empresarial.[402]

En última instancia, el federalismo y el resto de las restricciones constitucionales promueven la empresarialidad siempre que limiten las funciones del estado. Un gobierno federal que compromete la

---

[399] Aunque aceptando diferencias entre la competencia en el mercado y en la política, Buchanan sostiene que: "La teoría normativa del federalismo competitivo congenia con los economistas en particular porque es simplemente la extensión de los principios de la economía de mercado a la organización de la estructura política". Buchanan, James: (1995/1996, página 260).

[400] Weingast argumenta que el federalismo preserva la economía de mercado cuando, además de las características señaladas por Riker, se agregan: que los gobiernos subnacionales son los responsables de la regulación de la economía, se asegura un mercado común al impedir a los gobiernos de nivel menor establecer barreras comerciales y los gobiernos menores enfrentan estrictas restricciones presupuestarias sin poder emitir moneda y con límites a la emisión de deuda. Weingast, Barry: (1995, página 5).

[401] Weingast, Barry: (1995, página 26).

[402] Harper indica que el federalismo puede mejorar la relación que los individuos establecen entre sus acciones y los resultados de las mismas. Por ello, el federalismo dota a los empresarios de mayor estado de alerta. Harper, David A.: (2003, página 106).

independencia de los gobiernos locales constituye un impedimento para el desarrollo de los mercados. De ahí que para impulsar la empresarialidad, sea imprescindible sostener restricciones a la acción del gobierno federal.

Sin un consenso mayoritario entre los habitantes resulta difícil imponer límites al gobierno.[403] Esos límites dependen de cómo reaccionan los ciudadanos a las violaciones de la constitución y sus instituciones. Cuando los ciudadanos no reaccionan y permiten el avance de la discrecionalidad del estado, aún un sistema federal *de jure* deja de ser un sistema federal que preserva el mercado (*market-preserving federalism*).[404] Al mismo tiempo, aún un régimen constitucional *de jure* deja de ser un régimen constitucional de Estado de Derecho.

El resultado tiende a invertirse con un consenso mayoritario de la población respecto de políticas y partidos políticos que limitan al gobierno federal y protegen los derechos individuales. Si los ciudadanos reaccionan ante la discrecionalidad del gobierno, la constitución de Estado de Derecho puede aplicarse y hacerse cumplir. La consecuencia será mayor espacio para la empresarialidad y el desarrollo económico.

Observaciones finales

Este capítulo se enfoca al estudio de las instituciones de la economía de mercado como causa de la empresarialidad que, a su vez, deviene en desarrollo económico. Las instituciones cumplen las funciones de generar determinados incentivos, alinear expectativas y disminuir incertidumbre. Las tres funciones tienen efectos en la propensión de los empresarios a descubrir oportunidades de negocios.

Se entienden las instituciones como sistemas de reglas. Eso permite analizar de forma interrelacionada los derechos de propiedad

---

[403] Esto se suma a la rigidez a la baja del tamaño del gobierno que Milton Friedman denomina "triángulo de acero" del *status quo* donde en "[...] una esquina están los beneficiarios directos de una ley; en una segunda están los comités legislativos y sus equipos; y en una tercera la burocracia que administra la ley". Friedman, Milton y Friedman, Rose: (1983, página 42).

[404] Weingast, Barry: (1995, página 29).

y la libertad económica. Lo mismo con el Estado de Derecho, la constitución y sus instituciones fundamentales. De cada una de las mencionadas instituciones se verifican efectos en la empresarialidad.

La conclusión más destacada del capítulo afirma que el Estado de Derecho define las reglas fundamentales para fomentar los descubrimientos empresariales: derechos de propiedad y libertad económica. La generalidad, certeza e igualdad de la ley robustecen la capacidad para anticipar y descubrir negocios y, por ello, multiplica los eventos empresariales.

Sin embargo, lo expuesto no significa que la empresarialidad depende *solamente* del Estado de Derecho. Además hay factores culturales subyacentes. Factores que son compartidos en diferentes grados por los miembros de una sociedad. Los valores morales, creencias, normas, tabúes y roles individuales definen rasgos de la personalidad como la concepción del "yo" y la forma de relacionarse con los demás.[405] Cada uno de los aspectos culturales afecta las instituciones y también impacta en la empresarialidad.

Las instituciones operan en un contexto cultural que puede ofrecer mayor o menor resistencia al cambio. En algunos casos, sostener el Estado de Derecho exige cláusulas firmes que incentiven la permanencia y desincentiven su modificación. En otros contextos, para estimular el Estado de Derecho, la empresarialidad y el crecimiento se deben enfrentar distintas restricciones culturales. Por eso las reformas institucionales tienen diferentes posibilidades y tiempos para concretarse.

El próximo capítulo estudia los factores de cambio institucional y se enfoca principalmente en el papel del empresario en ese proceso. En este capítulo apenas se analiza el cambio institucional ocasionado por la acción empresarial. Se hizo referencia a la acción pseudoempresarial de los buscadores de renta cuyos intereses son contrarios al Estado de Derecho. Pero ese no es el objetivo general de estas páginas. El trabajo está orientado a indagar qué, cómo y cuánto pueden hacer los empresarios para mejorar el ámbito institucional y promover reformas institucionales.

---

[405] Harper, David A.: (2003, páginas 138 y 139). Harper destina al tratamiento del tema el capítulo 3, "Cultura y estado de alerta".

Capítulo 4.
El efecto de la empresarialidad
sobre las instituciones.
Una aproximación al empresario institucional
en el proceso económico de mercado

Introducción

En el capítulo anterior se analizaron las instituciones que impulsan la empresarialidad. Se mostró que las instituciones de economía de mercado, enmarcadas en el Estado de Derecho, proveen incentivos, alinean expectativas y disminuyen incertidumbre. En esencia, la protección de los derechos de propiedad y la libertad económica estimulan el estado de alerta y la capacidad para juzgar el futuro incierto. Con ello, aumenta la cantidad de eventos empresariales y el proceso de mercado tiende a mejorar la asignación de recursos y coordinar planes individuales.

Este capítulo recorre el camino inverso al anterior. El objetivo general es investigar cómo impacta la empresarialidad en las instituciones. Constituye un intento de profundizar en los alcances de la empresarialidad en la sociedad. Pero el objetivo particular y fundamental del trabajo es redefinir al empresario institucional para introducirlo dentro del marco teórico del proceso económico de mercado.

El desarrollo de la exposición comienza con el tratamiento del origen de las instituciones con el objeto de rastrear los mecanismos evolutivos y deliberados presentes en el mismo. Continúa con la identificación de los agentes de cambio institucional para ubicar al empresario en dicho proceso. Luego se distinguen dos tipos de cambio institucional ocasionado por la acción empresarial: el cambio intencionado y el cambio no intencionado.

Finalmente, se discute la literatura sobre empresario institucional y se propone una nueva categoría del mismo, acorde con la concepción del empresario desarrollada en el capítulo 2 y compatible con las instituciones de economía de mercado expuestas en el capítulo 3.

Origen y evolución de las instituciones de economía de mercado

Aunque el interés de este trabajo es el cambio institucional, antes de su tratamiento se presenta la discusión sobre el origen de los sistemas de reglas. El motivo de realizar primero esta interpretación se fundamenta en que el mismo cambio institucional puede ser entendido como origen de nuevas reglas.[406] De este modo se puede intentar una aproximación al proceso de evolución institucional, desde su origen hasta sus modificaciones.

Hayek, siguiendo la filosofía griega, utiliza el término *taxis* para referirse a los órdenes creados deliberadamente y *kosmos* para los órdenes espontáneos.[407] Según la distinción de Carl Menger, existen instituciones sociales de origen pragmático y otras de origen orgánico.[408] Entre las primeras se mencionan las reglas emanadas por la má-

---

[406] Para Elinor Ostrom, el esfuerzo por distinguir el origen de las instituciones del cambio institucional exige el reconocimiento de un mundo previo sin reglas, a partir del cual se habrían originado las mismas y del que surgen cambios incrementales. Ostrom, Elinor: (1990, página 222).

[407] Ver cita 57 en el capítulo 1.

[408] Ver cita 265 en el capítulo 3. Hayek explica que en la filosofía griega el término *physei* significaba 'por naturaleza', *nomó* 'por acuerdo' y *thesei* 'por decisión deliberada'. Para Hayek, esta falsa dicotomía entre fenómenos naturales y artificiales provocados por la acción humana no permite dilucidar a una categoría que, para Bernard Mandeville y David Hume, puede pertenecer a una u otra de las referidas clases (*i.e.* las que Adam Ferguson llamó «producto de la acción» pero no del «designio humano»). Hayek, Friedrich A.: (1973, página 46). Según Werner Jaeger, fue Anaximandro quien, al transferir la vida social al reino de la naturaleza, da origen a la idea filosófica del cosmos designando al recto orden del estado y la comunidad. Werner, Jaeger: (1933, página 113). Dice Jaeger, comentando el libro Gorgias de Platón: "[...] los sabios nos dicen que el cielo y la tierra, los hombres y los dioses se mantienen unidos por la comunidad y la amistad y el orden y la moderación y la justicia, y

xima jerarquía de una empresa o la legislación promulgada por las legislaturas. Son reglas racionales y deliberadas, pensadas específicamente para conseguir fines determinados. Según se analizara en el capítulo precedente, corresponden al concepto hayekiano de organización. En el origen de esas reglas están los objetivos y decisiones de un individuo o grupo de individuos.

Las normas que Menger denomina de origen orgánico son espontáneas en el sentido de no haber sido pensadas ni diseñadas por ningún individuo particular. El estudio de Menger sobre el origen del dinero es ilustrativo al respecto.[409] Un individuo enfrenta los problemas del trueque (doble coincidencia de necesidades, indivisibilidad de bienes, costos de búsqueda, de negociación); muchos intercambios se frustran; descubre que puede vender lo que posee a cambio de algo que no desea pero que luego podrá intercambiar por aquello que sí busca adquirir; aparece un medio de cambio indirecto (que aún no es dinero); pueden surgir diferentes medios de cambio indirecto; uno de esos bienes comienza a utilizarse más porque quienes lo utilizan satisfacen más necesidades; la imitación promueve el aumento de la demanda del bien (*i.e.* aumenta su comerciabilidad o liquidez); con el avance del proceso, el bien termina convirtiéndose en un medio de cambio generalmente aceptado (ahora dinero).[410] Que determinado bien evolucione hasta el dinero no estaba en el propósito de quien lo utilizó como medio de cambio indirecto en primera instancia (solo deseaba satisfacer una necesidad).

El caso del dinero puede extrapolarse al mercado, al lenguaje, a determinadas costumbres, tradiciones y principios morales. Hayek considera que en el derecho, dentro de la tradición anglosajona, el orden jurídico del *common law* también tiene características espontá-

---

por eso el universo se llama Orden, Cosmos". Werner, Jaeger: (1933, página 534). Aristóteles relacionó nomos con taxis en su libro Política, al considerar inconcebible que el orden resultante del nomos exceda lo que se puede aprehender. Citado en Hayek, Friedrich A.: (1973, página 264).

[409] Menger, Carl: (1892, páginas 211 a 231).

[410] Una explicación de este proceso se encuentra en White, Lawrence: (1999, página 6). Scott Beaulier y David Prychitko observan un comportamiento empresarial en la emergencia del dinero. Específicamente, por parte de quien detecta la presencia del medio de cambio indirecto. Beaulier, Scott A. y Prychitko, David L.: (2006, página 52).

neas dado que está basado en costumbres. Se sustentaba en antiguas y arraigadas conductas cotidianas de respeto a los derechos individuales (propiedad, libertad para comprar y vender).[411] Más tarde, el *common law* evolucionó a medida que los jueces sentaban precedente para otros casos y jueces, quienes aplicaban principios similares a situaciones análogas.[412] Lo que Hayek destaca en términos de su origen y evolución es que esas costumbres y resoluciones judiciales no han sido pergeñadas y escritas por autoridad política alguna (reyes o parlamentos).[413] Las conductas individuales y las decisiones judiciales fueron "destilando" costumbres por un lado y jurisprudencia por otro. Ambas fueron consecuencias de acciones individuales pero no de intenciones.

Como analizara Hayek, siguiendo la tradición escocesa, se trata de instituciones que son consecuencias no intencionadas e impredecibles de comportamientos de individuos que interactúan persiguiendo fines propios.[414] Son instituciones que no surgen de un esfuerzo racional para generarlas e instalarlas. De hecho, mediante la razón se los puede interpretar pero no crear deliberadamente.[415] Por tal motivo, aunque los participantes del proceso persigan fines individuales, las reglas de orden espontáneo se originan sin propósito alguno.[416]

---

[411] Hayek, Friedrich A.: (1973, páginas 187 y 188). Rojas, Ricardo M.: (2004, página 59 a 63).

[412] Hamowy, Ronald: (2003, página 243).

[413] Hayek, Friedrich A.: (1960, página 169). Hamowy considera que Hayek idealiza el origen y evolución del *common law*. Hamowy, Ronald: (2003, página 246). Por su parte, John Hasnas distingue *customary law*, que surge de la interacción humana, de *common law*, que emana de las cortes reales inglesas. Y entiende que Hayek fusiona ambos conceptos. Hasnas, Jonas: (2005, páginas 81 y 89).

[414] Ver nota al pie 1 en el capítulo 1.

[415] Hayek expresa: "[...] los órdenes naturales, tales como el mercado, no pueden ser captados por nuestros sentidos, sino que sólo cabe descubrir su existencia por vía del intelecto". Hayek, Friedrich A.: (1973, página 73).

[416] En palabras de Hayek: "Dado que el tipo de orden que nos ocupa no es creación de ningún agente externo, tampoco puede perseguir fin concreto alguno, aunque su existencia pueda resultar muy útil para alcanzar los fines de los individuos que lo integran". Hayek, Friedrich A.: (1973, página 75).

Para Menger desentrañar un proceso tan sorprendente constituye el problema esencial de las ciencias sociales.[417] Con una sorpresa similar, afirma Hayek respecto del origen del derecho de propiedad y el comercio:

> Pienso que el primer hombre de un grupo pequeño que intercambió algo con un forastero, el primer hombre que siguió sus propios fines, no aprobados ni decididos por el jefe o por las emociones comunes del grupo, el primer hombre que reclamó la propiedad privada para si mismo, particularmente la propiedad privada de la tierra, el primer hombre que, en lugar de entregar su excedente a sus vecinos, lo comerció en otra parte [...] contribuyó al desarrollo de una ética que hizo posible la sociedad de intercambio mundial.[418]

En el sentido otorgado por Hayek, una regla como el respeto de la propiedad privada y una práctica como el comercio no pueden haber sido inventadas previendo los beneficios posteriores para la comunidad.

En la explicación de la conformación de las reglas se distingue un proceso evolutivo de ensayo y error. En ese proceso Hayek reconoce tres tipos de reglas: impulsos de carácter "instintivo", normas de origen espontáneo y normas deliberadamente introducidas para determinados fines.[419] Además, el autor austríaco reconoce un orden histórico para tales reglas: instinto, normas basadas en la costumbre y

---

[417] Ver nota al pie 4 en el capítulo 1.

[418] Hayek, Friedrich A.: (1983, páginas 31 y 32). Citado en Beaulier, Scott A. y Prychitko, David L.: (2006, página 60). Menger expresa respecto del derecho de propiedad: "[...] la economía humana y la propiedad tienen un origen común desde el momento que ambos tienen, como última razón para su existencia, el hecho de que los bienes están disponibles en cantidades menores que las requeridas por el hombre". Menger, Carl: (1871, página 97).

[419] Hayek, Friedrich A.: (1979, página 275). Esta clasificación de las reglas se asocia estrictamente con la división tripartita que hace Hayek, siguiendo a los filósofos escoceses, entre fenómenos naturales, artificiales (creados por un plan humano) y espontáneos. Hayek, Friedrich A.: (1967, página 155).

normas basadas en la razón.[420] Con independencia de la discusión sobre la primacía de determinado tipo de regla, aquí se pretende destacar el proceso evolutivo tanto del origen como del cambio institucional.[421]

En el proceso de evolución, para alcanzar el orden civilizado y un mayor bienestar, se requiere una represión de los instintos naturales y el desarrollo de particulares normas de conducta.[422] Básicamente, principios morales de respeto a la vida y a la propiedad ajenas. En el desarrollo de esas reglas fundamentales que facilitaron la cooperación están las raíces institucionales de la economía de mercado. Entre tales reglas están los derechos de propiedad y el intercambio voluntario pero también la honestidad, el cumplimiento de los compromisos asumidos, el trabajo disciplinado, la competencia, entre otros.[423] Aplicando una descripción de David Hume, en el proceso histórico de constitución del sistema de normas de conducta necesarias para el mercado, se sucedieron "[...] múltiples ensayos, errores, correcciones, deliberaciones y controversias [...]".[424] En ese proceso los indivi-

---

[420] "Así como el instinto precedió a la costumbre y a la tradición, así también estas últimas son anteriores a la propia razón. Tanto desde el punto de vista lógico como desde el psicológico e histórico, la costumbre y la tradición deben, pues, quedar ubicadas entre el instinto y la razón". Hayek, Friedrich A.: (1988, página 57). Alexander J. Field critica la utilización de la teoría de juegos para explicar el origen de las reglas dado que cada juego supone una o varias reglas previas. Esto genera un "problema de regresión infinita". Field, Alexander J.: (1984, páginas 690 y 695). En torno a la regresión infinita, Hodgson discute un problema de "huevo o gallina" entre un estado de la naturaleza de individuos sin reglas y un conjunto de hábitos e instintos previos. Hodgson, Geoffrey: (1998, páginas 182 a 184).

[421] Hodgson expresa en ese sentido: "Enfáticamente, abandonar el intento de explicar todas las instituciones en términos de individuos *dados* no significa el abandono de una explicación teórica. En su lugar, *los orígenes y el desarrollo de organizaciones e instituciones es visto como un proceso evolutivo*". Hodgson, Geoffrey: (1998, páginas 185), itálicas agregadas.

[422] Hayek, Friedrich A.: (1979, página 275 y 276).

[423] Hayek, Friedrich A.: (1988, página 42).

[424] Hume, pensando en la evolución de las habilidades laborales, sostenía: "Al examinar un barco, ¡qué elevada opinión nos debemos formar sobre el ingenio del carpintero que construyó una máquina tan complicada, útil y bella! ¡Y qué sorpresa debemos sentir cuando encontramos que un estúpido mecánico que imitó a otros y copió un arte que, a lo largo de una sucesión de generaciones, luego de múltiples ensayos, errores, correcciones, deliberaciones y controversias, ha sido gradualmente mejorado!

duos van adoptando pautas de comportamiento que les permiten aumentar su bienestar. A partir de la propiedad privada se expanden la división del trabajo y el comercio. A medida que los individuos reconocen la productividad de tales reglas, se amplía la cooperación y el grupo social crece (tanto en número como en esperanza de vida).[425] Desde un enfoque individualista, las reglas surgen de un desarrollo evolutivo porque benefician individualmente a quienes las practican. Pero en este punto aparece una discrepancia: Hayek sostiene que las reglas surgen de un proceso de selección cultural basado en la ventaja grupal y no en beneficios individuales. Al respecto, considera:

> La mayor parte de esas sucesivas etapas surgidas a lo largo del proceso de desarrollo cultural fueron resultado de la adopción de nuevos hábitos de conducta que surgieron, no porque quienes decidieron adoptarlos de algún modo vislumbraran su relativa superior eficacia, sino porque, al prosperar en mayor medida los grupos humanos que decidieron hacerlo, llegaron finalmente a predominar sobre los restantes.[426]

Esto supone un alejamiento del individualismo metodológico propio de sus primeros trabajos, de Mises y de la tradición austríaca (que se sostiene en estas páginas).[427]

Muchos mundos defectuosos se habrán sucedido durante la eternidad antes de que se forjara este sistema; mucho trabajo perdido, muchos esfuerzos infructuosos. Y un perfeccionamiento lento pero continuado a lo largo de infinidad de eras en el arte de construir el mundo". Hume, David: (1779, página 36), citado en Langlois, Richard: (1995, página 64).

[425] Mises, Ludwig: (1922, páginas 292 y 293). Para Mises la propiedad nace de una ocupación violenta. Pero reconoce que las reglas para la cooperación pacífica entre individuos, se desarrollan evolutivamente: "El derecho no se origina como algo perfecto y completo. Se ha desarrollado por miles de años y aún sigue desarrollándose. La era de su madurez – de la paz duradera – probablemente no llegue nunca". Mises, Ludwig: (1922, página 46).

[426] Hayek, Friedrich A.: (1979, página 277). También en Hayek, Friedrich A.: (1988, páginas 79 a 86).

[427] Vanberg considera que la posición de Hayek es "[...] fundamentalmente diferente de proveer un «explicación de mano invisible». Más bien parece el argumento funcionalista [en el que] el «mantenimiento» de un sistema social explica la existencia de un patrón o institución social". Vanberg, Viktor: (1986, página 83), comillas en el

En el enfoque hayekiano, el establecimiento de las reglas que favorecen al mercado supone una competencia normativa durante largos períodos de tiempo.[428] Los principios fundamentales de una economía de mercado, *i.e.* el respeto a la propiedad y la libertad económica, surgen mediante un proceso evolutivo de selección cultural. En el proceso de competencia normativo, las reglas surgidas espontáneamente pueden modificarse espontáneamente y ser sustituidas por otras reglas también espontáneas. También pueden ser plasmadas con posterioridad en sistemas formales de reglas.[429] Con el transcurso del tiempo, esos principios pueden conformar la legislación positiva del sistema institucional.[430]

Para el funcionamiento de la economía de mercado se requieren reglas abstractas y de carácter general. En el capítulo 3 se analizaron las características del Estado de Derecho como esquema para definir la universalidad de la ley. Tales reglas pueden institucionalizarse como parte de la costumbre y de la tradición sin necesidad de legislación específica; pueden ser tomadas como modelo y volcadas al sistema formal; y por último, el sistema formal puede pasarlas por alto y promulgar leyes escritas que violen derechos individuales. En las dos primeras alternativas surgen instituciones propias del imperio de la ley y que favorecen la economía de mercado. La última alternativa resulta contraria al espíritu del Estado de Derecho.

---

original. Citado en Beaulier, Scott A. y Prychitko, David L.: (2006, página 61). Para David R. Steele significa una aproximación holística, criticada por el mismo Hayek en trabajos previos. Steele, David R.: (1987, página 171).

[428] Para Hayek: "Esta evolución nunca fue lineal, sino fruto de un ininterrumpido proceso de prueba y error, es decir, de una incesante experimentación competitiva de normativas diferentes". Hayek, Friedrich A.: (1988, página 53). Armen Alchian plantea en sentido similar que en la competencia entre comportamientos tienden a confirmarse o sobrevivir aquellos más apropiados para los individuos. Alchian, Armen: (1950, página 214).

[429] Respecto de la cronología en la adopción de las normas, Hayek sostiene: "La aceptación de hecho de ciertas normas es un fenómeno que, sin dudas, debió preceder a cualquier tipo de deliberada imposición". Hayek, Friedrich A.: (1973, página 168).

[430] Según expresa Hayek: "Un estatuto o *thesis* aprobado por la cámara [legislativa] puede tener los atributos que corresponden a un *nomos*, y probablemente disfrutará de ellos en la medida en que este haya sido tomado como modelo". Hayek, Friedrich A.: (1973, página 221).

En estas páginas se intenta abordar el papel de los empresarios en el sistema institucional. En primer lugar, se indaga en el sostenimiento de las normas sociales que subyacen a la economía de mercado. En segundo término, en el cambio hacia tales reglas. Antes de considerar al empresario en las instituciones es preciso discutir las posibilidades del cambio institucional.

Sobre el cambio y la reforma institucional

Este trabajo pierde todo sentido si las propuestas deliberadas de cambio institucional constituyen intentos voluntaristas, en el mejor de los casos, o con consecuencias nocivas para la sociedad, en el peor. Se reitera que un objetivo primordial de estas páginas es indagar las posibilidades de cambio institucional deliberado por parte de los empresarios. Por eso a continuación se revisan las ideas de Hayek sobre el origen espontáneo de las reglas y la posibilidad de promover reformas.

En Hayek, el análisis y defensa de las reglas de origen espontáneo tiene consecuencias sobre el uso de la razón en las ciencias sociales y sobre las propuestas de reforma institucional. Llama la atención sobre los límites de la razón porque las experiencias y conocimientos acumulados en las reglas superan lo que una persona pueda hacer y aprender:

> [...] estas reglas [de origen espontáneo] son fruto de un lento proceso de evolución a lo largo del cual se han ido incorporando mucha más experiencia y conocimiento que lo que pueda hacer una persona.[431]

Y más adelante, siguiendo la misma posición, expresa que "en ningún momento ha diseñado el hombre el sistema económico en el que desarrolla su actividad: no somos suficientemente inteligentes como para hacerlo".[432]

Su pensamiento se opone a lo que denominó racionalismo constructivista, al que atribuyó los siguientes elementos distintivos:

---

[431] Hayek, Friedrich A.: (1967, página 148).
[432] Hayek, Friedrich A.: (1979, página 285), itálicas en el original.

[...] todas las instituciones de que se beneficia la sociedad fueron inventadas en el pasado y deben inventarse en el futuro, en la plena conciencia de los efectos deseables que esas instituciones producen; que estas deben ser aprobadas y respetadas solo en la medida en que podamos demostrar que los particulares efectos que producen en toda situación determinada son preferibles a los efectos que producirían en otro tipo de orden; que está en nuestro poder plasmar las instituciones de tal modo que de todos los posibles resultados se producirán los que preferimos a todos los demás; y que nuestra razón no debería recurrir nunca a dispositivos automáticos o mecánicos si la consciente consideración de todos los factores hace preferible un resultado diferente del producido por el proceso espontáneo.[433]

Al racionalismo constructivista, Hayek contrapone un racionalismo crítico, tal como lo denominara Karl Popper.[434] No supone una posición antirracionalista sino una alternativa contra los abusos de la razón. Especialmente contra los intentos de diseñar racionalmente un completo sistema de reglas que, desconociendo las tradiciones espontáneas, procure imponerlo deliberadamente mediante la coacción del gobierno.[435]

Hayek se encarga de puntualizar que evolución no necesariamente es progreso y que la evolución espontánea es una condición necesaria pero no suficiente para el progreso.[436] En su pensamiento, es la evolución de una *determinada* tradición la que hizo posible la civilización. Esencialmente, la tradición de hábitos y principios morales

---

[433] Hayek, Friedrich A.: (1967, página 139).

[434] Chiaki Nishiyama muestra que Hayek se autodenominó antirracionalista antes de adherir al "uso inteligente de la razón". Nishiyama, Chiaki (1981, página 38).

[435] Hayek, Friedrich A.: (1960, páginas 69 y 70).

[436] "[...] si no condición suficiente, la evolución es, a no dudar, condición necesaria al progreso". Hayek, Friedrich A.: (1979, página 294). "En modo alguno afirmo que el resultado de la selección de los hábitos de comportamiento tenga por qué ser siempre reputado «bueno», al igual que nunca me atrevería a afirmar que otros entes que han conseguido superar con éxito la prueba de la evolución –por ejemplo, la especie de las cucarachas- tengan algún valor moral". Hayek, Friedrich A.: (1988, página 63), comillas en el original.

que originan y sostienen el Estado de Derecho y la Gran Sociedad. Contraria a una tradición de privilegios y cambios continuos e imprevisibles en la legislación.[437] Sin embargo, muchos autores observan en sus ideas una postura conservadora opuesta al cambio y a la reforma institucional. Las afirmaciones de Buchanan son elocuentes al respecto:

Las fuerzas de la evolución social no contienen dentro de su funcionamiento ninguna garantía de que surjan resultados socialemente eficientes con el tiempo. Las instituciones del orden legal históricamente determinadas no necesariamente son las «mejores». Tales instituciones pueden ser «reformadas», pueden ser hechas más «eficientes».[438] Este tema involucra la extensión del principio de orden espontáneo, en *sus* implicaciones normativas, a la emergencia de la estructura institucional misma. [...] No se deja lugar para el economista político o para cualquiera que busque reformar estructuras sociales para *cambiar* leyes y reglas, con el objetivo de asegurar incrementos mayores de eficiencia. Cualquier intento de diseñar, construir y cambiar instituciones debe, dentro de este dispositivo lógico estrictamente interpretado, introducir ineficiencia. Cualquier interferencia de 'construcción racional' con el proceso 'natural' de la historia es por tanto estudiadamente evitado. El mensaje parece claro: relajarse ante el lento barrido de la historia.[439]

---

[437] Ezequiel Gallo expresa que la tradición: "[...] no es vista como transmisora de rituales ni mucho menos de privilegios. Lo que transmite la tradición, lo que es valioso en ella, es la experiencia de generaciones anteriores". Gallo, Ezequiel: (1986, página 256).
[438] Buchanan, James M.: (1977, página 31), comillas en el original.
[439] Buchanan, James M.: (1986, páginas 75 y 76). El mismo autor junto a Goeffrey Brennan: "En nuestra opinión, han hecho y siguen haciendo un gran daño aquellos economistas modernos que argumentan, indirectamente, que el cambio de las instituciones básicas es algo que evoluciona de una forma más o menos espontánea en la dirección de la eficiencia estructural". Brennan, Goeffrey y Buchanan, James M.: (1985, página 190). Por su parte, Chandras Kukathas sostiene que el pensamiento de Hayek "[...] está gobernado por dos actitudes filosóficas incompatibles". Kukathas,

En efecto, en los escritos de Hayek, se encuentran pasajes que muestran un sesgo conservador. En especial hacia el final de su obra, donde existe una posición fatalista y contraria a la posibilidad de reconstruir el orden social si se destruyen las tradiciones favorables a la civilización.[440] Previo a ello, había planteado que el progreso debía basarse en la tradición y solo se podía aspirar a cambios mínimos.[441] Pero Hayek reconoce la alternativa de perfeccionar el orden social si se consiguen mejorar, paulatinamente, las reglas abstractas de comportamiento.[442]

Es posible encontrar una tensión entre el conservadurismo y la posibilidad de reforma en Hayek. Sin embargo, como señala Eduardo Zimmermann, puede tratarse de un llamado a la prudencia y a la mesura a la hora de proponer cambios.[443] Una posición contraria a

---

Chandras: (1990, página 206). También Norman Barry destaca que una inconsistencia entre el racionalismo crítico y el fatalismo nos impone el deber de esperar que "[...] la evolución pronuncie su veredicto". Barry, Norman: (1994, página 160). Estos últimos dos autores, citados en Vanberg, Viktor: (1994, página 180). Edward Feser destaca aspectos conservadores de Hayek en torno a la familia, religión y sexualidad. Feser, Edward: (2003, página 25).

[440] Al final de la siguiente cita aparece una muestra del fatalismo en Hayek: "[...] ideas erróneas acerca de lo que es razonable y bueno pueden condicionar hasta el punto de amenazar, quizá irremediablemente, [...] las tradiciones, instituciones y los esquemas de convivencia sin los cuales los frutos de la civilización a los que hoy estamos habituados no sólo no habrían llegado a aparecer, sino que incluso, de ser destruidos, *tampoco sería posible reconstruir*". Hayek, Friedrich A.: (1988, página 64), itálicas agregadas.

[441] "Y puesto que procede atribuir la existencia del actual orden social a la incidencia de un conjunto de tradicionales normas de conducta cuyo verdadero significado sólo de manera confusa podemos captar, es evidente que *cualquier progreso siempre habrá de basarse en la tradición*. Es inevitable construir sobre la tradición, resultando solo posible que, por nuestra parte, procedamos a alterar ligeramente algunos de sus resultados". Hayek, Friedrich A.: (1979, página 290), itálicas en el original. Hayek adhiere a la idea de "ingeniería social pieza por pieza" de Karl Popper pero rechaza la utilización de la expresión por su costado constructivista.

[442] "Es por tanto un orden que no podemos mejorar, pero que podemos perturbar tratando de cambiar una parte del mismo con iniciativas deliberadas. El único modo en que efectivamente podemos mejorarlo consiste en mejorar las reglas abstractas que guíen a los individuos. [...] podremos esperar que se produzca un lento proceso experimental de mejora gradual más bien que una oportunidad de cambio drástico". Hayek, Friedrich A.: (1967, página 148).

[443] Zimmermann, Eduardo: (1987, página 16).

cualquier tipo de revolución en función de la importancia de los hábitos arraigados y los costos de modificarlos (que podrían hacer inviable el intento).

De hecho, Hayek no es ajeno a las propuestas de reformas. Tanto en sus escritos monetarios como en sus trabajos sobre filosofía del derecho aparecen intenciones de modificar marcos normativos e institucionales.[444] En la Introducción de su libro *The Constitution of Liberty* señala:

> Mi énfasis está en la tarea positiva de mejorar nuestras instituciones; y si no puedo más que indicar las direcciones *deseables* de desarrollo, de todos modos mi interés está menos relacionado con los obstáculos a eliminar que con los caminos a abrir.[445]

En el epílogo de ese mismo trabajo se declaró opuesto al conservadurismo. Criticó las ideas conservadoras en virtud de la actitud contraria al cambio y a lo desconocido, la tendencia a la defensa de la acumulación de poder del gobierno, la afición por el autoritarismo, la incapacidad para interpretar las fuerzas que regulan el mercado y la disposición a sostener privilegios.[446]

Hayek se manifestó claramente respecto del cambio y la dirección del mismo. En su pensamiento, las instituciones contrarias al Estado de Derecho y a la economía de mercado debían ser removidas: "los ideales del liberalismo nunca fueron completamente realizados y los liberales nunca dejaron de mirar al futuro para continuar mejorando las instituciones".[447]

Para reforzar la compatibilidad de las ideas hayekianas con el diseño institucional, Vanberg considera una analogía entre el proceso

---

[444] La propuesta hayekiana de desnacionalización del dinero para introducir la competencia en el proceso monetario se encuentra en Hayek, Friedrich A.: (1976). Una clara muestra de su propuesta de reforma institucional es el capítulo "Una constitución ideal" del volumen III de *Law, Legislation and Liberty*. Hayek, Friedrich A.: (1979, páginas 185 a 218).

[445] Hayek, Friedrich A.: (1960, página 5), itálicas agregadas.

[446] Hayek, Friedrich A.: (1960, página 400 a 411).

[447] Hayek, Friedrich A.: (1960, página 399).

competitivo de descubrimiento y el proceso de evolución cultural.[448] Ambos procesos, entiende, son de carácter condicional. La competencia funciona correctamente, como espacio para descubrir y resolver problemas, bajo la restricción de reglas "apropiadas".[449] Lo mismo sucede con la evolución cultural donde compiten instituciones en un marco de restricciones. Según la conjetura de Vanberg, el pensamiento hayekiano acepta la reforma mediante legislación positiva siempre que promueva la competencia tanto en el mercado como en el proceso de evolución cultural.[450]

Pero Hayek no fue taxativo al respecto y puede persistir la tensión entre sus dos posiciones alternativas. Si se toman como referencia sus últimos trabajos, queda una imagen conservadora y con cierto fatalismo respecto del devenir. Según plantea Hodgson, en las ideas de Hayek podría haber una contradicción política que, llevada al extremo, rechazaría las reformas en sociedades totalitarias (como las de la ex Unión Soviética).[451] Un problema que el mismo Hodgson denomina "problema para el Doctor Pangloss", un personaje que asesora a Cándido, en la novela homónima de Voltaire, y repite con insistencia: "[...] está demostrado que *las cosas no pueden ser de otra manera*, ya que, puesto que todas las cosas están hechas con un fin, todas las cosas están hechas, necesariamente, para el mejor fin".[452] Aplicado al problema institucional, implica suponer que las normas

---

[448] Vanberg, Viktor: (1994, página 192 a 195).

[449] Para Hayek el principio fundamental del liberalismo no es la ausencia de actividad estatal sino "[...] una política que *deliberadamente* adopta la competencia, el mercado y los precios como sus principios ordenadores y usa el entramado legal sostenido por el estado para hacer la competencia tan efectiva y beneficiosa como sea posible". Hayek, Friedrich A.: (1948, página 110), itálicas agregadas.

[450] Vanberg, Viktor: (1994, página 192).

[451] Hodgson, Geoffrey: (1993, páginas 262 a 264). Barry había planteado el problema al cuestionar: "Si estamos intelectualmente atados a la tradición y nuestra 'razón' es demasiado frágil como instrumento para recomendar alternativas satisfactorias, ¿cómo podemos evaluar críticamente un orden estatista y anti-individualista de la sociedad que parece ser producto de la evolución como cualquier otra estructura social?" Barry, Norman: (1982, página 34).

[452] Hodgson, Geoffrey: (1993, página 281), itálicas agregadas. Martín Krause discute esas ideas en torno a la posibilidad de usar la teoría de los juegos para explicar el origen de las instituciones. Krause, Martín: (1999, páginas 263 a 266).

vigentes son óptimas. Llevado al extremo, si lo que existe es óptimo, una propuesta de reformas no debería mejorar las cosas. Cualquier propuesta de reformas no deja de ser un plan racional y deliberado. Luego, tiene un carácter constructivista.[453] Aún cuando el objetivo sea el Estado de Derecho con gobierno limitado y defensa de la propiedad privada, se observan características asociadas al constructivismo.

Ahora bien, en Hayek se observa el soporte a la reforma institucional al considerar la mayoría de los trabajos anteriores a *The Fatal Conceit: The Errors of Socialism*, publicado en 1988. Existe además un apoyo al diseño consciente en su estímulo explícito a organizaciones que influyen en los intelectuales y en la opinión pública.[454] Y su intención está en promover los principios del orden social extenso: las reglas abstractas y generales que dan origen al Estado de Derecho. El criterio que hace *deseable* a esas instituciones está en el mejor aprovechamiento y coordinación de la información dispersa, *i.e.* las ventajas posibles para los individuos que interactúan bajo tales reglas. En su pensamiento, la tarea de mejorar las instituciones produce resultados positivos cuando está "[...] guiada por alguna concepción general del orden social deseado, alguna imagen coherente de la clase de mundo en el que la gente quiere vivir".[455] En una sociedad con reglas de Estado de Derecho, Hayek las considera el modelo a sostener; si se modificaron por influencia del racionalismo constructivista, representarían el modelo a adoptar para las reformas.

Buchanan reconoce lo anterior e intenta un acercamiento a la posición del autor austríaco:

Una reconciliación es posible entre estas, aparentemente, contradictorias actitudes si limitamos el espectro de propues-

[453] Oakeshott señala que la importancia de las ideas de Hayek no está en "[...] el poder de convicción de su doctrina sino en que es una doctrina. Un plan para resistirse a toda planeación puede ser mejor que su opuesto, pero pertenece al mismo estilo de política". Oakeshott, Michael: (1962, página 40). Vaclav Klaus utiliza la expresión "constructivismo modesto" para referirse a las reformas que, junto a otros, él mismo implementó en la República Checa. Klaus, Vaclav: (1994, páginas 171 y 172).
[454] Hayek, Friedrich A.: (1949, página 255).
[455] Hayek, Friedrich A.: (1960, página 114).

tas sobre reforma institucional a aquellas que sean compatibles con las disposiciones de conducta del hombre, tal como éstas han sido formadas en parte por reglas que han evolucionado culturalmente y él no alcanza a comprender. Aceptamos, con Hayek, que esas reglas de conducta probablemente surgieron en forma gradual en un proceso que es, en muchos aspectos, análogo a la selección natural.[456]

Luego, que las reglas propias de un Estado de Derecho, marco de una economía de mercado, sean de origen espontáneo y se modifiquen evolutivamente no significa que no se las pueda propiciar deliberadamente. Las reformas pueden impulsarse en diferentes estadios institucionales, próximos o alejados del Estado de Derecho. Por supuesto, los costos de convencer a la opinión pública, de influir políticamente y de implementación de reformas son distintos en cada caso.

Siguiendo ese enfoque se estudia a continuación el cambio institucional y se introducen los agentes que intervienen en el proceso (entre ellos, al empresario).

El cambio institucional deliberado

En el proceso de cambio institucional, algunas reglas se modifican espontáneamente y otras deliberadamente. Los esquemas normativos informales se modifican por acción pero sin intención de los individuos que interactúan en ellos. En un proceso evolutivo de ensayo y error, se van estableciendo espontáneamente determinadas formas de comportamiento. Más precisamente, los individuos que interactúan persiguiendo fines propios generan las reglas sin tener consciencia de ello. Los valores y normas culturales pertenecen a esa especie y se caracterizan por un cambio relativamente más lento que las instituciones pragmáticas.[457]

En un sistema de reglas, los aspectos culturales de evolución espontánea se complementan con otras normas sociales de carácter

---

[456] Buchanan, James M.: (1986, páginas 163).
[457] Hayek, Friedrich A.: (1988, página 60); Boettke, Peter y Coyne, Christopher: (2003, página 22); Roland, Gérard: (2004, página 116).

deliberado.[458] Entre ellas, las políticas organizacionales de las firmas privadas, la legislación de los parlamentos, las sentencias judiciales y las disposiciones administrativas del gobierno. Las normas diseñadas racionalmente por el ser humano pueden modificarse con mayor rapidez. Pero su aplicación y cumplimiento pueden verse afectados y hasta anulados por normas culturales establecidas e internalizadas; y pueden alterar la trayectoria de cambio de las reglas tradicionales. En esa compleja interrelación tiene lugar el proceso de cambio institucional donde actúan agentes con diversos objetivos: empresarios, pseudoempresarios o buscadores de rentas, grupos de interés, políticos profesionales, burócratas.[459] A su vez, los agentes de cambio se pueden organizar en distintas instituciones formales: gremiales empresarias, grupos de cabildeo, comités, partidos políticos.[460] De la acción de los agentes de cambio institucional pueden surgir "instituciones predatorias", alejadas del Estado de Derecho, que brindan incentivos contrarios a la economía de mercado y a la empresarialidad. Otros agentes persiguen "instituciones de desarrollo", acordes al Estado de Derecho, que disminuyen incertidumbre y estimulan la empresarialidad de largo plazo.[461]

Con respecto a sus tiempos de cambio, Williamson distingue cuatro niveles institucionales arbitrarios:[462]

---

[458] Según ilustra Gérard Roland: "Los sistemas institucionales generalmente no son construcciones modulares donde un módulo puede ser reemplazado fácilmente por otro. Si fuera así, las «compras institucionales» serían tan sencillas como las compras en el supermercado". Roland, Gérard: (2004, página 113), comillas en el original.

[459] North reconoce a los empresarios como agentes del cambio institucional. Menciona tres tipos de empresarios (políticos, económicos y militares) que, en sus esfuerzos maximizadores, alteran los precios relativos y con ello inducen al cambio institucional. Si bien reconoce la percepción como una cualidad empresarial, su desarrollo difiere del que podría realizarse a partir de la concepción del proceso de mercado que aquí se pretende. North, Douglass C.: (1990, página 19).

[460] North, Douglass C.: (1990, página 115).

[461] Las concepciones de "instituciones predatorias" y "de desarrollo" provienen de Peter Evans, quien las utilizó en referencia al estado (*predatory state* y *developmental state*). Evans, Peter B.: (1989, páginas 562 y 563).

[462] Tabla adaptada a partir de Williamson, Oliver: (2000, página 597).

Nivel	Institución	Frecuencia de cambio
1	Instituciones informales: reglas espontáneas como costumbres, valores, normas religiosas.	100 a 1000 años
2	Instituciones formales: constitución, legislación, derechos de propiedad.	10 a 100 años
3	Instituciones de *governance* (relaciones contractuales, transacciones).	1 a 10 años
4	Sistema de precios (asignación de recursos).	Continuo

Para Williamson, las instituciones de nivel superior operan como restricciones de las restantes: las instituciones de nivel 1 restringen a las de nivel 2, como en Hayek, las de nivel 2 afectan las relaciones contractuales, y así sucesivamente. Aunque el número de años sea arbitrario, la tabla refleja que las normas de jerarquía mayor tienden a ser estables durante períodos de tiempo más largos. Por supuesto, algunos cambios en instituciones formales pueden ser drásticos, como en los casos de descontentos masivos provenientes de colapsos económicos, guerras, amenazas externas, entre otros.[463]

Del esquema de Williamson deriva que los individuos y grupos de interés que persiguen el cambio institucional en niveles mayores enfrentan diferentes escollos. Una parte de esos problemas provienen de la relativa rigidez de las instituciones informales o culturales. Esto significa que determinadas reglas están "corporizadas" en quienes interactúan en la sociedad y tienden a reproducirlas a lo largo del tiempo. Se trata de la denominada "dependencia del camino o de la trayectoria" (*path dependence*). En principio, un fenómeno por el cual los eventos pasados afectan al futuro y que destaca la importancia de la historia. En un sentido más estricto, la dependencia del camino resalta la importancia de los procesos de aprendizaje, de adopción y

---

[463] Williamson, Oliver: (2000, página 597). El descontento puede desembocar en revoluciones, copamientos militares o guerras civiles que, finalmente, dan lugar a una revisión institucional. North y Weingast estudian el modo en que la denominada Revolución Gloriosa de 1688 cambió drásticamente las instituciones fiscales y gubernamentales inglesas. North, Douglass y Weingast, Barry: (1989, página 804).

cambio de reglas y la complementariedad de las normas en un sistema institucional.[464] Un hecho que complica la transformación institucional y disminuye las posibilidades de cambio. No implica que el futuro sea una mera repetición del pasado ni que esté predeterminado. Concretamente, la persistencia institucional dificulta las opciones de cambio, tanto para promover instituciones contrarias a la empresarialidad y al desarrollo como para auspiciar instituciones que los favorecen.[465]

Otro conflicto que enfrentan quines proponen el cambio institucional es el problema de la acción colectiva. Aparece cuando se necesita la contribución de muchos individuos para alcanzar un resultado común. Según Mancur Olson, que los miembros de un grupo se comporten racionalmente persiguiendo fines propios no garantiza que puedan alcanzar objetivos comunes para mejorar su bienestar:

[...] a menos que el número de individuos sea muy pequeño o a menos que exista coerción o algún otro dispositivo especial para hacer que los individuos actúen a favor de su interés común, *individuos racionales con intereses propios no actuarán para lograr sus intereses comunes o de grupo*.[466]

En el razonamiento de Olson está presente la dificultad de excluir de los beneficios de un bien a quien no contribuye a su producción. Ese hecho debilita los incentivos a aportar voluntariamente para la producción de esos bienes. En el problema de acción colectiva, así como en el dilema del prisionero y la tragedia de los bienes comunales, se

---

[464] North sostiene: "Las economías de alcance, complementariedades y la red de externalidades de una matriz institucional hacen que el cambio institucional sea abrumadoramente incremental y dependiente del camino". North, Douglass C.: (1993, página 1).

[465] Afrima Mahoney: "[...] un patrón institucional – una vez adoptado – provoca beneficios crecientes de su continua adopción y así, a lo largo del tiempo, comienza a ser más y más difícil transformar el patrón o seleccionar opciones previamente disponibles, aún si estas opciones alternativas pudieran haber sido más «eficientes»". Mahoney, James: (2000, página 208), comillas en el original. Los antecedentes teóricos del *path dependence* se pueden encontrar en Hodgson, Geoffrey: (1993, página 396).

[466] Olson, Mancur: (1965, página 2), itálicas en el original.

presenta el problema del *free rider*.[467] Por ejemplo, es el caso del accionista minoritario que no tiene incentivos a controlar a los managers porque asume el costo total pero los beneficios se distribuyen con el resto de los accionistas.[468] Aplicado a una sociedad, sus miembros fallan a la hora de organizarse para cambiar reglas imperantes. Aún cuando las nuevas normas mejoren, "supuestamente", el bienestar de los implicados. Geoffrey Brennan y James Buchanan lo aplican a la reforma constitucional y sentencian al respecto:

> En la medida en que la «inversión» en el análisis institucional, el diseño, el argumento, el diálogo, la discusión y la persuasión son *costosas en términos personales*, el individuo de los modelos ortodoxos renunciará a esta clase de inversión a favor de una inmediata compensación a sus intereses privados.[469]

Pero no es necesario pensar en modelos con supuestos sobre racionalidad perfecta e incertidumbre ausente. Los individuos del mundo real con información dispersa e incierta también pueden renunciar a los sacrificios planteados por Buchanan. Luego, aunque no implica imposibilidad de cambio, el problema de la acción colectiva representa otro factor de persistencia institucional.[470]

---

[467] No significa que la solución sea un complejo sistema de subsidios e impuestos, ni la provisión de esos bienes por parte del estado como se propone en la doctrina de las fallas de mercado. Ronald Coase mostró que con derechos de propiedad correctamente definidos los particulares negociarían hasta alcanzar una situación eficiente. Coase, Ronald: (1960, página 104).

[468] Las juntas o consejos de accionistas y determinadas formas organizacionales tienden a resolver el problema. Elinor Ostrom realiza un análisis de soluciones que implican acuerdos voluntarios que la autora considera diferentes tanto a las soluciones de mercado como a las provistas por el estado. Ostrom, Elinor: (1990, página 48).

[469] Brennan, Geoffrey y Buchanan, James M.: (1985, página 186), comillas en el original, itálicas agregadas.

[470] Olson explica que un individuo apoyará la organización que persigue un bien colectivo "[...] solo si (I) es obligado a pagar una cuota como socio de la organización de lobby o (II) tiene que apoyar ese grupo para obtener algún otro beneficio no colectivo. Solo si uno o ambas de estas condiciones se mantienen, el poder político potencial de un grupo latente será movilizado". Olson, Mancur: (1965, página 134).

Relacionado con los anteriores, otro factor que interrumpe el cambio institucional es la presencia de privilegios para determinados individuos y grupos de interés. Esto deteriora el funcionamiento del Estado de Derecho y sostiene instituciones contrarias al desarrollo. Los grupos de interés con privilegios intentan mantenerlos utilizando su poder para influir en las reglas. El cambio de reglas a favor de la igualdad ante la ley los ubica entre los perdedores. Luego, al ver la amenaza, los grupos privilegiados resisten el cambio. Aún cuando puedan obtener ventajas indirectas del desarrollo económico, tenderán a presionar por sus prebendas. Lo mismo cuando enfrentan mayor incertidumbre respecto de ventajas directas. En otros términos, como señalan Daron Acemoglu, James Robinson y Simon Johnson, las élites privilegiadas en el poder no asumen los costos de una transformación si los beneficios se difunden.[471] Además, es menos probable el cambio cuando menor cantidad de miembros tiene la élite, dado que cada miembro obtiene mayor beneficio individual, y cuando han realizado cuantiosas inversiones complementarias para sostener las instituciones predatorias.[472]

A los aspectos culturales, los problemas de acción colectiva y los privilegios consolidados, se pueden agregar distintos niveles de corrupción, burocracias improductivas, ideologías rígidas y desconocimiento.[473] Sin embargo, las restricciones señaladas previamente no expresan que las instituciones vigentes se encuentran en un encierro (*lock-in*). No afirman que el cambio institucional deliberado sea imposible, especialmente las "mejoras" institucionales. En su lugar, resaltan los costos, tiempos y posibles conflictos de la "corrección" de las instituciones.[474] Un cambio institucional constituye un proceso donde se incluyen debates intelectuales, formación ideológica, alteraciones de opinión pública y negociaciones políticas. Dependiendo de la situación, los cambios pueden ser marginales o revolucionarios. Pero

---

[471] Acemoglu, Daron; Robinson; James A. y Johnson; Simon: (2000, páginas 11 y 12).

[472] Gérard Roland sostiene que China pudo realizar las transformaciones porque las autoridades compensaron a la vieja elite del partido gobernante. Roland, Gérard: (2004, página 124).

[473] Justin Yifu Lin considera las limitaciones del conocimiento en ciencias sociales como una restricción al cambio institucional. Lin, Justin Yifu: (1989, página 27).

[474] Ostrom, Elinor: (1990, página 42).

son factibles y pueden mejorar o empeorar el sistema de reglas, mejorando o empeorando su impacto en la creación de riqueza.

Los cambios en instituciones formales pueden ser propuestos por iniciativa de agentes del sector privado o del gobierno. Aunque gran parte de los cambios son implementados con la imposición del gobierno, este análisis se concentra en uno de los agentes que inducen modificaciones institucionales: el empresario.[475] Específicamente, el empresario institucional. Precisar una definición del mismo no resulta sencillo por varios motivos. En primer lugar porque el empresario afecta a las instituciones de modo deliberado pero también no deliberado. Muchos empresarios buscan el cambio institucional con diversas actividades, otros las modifican sin intención. En segundo lugar, hay empresarios que buscan modificar las instituciones pero de modo no empresarial, *i.e.* no lo hacen como parte de sus negocios (por ejemplo: apoyando fundaciones, centros de estudios, etc.). Como primera concepción, se considera empresario institucional a aquellos que buscan deliberadamente crear valor a través del cambio institucional. Aunque esto sugiere que puede definirse en torno a cualquier marco institucional, aquí se indaga la empresarialidad institucional en la economía de mercado. Esto es, se pretende arribar a una categoría empresario institucional afín a las reglas de una economía empresarial de mercado. En tercer lugar, existe abundante literatura al respecto con acepciones y categorías variadas. Por un lado, distintas definiciones de empresario institucional; por otro, categorías más o menos cercanas como empresario público (Elinor Ostrom), ideológico (Karen Vaughn) o político (Robert Dahl, Richard Wagner, entre otros).

En lo que sigue se aborda la tarea de definir al empresario institucional en el proceso económico de mercado. Se analizarán los impactos no intencionados de los descubrimientos empresariales en las instituciones y también los cambios intencionados, donde destaca la figura del empresario institucional. Esto incluirá el esfuerzo de distinguirlos de los pseudoempresarios o buscadores de rentas, quienes

---

[475] Lin distingue un cambio institucional inducido de uno impuesto. El primero organizado y ejecutado voluntariamente por un individuo o grupo, el segundo introducido y ejecutado por el gobierno. Lin, Justin Yifu: (1989, página 4).

pretenden institucionalizar privilegios.[476] Por este motivo, se desarrolla a continuación el enfoque del cambio institucional desde la perspectiva de la función empresarial en la teoría del proceso de mercado (según lo expuesto en el capítulo 2).

La empresarialidad y el cambio institucional[477]

En la literatura sobre instituciones y empresarialidad se reconoce a las instituciones propias de una sociedad libre como una plataforma para impulsar la empresarialidad y el desarrollo económico. Siguiendo esa lógica, el capítulo 3 estudió a las normas como causa de la empresarialidad y el desempeño económico. Se destacó allí que el esquema institucional para promover la empresarialidad está representado por el Estado de Derecho, que incluye la certeza e igualdad ante la ley, la correcta definición y defensa de los derechos de propiedad y la libertad económica. La estructura incluye, además, una política fiscal previsible y orientada a las funciones originarias del estado; una política tributaria definida con certeza y de carácter no expropiatorio; y un sistema monetario y bancario competitivos. La vigencia de dichas reglas del juego redunda en incentivos que multiplican eventos empresariales productivos, mientras que normas erráticas y viciadas derivan en empresarialidad improductiva y evasiva.

El análisis anterior considera las instituciones como exógenas al proceso económico (sea de mercado o no). Dado el sistema de reglas, se espera un funcionamiento particular de la economía. Pero las reglas están siendo modificadas permanentemente, tanto intencionalmente como espontáneamente. Eso indica la posibilidad de un análisis donde las instituciones sean endógenas, emergentes de un proceso donde interactúan individuos con fines diversos. Entre esos individuos hay empresarios. Determinados descubrimientos empresa-

---

[476] Buchanan, señaló que, en principio, cualquiera puede embarcarse en prácticas de cabildeo (lobby) o involucrarse en una carrera política para cambiar el statu quo. Buchanan, James: (1980, página 284).

[477] Parte de la exposición que sigue está basada en el paper presentado en la Escuela Superior de Economía y Administración de Empresas en abril de 2008, bajo el título "Acción humana e instituciones: un estudio sobre los alcances de la empresarialidad". Landoni, Juan S.: (2008).

riales impactan en las instituciones sin intención, otros deliberadamente. La sección que sigue estudia la relación entre empresario e
instituciones a partir del análisis de Kirzner.

La crítica de Israel Kirzner al cambio institucional provocado por empresarios

Kirzner cuestiona la posibilidad del cambio institucional ocasionado
por descubrimientos empresariales. Sostiene que no existe un "[...]
proceso de descubrimiento sistemático en el cual podamos confiar
para la emergencia espontánea de normas sociales superiores".[478] En
virtud de la importancia para esta investigación, dado que se expresa
desde la teoría del proceso de mercado, se discute a continuación la
argumentación de Kirzner.

Como punto de partida, considera que se puede separar el
problema hayekiano del conocimiento en dos componentes.[479] El
primero, denominado "problema del conocimiento A", consiste en un
error de sobre-optimismo de quienes esperan comprar a precios bajos
o vender a precios altos (cuando en realidad están dispuestos a pagar
más o a cobrar menos). Como los participantes desconocen las valoraciones y expectativas del resto, algunos intercambios no se realizan
en virtud de la información dispersa. Pero en el proceso de mercado
eso significa que habrá demandantes insatisfechos y acumulaciones de
stocks. Luego, los consumidores que pretenden satisfacer su necesidad y los vendedores que deseen vender dejarán de esperar. Al aco-
modarse las expectativas comienzan a realizarse intercambios. En ese
sentido, el problema A tiende a auto-corregirse en el proceso de mercado gracias al sistema de precios.

En el llamado "problema del conocimiento B" los participantes del mercado son sobre-pesimistas: los vendedores consideran que
no pueden vender a precios mayores y los compradores que no pueden comprar a precios menores. En este caso la información incom-
pleta impide obtener ganancias potenciales (no supone planes des-
coordinados como los del problema A). Por eso en el proceso de mer-

[478] Kirzner, Israel M.: (1990, página 179).
[479] Kirzner, Israel M.: (1990, página 167).

cado el problema B crea incentivos para el descubrimiento empresarial. A medida que los empresarios explotan las oportunidades en el proceso de mercado, el problema B tiende a resolverse.

Kirzner aplica el esquema de los "dos" problemas del conocimiento al origen de las instituciones.[480] Siguiendo a Hayek, considera que las instituciones que emergen espontáneamente vienen a resolver un problema de conocimiento y expectativas. Por ejemplo, los miembros de la sociedad van aprendiendo que utilizar el mismo sistema de pesos y medidas es mejor para coordinar expectativas y actividades. En el transcurso de la historia, el surgimiento de reglas para pesar y medir requiere que los miembros de la sociedad esperen que los demás usen el mismo. Luego, el sistema que emerge espontáneamente promueve que las expectativas no estén en conflicto. Esto significa que unificar el sistema de pesos y medidas tiende a resolver exitosamente el problema A del conocimiento. Lo mismo sucede con la emergencia del lenguaje, la moneda y los principios morales: resuelven el problema A del conocimiento.

¿Qué afirma Kirzner respecto del surgimiento empresarial de las instituciones en relación al problema B del conocimiento? En otros términos, ¿puede un empresario descubrir y explotar los beneficios de una mejora institucional?

En el proceso de mercado, el problema B tiende a resolverse porque los empresarios descubren oportunidades que implican beneficios privados, beneficios para ellos mismos. Al esperar apropiarse de los beneficios privados, el empresario mejora la situación del resto de los miembros de la sociedad (menos alertas o perspicaces). Pero al pasar del análisis del mercado al análisis de las instituciones, Kirzner sentencia:

[…] tal afortunada coincidencia entre beneficios privados y sociales no ocurre en el contexto de la emergencia de las normas sociales e instituciones.
[…] La externalidad del beneficio relevante para la sociedad
[…] aparece para bloquear la traslación de esa oportunidad no explotada, disponible para los miembros de la sociedad en

---

[480] Kirzner, Israel M.: (1990, páginas 171 a 173).

conjunto, en una concreta y atractiva oportunidad capaz de un alerta descubrimiento empresarial.[481]

Siguiendo el ejemplo, aún suponiendo que existe un mejor sistema de pesos y medidas y que un empresario lo descubriera, en los términos de Kirzner es impensada su explotación. En virtud de la imposibilidad de internalizar los beneficios ningún empresario desarrollaría la regla. Mientras en el mercado los empresarios son atraídos a resolver el problema B del conocimiento, no se puede esperar lo mismo en el proceso institucional.[482]

El enfoque planteado podría sugerir que los empresarios responden pasivamente al entorno institucional, siendo incapaces de alterarlo. En consecuencia, el empresario quedaría excluido como agente de cambio institucional. Pero Kirzner no lo expresa en su trabajo. Solo rechaza la posibilidad de un proceso empresarial de descubrimiento institucional con características similares al proceso de mercado, donde los empresarios tienden a mejorar la asignación de recursos permanentemente. Y la razón expuesta es la presencia de externalidades que genera la aparición de las "mejores" normas sociales.

A pesar de las restricciones que puedan enfrentar, surge la pregunta sobre el modo en que los empresarios pueden alterar el sistema de reglas. En los últimos años, una corriente de pensamiento expresa que la relación no es unilateral y que los empresarios afectan directa o indirectamente a las instituciones. Aquí se estudia el camino inverso al recorrido en el capítulo previo: cómo afectan los empresarios con sus descubrimientos a las instituciones de una economía de mercado. Los empresarios modifican las instituciones de muchas formas que se pueden clasificar, por analogía al origen y cambio de las

---

[481] Kirzner, Israel M.: (1990, página 174).

[482] La conclusión de Kirzner expresa: "La solución del problema B del conocimiento siempre exige imaginación empresarial. La externalidad característica, endémica al problema B del conocimiento más allá del proceso de mercado, nos desalienta de tener fe en cualquier procedimiento de descubrimiento espontáneo que siga el modelo del proceso de descubrimiento empresarial que conduce el proceso de mercado". Kirzner, Israel M.: (1992, página 175).

instituciones, en cambios intencionados y no intencionados.[483] Esto es, se pueden verificar cambios en las instituciones a partir de descubrimientos empresariales: unos cambios son deliberados y otros no. Continuando con lo expuesto sobre Kirzner, comenzamos el análisis con los cambios no intencionados.

Cambio institucional no intencionado provocado por descubrimientos empresariales

Pueden hacerse algunas objeciones al planteo kirzneriano. En una economía de mercado la empresarialidad no es anulada por la existencia de externalidades y la imposibilidad de excluir *free riders*, como en los denominados bienes públicos. Justamente las instituciones de economía de mercado representan la arena para la experimentación y testeo de los descubrimientos que provienen de la creatividad empresarial. La correcta definición y protección de los derechos de propiedad y la libertad económica sirven de incentivo para que los empresarios tiendan a descubrir la mejor utilización de los recursos. Y determinados descubrimientos consisten en mecanismos para excluir gorrones (o "quienes no pagan boleto").

En el caso de los pastizales de uso común, en el siglo XIX, fue imposible combatir a los *free riders* debido a los costos de dividir físicamente las tierras. Señalan Terry Anderson y Peter Hill que, en el oeste norteamericano alrededor de 1870, la introducción del alambre de espino o de púas redujo los costos de delimitar las tierras de propiedad privada.[484] La inutilidad del alambre liso para detener al ganado y la escasez de maderas y rocas para marcar límites, impulsaron la creatividad empresarial. Aun podría objetarse, siguiendo el razonamiento de Kirzner, que las alambradas son bienes económicos y no reglas o instituciones. Pero con el nuevo descubrimiento se perfeccionó la definición de los derechos de propiedad y fue posible internalizar beneficios.

[483] Hokyu Hwang y Walter W. Powell consideran que la actividad empresarial que conduce al cambio institucional es "[...] en general propositiva, pero no directamente intencional [...]". Hwang, Hokyu y Powell, Walter W.: (2005, página 201).
[484] Anderson, Terry y Hill, Peter: (1975, páginas 171 y 172).

Otro aspecto a analizar es la posibilidad de sustituir reglas instaladas espontáneamente mediante descubrimientos empresariales. Huerta de Soto se pregunta:

> ¿Es que quizá el esperanto es un idioma más perfecto y «eficiente» que el inglés o el español? ¿Con qué criterios podemos establecer que un sistema métrico es más eficiente desde el punto de vista de los procesos dinámicos de coordinación que otro?[485]

Resulta difícil sostener que una regla que es consecuencia de un proceso evolutivo pueda ser reemplazada por otra a partir de un descubrimiento empresarial. Si la regla se institucionaliza y se arraiga en los comportamientos, su modificación puede llevar tiempo. Esto disminuye el potencial de cualquier descubrimiento empresarial. Pero siguiendo el ejemplo de Kirzner, un empresario puede comenzar a utilizar un sistema de medición de desarrollo propio porque le resulta apropiado a sus fines. Si la empresa crece, el sistema puede ampliar su uso dentro de la misma pero también con proveedores y clientes. Finalmente, puede establecerse un nuevo sistema de medidas como consecuencia no intencionada. De nuevo, aunque no es el planteo de Kirzner, se observa la relación entre descubrimiento empresarial y normas sociales.

En los ejemplos mencionados del alambre y el sistema de medidas, se ilustra el modo en que un empresario puede modificar normas y comportamientos cuando no estaba en sus planes. En general, los desarrollos tecnológicos impactan en el conjunto de reglas y sus vínculos, *i.e.* en el sistema institucional. Algunos adelantos técnicos requieren nuevas formas contractuales y otros mejoran las modalidades vigentes de contratos.[486]

En un trabajo posterior, Terry Anderson y Peter Hill sostienen que "[...] el empresario exitoso es un perceptor de nuevos valores y un desarrollador de contratos o derechos de propiedad para prote-

---

[485] Huerta de Soto, Jesús: (1996, página 39).
[486] Hodgson ilustra el punto: "Por ejemplo, la tecnología de la escritura hizo posible la regla que un contrato válido en papel debe ser firmado". Hodgson, Geoffrey: (2006, página 3).

ger aquellos valores".[487] Los nuevos usos de recursos, los nuevos productos y la innovación técnica modifican precios relativos. Los empresarios no solo responden con nuevas tecnologías, productos y usos de factores a los cambios del entorno. También con variados e innovadores arreglos contractuales. El caso de la firma de múltiples unidades de negocios (forma M) es un ejemplo. Las nuevas formas de contratación no surgieron automáticamente. Los autores sostienen que fue el marco de la libertad contractual de la constitución de Estados Unidos lo que impulsó las innovaciones.[488] Ilustrando la abstracción de la norma constitucional, afirman:

> Así, a pesar de la ausencia de especificación del tipo exacto de respuesta al cambio que debería ocurrir, el entramado Constitucional sirvió correctamente a la necesidad de flexibilidad en una economía dinámica.[489]

La visión de determinados hombres de negocios permitió la aparición de modalidades contractuales novedosas. Tanto en lo referido a contratos entre managers y accionistas como a arreglos con proveedores de materias primas y asalariados. Luego, el marco constitucional estable y predecible, relativamente más rígido, hizo posible que los empresarios recombinaran derechos por consenso ocasionando ventajas mutuas a los participantes. Al principio fueron los pioneros quienes usaron los nuevos arreglos. A partir de ahí, el proceso de aprendizaje provocó que otros agentes económicos los siguieran. En conclusión, la alternativa contractual terminaba instituida sin la planificación racional y deliberada del empresario que la introdujera.

Los mercados de capitales sirven para ejemplificar sobre el cambio institucional que resulta de actos empresariales. El sector de los fondos de capital de riesgo (*Venture Capital Funds*) ofrece un producto con modalidades contractuales diferenciadas para atender

---

[487] Anderson, Terry y Hill, Peter: (1988, página 211).
[488] Anderson, Terry y Hill, Peter: (1988, página 217).
[489] Anderson, Terry y Hill, Peter: (1988, página 218).

determinados tipos de empresas (básicamente de alto riesgo y alto potencial de rendimiento).[490] Como sostiene Holcombe:

> La empresarialidad también creará cambios institucionales dentro de una economía para facilitar la empresarialidad. Las firmas de capital de riesgo son un ejemplo visible. Sin empresarialidad, no habría fondos de capital de riesgo disponible para impulsar el potencial empresario. En una economía empresarial, las instituciones surgen para apoyar la empresarialidad y fortalecer las probabilidades de éxito de los empresarios.[491]

Los fondos de capital de riesgo, igual que otros productos del mercado de capitales, impulsan mayor cantidad de proyectos empresariales. Muchos de esos empresarios no podrían cristalizar sus descubrimientos sin ese soporte. Sin embargo, los fondos y los descubrimientos posteriores también son consecuencias no intencionadas de un negocio empresarial pionero.

Otra forma de aproximarse al problema es pensando en empresarios que introducen productos que incluyen reglas de comportamiento. El caso de los clubes y los barrios privados puede ilustrar el punto, considerando tanto a los pioneros como a los seguidores del sector.[492] Para un cliente de un barrio privado, aquel que desea y está dispuesto a pagar por vivir allí, el producto no es simplemente un lote dentro de un barrio con un cerco perimetral, guardias, lugar para el esparcimiento y forestación. Además, el producto incluye un sistema de reglas. La construcción y su entorno van acompañados por un conjunto de normas que intentan mejorar la convivencia y la forma de vida. Las reglas superan a las de un consorcio de un edificio de vivien-

---

[490] El primer fondo surge en 1946, ideado por Karl Compton, presidente del Massachusetts Institute of Technology, y George Doriot, profesor de Harvard Business School. Gompers, Paul y Lerner, Josh: (1998, página 3).

[491] Holcombe, Randall: (2008, páginas 24 y 25).

[492] Por barrios privados se entiende tanto a los barrios cerrados, como a los clubes de campo, clubes de chacras, clubes náuticos, etc.

das de propiedad horizontal. Incluyen reglas de edificación, normas de tránsito, reglamentos de áreas verdes, entre otras.[493] El conjunto de reglas diseñadas con propósitos específicos no se supone estático. Los reglamentos del barrio privado nunca representan un contrato completo. Luego, habrá reformulaciones provenientes de la experiencia de interacción entre los habitantes. En el ámbito de la administración del barrio se pueden proponer nuevas reglas y modificaciones y adaptaciones de reglas existentes.

Las normas del barrio, como cualquier norma, están insertas dentro de su propio proceso de evolución cultural y, en términos hayekianos, aunque su origen sea fruto del designio humano pueden dar lugar a un orden espontáneo y a nuevas reglas de origen también espontáneo.[494]

Este último aspecto parece en sintonía con lo expuesto respecto del efecto (no buscado) de la empresarialidad sobre las instituciones. Sin embargo, lo que se quiere indagar en estas páginas es si el descubrimiento empresarial impulsa un cambio institucional de modo deliberado. En este caso particular, el barrio privado es un descubrimiento que responde, como cualquier otro, a una demanda del mercado. Una porción de la población prefiere determinadas reglas, cuenta con el poder de compra y está dispuesta a pagar por ellas. Por ejemplo, en una sociedad con reglas que se alejan del Estado de Derecho, existe una oportunidad para estos productos. Existe un público que los demanda para preservar una forma de vida que resultó productiva en el pasado (o en otras sociedades).

Una primera interpretación de los párrafos anteriores indica que los descubrimientos que introducen reglas de conducta, como clubes y barrios privados, promueven un cambio destinado a preservar reglas de comportamiento. En un proceso de descomposición de determinadas normas de conducta aparecen oportunidades relacionadas con dicho proceso. Sin embargo, no se trata de un cambio definitivo en la tendencia que termine por consolidar las reglas que explican el desarrollo económico. En suma, se trata de un descubrimiento

---

[493] Cachanosky, Juan C., Gómez, Alejandro y Landoni, Juan S.: (2006, páginas 113 y 114).

[494] Hayek, Friedrich A.: (1973, página 44).

empresarial cuyo efecto está acotado a márgenes concretos y su alcance no necesariamente involucra un cambio hacia instituciones más "eficientes" a nivel social. La perspectiva empresarial del cambio institucional de Tony Yu puede ordenar las ideas anteriores. Los bloques de su pensamiento son la teoría kirzneriana del descubrimiento empresarial, las respuestas adaptativas y creativas de Schumpeter y el enfoque hayekiano de las instituciones. Sostiene que los descubrimientos extraordinarios, *a la* Schumpeter, afectan la estabilidad institucional.[495] En un primer momento, las innovaciones de los pioneros chocan contra instituciones que no están adaptadas para permitir la coordinación de la actividad económica. Esto crea incertidumbre en el mercado e implica la apertura de una brecha que ofrece oportunidades de negocios a los seguidores – imitadores. En un proceso de ensayo y error, los empresarios seguidores van aprendiendo y mejorando los métodos productivos y las formas transaccionales. Además, en el mismo proceso, los derechos de propiedad son alterados para mejorar la coordinación. Como coralario de los descubrimientos empresariales queda, como residuo, una conjunto de normas, en principio informales, que implica una adaptación institucional a los nuevos procesos.

Para Yu, el cambio institucional es siempre cambio incremental dado que las instituciones vigentes no desaparecen en función de que los comportamientos individuales están habituados (*path-dependence*). Los agentes procuran seguir reglas para coordinar expectativas. Si las reglas cambiaran de un día para otro podrían ocasionar problemas en la interrelación de los agentes al aumentar exponencialmente la incertidumbre. Por ello, en general, el marco institucional cambia en un proceso donde los agentes procuran adaptarse en forma permanente.

Además, destaca que el cambio institucional es propiciado por la acción de empresarios que realizan descubrimientos extraordinarios. Un ejemplo mencionado por Yu es la tecnología de la información (IT).[496] En las últimas cuatro décadas, el ritmo acelerado de cambio en las comunicaciones y en la informática modificaron las

---

[495] Yu, Tony Fu-Lai: (2001, página 219).
[496] Yu, Tony Fu-Lai: (2001, página 226).

formas de actuar y de hacer las cosas de individuos y empresas. Como consecuencia de numerosos descubrimientos extraordinarios hubo cambios institucionales en niveles comerciales y productivos a lo largo del planeta. El cambio afectó la forma de operar de la economía, desde los mercados financieros y los medios de comunicación masivos hasta los servicios de salud y entretenimiento.

Esta aproximación resulta útil para analizar las modificaciones en los derechos de propiedad. Aparecen nuevas empresas, otras cierran, algunas verifican incrementos y otras caídas patrimoniales. Ese movimiento muestra que los descubrimientos extraordinarios alteran la distribución de derechos de propiedad. Un caso de debate contemporáneo es el de las compañías discográficas contra las nuevas formas digitales de acceder a la información (más precisamente, contra quienes las utilizan). Si bien hubo sentencias a favor de las compañías distribuidoras, el número de *downloads* aumentó desde la aparición de la nueva tecnología.[497] El hecho concreto es que la introducción de innovaciones que bajaron drásticamente los costos de copiado afectaron intereses de los distribuidores tradicionales.[498] Además, iniciaron una discusión que podría derivar en una redefinición de determinados derechos de propiedad (y también de delitos vinculados a tales derechos). Y por otro lado, impulsaron nuevos descubrimientos para aprovechar las nuevas tecnologías en las ventas de productos que antes se realizaban en formato físico. Aunque no se puede ser concluyente, con el enfoque de Yu, es de esperar que nuevos descubrimientos sigan la transformación inicial alterando precios y derechos de propiedad. Algunos empresarios podrían introducir nuevos cambios extraordinarios, pero otros empresarios encontrarán oportunidades relacionadas con la adaptación de las nuevas tecnologías al nuevo escenario.

---

[497] Manuel Hensmans denomina "desafíos disruptivos" a casos como la ex compañía Napster, empresas que socavan "incumbencias del *status quo*" y dan lugar a nuevas alternativas de negocios. Hensmans, Manuel: (2003, página 365), citado en Maguire, Steve; Hardy, Cynthia y Lawrence, Thomas B. (2004, página 659).
[498] En Estados Unidos, los ingresos en dólares por venta de música en CD cayeron casi un 30% entre 1999 y 2003. Zentner, Alejandro: (2006, páginas 64 y 65).

En un sentido similar, Jack High desarrolla una teoría empresarial del origen espontáneo de las instituciones.[499] Siguiendo a Menger y a Mises, considera que los empresarios persiguen ganancias económicas que no son simplemente monetarias. Así, un individuo que evaluara la utilización de un bien como medio de cambio indirecto, tendría un aspecto empresarial relacionado con el descubrimiento de esa oportunidad. En etapas posteriores, la imitación y la persuasión pueden conseguir que otros individuos, también empresarios para High, adopten la nueva práctica y terminen por instituirla. El razonamiento es aplicado tanto al origen del dinero como de la división del trabajo, del derecho de propiedad y de la contabilidad.

Las instituciones consideradas en párrafos anteriores emergen como consecuencia no intencionada de la acción humana deliberada. El cambio institucional es consecuencia del descubrimiento empresarial pero no estaba contemplado en la planificación realizada a partir de tales descubrimientos. En ese sentido puede afirmarse que los descubrimientos empresariales, en el proceso de mercado, impactan de diversas y desconocidas maneras en las instituciones.

Cambio institucional intencionado provocado por descubrimientos empresarios

El apartado previo se cierra respondiendo el siguiente cuestionamiento: ¿Por qué no considerar empresario institucional a los empresarios que provocan cambio institucional no intencionado? La acción de cada individuo, incluidos los empresarios, provoca efectos más o menos remotos en los precios relativos y en las instituciones. Aunque sea marginalmente, cada agente económico altera con sus preferencias y decisiones tanto precios como instituciones. Y eso no los define como agentes institucionales. En otros términos, todos serían (consumidores, capitalistas, trabajadores o empresarios) institucionales. No habría forma de distinguirlos. Por ejemplo, si un empresario descubre un negocio en el sector A que afecta, no intencionadamente, los precios relativos del sector B, no se convierte en un empresario del sector B en

---

[499] High, Jack: (2009, páginas 6 y 7).

virtud de ese efecto remoto.[500] Son empresarios que persiguen beneficios, rentabilidad y valor para los accionistas en sectores particulares de actividad. Pero no intentan alterar de una u otra manera los precios ni pretenden afectar de determinada manera los esquemas institucionales. Precisamente se pretende mostrar que el empresario institucional orienta deliberadamente su actividad hacia determinados sistemas de reglas. En principio, los empresarios son responsables de la aparición y evolución de las firmas. Siendo que las firmas constituyen organizaciones o instituciones deliberadas, se destaca el impacto de los empresarios en las mismas. Desde una perspectiva austríaca, Kirzner define:

> La firma no es lo mismo que el empresario puro. Es lo que resulta *después* de que el empresario ha llevado a cabo una decisión empresarial, específicamente, la compra de ciertos recursos.[501]

Si la firma es un tipo de institución, podría considerarse como empresarios institucionales a todos los empresarios que lanzan una empresa. En el apéndice del presente capítulo se aproxima la relación entre la empresarialidad y la firma, desde el origen y el crecimiento, hasta la organización de la misma, en base al enfoque del proceso de mercado. Allí se muestra que el cálculo económico empresarial puede arrojar descubrimientos que originen una firma, que expandan una existente o modifiquen su organización.[502] Los efectos de la empresarialidad sobre una institución económica como la firma están acotados al nivel 3 de la escala de Williamson.

Pero esta sección se propone ampliar el horizonte y discutir si los empresarios pueden impactar deliberadamente las instituciones de

---

[500] Explícitamente: un empresario de la panificación realiza un nuevo negocio y se alteran los precios relativos de los automóviles; eso no implica que el panadero sea un empresario automotriz.

[501] Kirzner, Israel M.: (1973, página 52), itálicas en el original.

[502] Utilizando la distinción entre organización deliberada e institución de origen espontáneo de Hayek, podría denominarse a los empresarios vinculados a la aparición y organización de las firmas como "empresarios organizacionales".

una economía de mercado y contribuir a dilucidar mediante qué mecanismos lo hacen. Este objetivo implica ubicarse en los niveles 1 y 2 de Williamson. Esto supone analizar los impactos de la empresarialidad en las instituciones formales (*i.e.* constituciones, derechos de propiedad, códigos legislativos) y las instituciones informales (valores, códigos de conducta, tradiciones y principios morales de respeto a la vida y propiedad ajenas). Responder tales interrogantes supone perfeccionar la idea sobre cuál es el alcance de la función empresarial en la economía de mercado. En otros términos, se cuestiona si la función empresarial, como capacidad para el descubrimiento de oportunidades de negocios, puede afectar intencionadamente las instituciones propias del proceso de mercado. Este vínculo incluye al sostenimiento y fortalecimiento de las instituciones de mercado y a las correcciones de los desvíos que puedan surgir por presión de distintos grupos de interés. En concreto, se busca explicar si los empresarios pueden promover, descubriendo negocios, la defensa de los derechos de propiedad y la libertad económica.

El empresario y el cambio intencionado en las instituciones: el empresario institucional

A partir de la exposición de las secciones anteriores, se intenta una aproximación a la empresarialidad institucional. En principio, el punto de partida es la siguiente proposición: la categoría de empresario institucional contiene dos aspectos; por un lado, los elementos correspondientes a la función empresarial; y por otro, intereses que lo vinculan con ciertas instituciones.

En este trabajo se pretende incorporar al empresario institucional al marco del proceso de mercado. Según lo analizado en el capítulo 2, el empresario cumple una función relacionada con su capacidad de descubrimiento en contextos de información dispersa e incertidumbre. Lo anterior incluye la realización de cálculo económico, a partir de los precios monetarios, con la intención de maximizar el valor de su negocio. En un proceso de ensayo y error, la retroalimentación que surge de las ganancias y pérdidas permite nuevos descubrimientos que tienden a mejorar la utilización de recursos y la coordinación entre agentes.

El aspecto institucional proviene de un objeto secundario de su actividad. En concreto, la intención de mantener o modificar determinadas instituciones. Puede intentar sostener y evitar desvíos en un marco institucional particular. Por otro lado, puede ser un agente de cambio institucional. Una parte del cambio se conforma de normas formales para perfeccionar la operatoria del sistema institucional. Otra parte está constituida por correcciones al marco institucional ante desvíos del mismo.

Siguiendo lo expuesto en el capítulo 3, puede considerarse la empresarialidad institucional en referencia al Estado de Derecho y las instituciones de mercado, ámbito del empresario. De este modo, un empresario podría realizar negocios con la intención de fortalecer el imperio de la ley o con la intención de desviarse del mismo. Aunque ambas sean posibles, a partir de aquí se busca mostrar que el empresario institucional cumple con una función en el proceso de mercado cuando persigue instituciones de Estado de Derecho.

Esta categorización del empresario institucional sigue lo expuesto en los capítulos precedentes. Pero registra antecedentes en la historia reciente del pensamiento, tanto económico como político y sociológico. Para perfeccionar el análisis de la propuesta realizada, se presenta a continuación un recorrido sobre distintas aproximaciones. En las mismas se incluyen ideas sobre empresario institucional, social, público, político e ideológico.

La literatura sobre empresario institucional y aproximaciones similares

El empresario político

El primer antecedente aparece en 1961 en un trabajo de Robert Dahl, quien identifica al empresario político como un líder "[...] que no es tanto un agente de otros como otros son sus agentes".[503] Es un individuo que impulsa la innovación política mediante propuestas de nuevas ideas y que, a su vez, tiene la capacidad para difundirlas y obtener

---

[503] Dahl, Robert: (1961, página 6), citado en Hwang, Hokyu y Powell, Walter W.: (2005, página 191).

apoyo para su realización política. En esa línea, Hokyu Hwang y Walter W. Powell sintetizan: "El empresario político exitoso es capaz de consolidar innovaciones, produciendo cambio social o político que tiene efectos duraderos en la forma de programas nuevos, políticas u organizaciones".[504] En ese enfoque, el empresario político es un constructor de instituciones, lo que motiva que ambos autores utilicen como sinónimo del empresario político al empresario institucional. Como ejemplo, mencionan a la Comisión Europea bajo el liderazgo de Jacques Delores.[505]

Según la revisión de la literatura realizada por Christian Hederer, las actividades del empresario político incluyen: el descubrimiento de preferencias políticas y necesidades del electorado y de los tomadores de decisiones políticas; la identificación, selección y encuadre de problemas y soluciones; la diseminación e intermediación de ideas entre diferentes redes sociales; el reclutamiento de apoyo político y la formación de coaliciones en diferentes niveles; la movilización de los medios de comunicación; introducir las propuestas para la innovación institucional en la agenda de los tomadores de decisiones políticas; el desarrollo de una estrategia política; la implantación y consolidación de cambio institucional perdurable.[506]

---

[504] Hwang, Hokyu y Powell, Walter W.: (2005, página 192). En la misma línea Neil Fligstein considera al empresario político como quien se encarga de "[...] articular relatos que ayudan a inducir la cooperación entre la gente dentro de su grupo y que genere atractivo para su identidad y sus intereses, mientras al mismo tiempo usan esos mismos relatos para articular acciones contra varios oponentes". Fligstein, Neil: (2001, página 113), citado en Hwang, Hokyu y Powell, Walter W.: (2005, página 191). Adam Sheingate los visualiza como "[...] individuos cuyos actos creativos tienen efectos transformadores en políticas, normativas o instituciones". Sheingate, Adam: (2003, página 185). Mark Schneider y Paul Teske lo definen como "[...] individuos que cambian la dirección y el flujo de la política". Schneider, Mark y Teske, Paul: (1992, página 737). Apuntando a la inversión del empresario político, John Kingdon los entiende como: "[...] gente que desea invertir sus recursos esperando un retorno por políticas que ellos favorecen". Kingdon, John: (1984, página 214). Y en la misma línea Carol Weissert los analiza como "[...] personas que desean usar sus propios recursos personales de experiencia, persistencia y habilidades para alcanzar ciertas políticas que los favorecen". Weissert, Carol: (1991, página 263). Los últimos dos autores citados en Hederer, Christian: (2007, página 4).

[505] En este aspecto citan a Fligstein, Neil y Mara-Drita Iona: (1996).

[506] Hederer, Christian: (2007, página 4).

Juan Sebastián Landoni. Empresario institucional

En su propia definición de empresario político, Hederer entiende que deben considerarse elementos del proceso empresarial. Una precondición para introducir cualquier innovación institucional está en la adquisición de recursos humanos y de capital. Para conseguir recursos el empresario recurre a los mercados de capitales, donde enfrenta a los oferentes de fondos y compite con otros proyectos alternativos (demandantes). Luego vienen las etapas de introducción e implementación del producto; en este caso, nuevas instituciones.[507]

En la exposición anterior los empresarios políticos son agentes de cambio e innovación institucional. Sin embargo, no se precisa qué tipo de instituciones persiguen los empresarios políticos/institucionales. Podría tratarse de instituciones afines o contrarias al Estado de Derecho. Richard E. Wagner, comentando *The Logic of Collective Action* de Mancur Olson, asocia el empresario político con la búsqueda de privilegios por medio de la regulación o la legislación.[508] El empresario político está relacionado con los intereses de un grupo de presión, cuya razón de ser está en aumentar los ingresos reales de sus miembros a través del gobierno. Pero puede existir aún con los grupos de presión proscriptos. En uno de sus ejemplos, si los productores rurales tienen prohibida la acción de lobby, un empresario político verá la oportunidad de obtener beneficios representando la causa del sector y promoviéndola en el parlamento, el gobierno o las cortes. También puede darse en el caso de grupos con dificultades para organizarse.[509] En muchos casos esos grupos desorganizados obtienen favores del gobierno o la legislación gracias a la intermedia-

[507] Hederer, Christian: (2007, páginas 20 a 23).
[508] Wagner, Richard E.: (1966, página 163). Luego del comentario de Wagner, Olson introduce un apéndice a su obra en 1971 tratando al empresario político. En virtud del problema del *free-rider*, especialmente en grupos grandes, entiende al empresario político como "[...] un empresario o líder que ayuda a organizar esfuerzos para proveer un bien colectivo". Olson, Mancur: (1965 [1971], página 175). Siguiendo esa línea, Lin define: "El éxito de un empresario político depende, entre otras cosas, de su habilidad para diseñar un reparto de los beneficios potenciales que parecen enriquecer a cada uno y convencer a los miembros que el reparto conforma sus propias ideologías". Lin, Justin Yifu: (1989, página 20).
[509] Olson menciona como ejemplos de grupos sin organización, en los años '60, a los consumidores, directivos de empresas y trabajadores agrícolas inmigrantes. Olson, Mancur: (1965, página 132).

ción de agentes particulares. Las burocracias también impulsan a los empresarios políticos a conseguir privilegios porque desean expandir su actividad y presupuesto.[510]

En este análisis, el empresario político es un jugador más del ambiente político, donde interactúan burócratas, funcionarios gobernantes, partidos y agrupaciones políticas, intelectuales y otros grupos de interés. Y la función del empresario político es perseguir beneficios sirviendo a grupos con intereses comunes en la obtención de privilegios.

Thomas DiLorenzo continúa el tratamiento anterior. Advierte las limitaciones de extender el análisis neoclásico de la competencia a la esfera política y luego critica la utilización de la empresarialidad política en la teoría económica.[511] Reconoce que el enfoque neoclásico de la competencia subestima los efectos del proceso empresarial de mercado y su aplicación a la política subestima los efectos nocivos del empresario político. En su esquema de pensamiento: "La esencia de la empresarialidad política es *destruir* riqueza a través de un comportamiento buscador de rentas de suma negativa".[512] Los empresarios políticos no responden pasivamente a la demanda de los votantes, también intentan estimular esa demanda mediante distintos servicios de transferencias de riquezas. Usan la publicidad política sobre los programas de gobierno en ejecución y sobre propuestas de legislación. De ese modo facilitan y potencian el proceso de búsqueda de rentas.

Siguiendo la argumentación de DiLorenzo, los empresarios sirven para movilizar información tanto en el sector privado como en la política.[513] Pero los resultados son diferentes y antagónicos. En el mercado descubren y transmiten información que redunda en mayor cantidad de intercambios y satisfacción de necesidades, *i.e.* juegos de resultado positivo. Por contrario, en el proceso político promueven transferencias de riquezas que, en el mejor de los casos, resultan en juegos de suma cero. En ese enfoque, más empresarios políticos exitosos implican más privilegios. Esto impacta negativamente en los in-

---

[510] Wagner, Richard E.: (1966, página 165).
[511] DiLorenzo, Thomas: (1988, página 59).
[512] DiLorenzo, Thomas: (1988, página 66), itálicas en el original.
[513] DiLorenzo, Thomas: (1988, página 69).

centivos y en el sistema de precios, derivando en una tendencia hacia una sociedad de buscadores de rentas.

El empresario institucional

El concepto de empresario institucional en la literatura aparece en un trabajo del sociólogo Shmuel N. Eisenstadt en 1980. El autor entiende que el empresario institucional es una variable relevante, entre otras, del proceso de cambio institucional.[514] Designa la empresarialidad institucional a individuos o élites que asumen el liderazgo en procesos de cambio institucional.[515] A partir de su trabajo, surge una literatura que comienza a considerar el efecto intencional de la agencia individual o grupal sobre las instituciones. En la teoría del empresario comienza a pensarse en una relación de dos sentidos entre empresarialidad y marco institucional. Una que analiza la acción del empresario dentro de las instituciones de mercado. Otra que estudia la posibilidad de un cambio en esas reglas provocado por empresarios. De este modo, con el empresario institucional emerge un camino de investigación como una posible explicación endógena del cambio institucional.[516]

Otro sociólogo, Paul DiMaggio continua la tarea iniciada por Eisenstadt y define: "Las nuevas instituciones surgen cuando actores organizados con suficientes recursos (empresarios institucionales) ven en ellas una oportunidad para realizar intereses que consideran altamente valiosos".[517] Acá se suman dos elementos destacables: los recursos propios y los intereses individuales. En primer lugar se introduce y se pone en juego la propiedad de ciertos recursos. Desde este punto de vista, el empresario institucional arriesga cuantiosos fondos

[514] Eisenstadt define en términos sociológicos: "Las élites principales o los empresarios institucionales constituyen el eslabón más importante, primero entre las orientaciones culturales y la articulación simbólica de las mayores esferas institucionales, y segundo entre estas y el proceso de cambio que se desarrolla dentro de las sociedades históricas". Eisenstadt, Shmuel N.: (1980, página 850).
[515] Colomy, Paul: (1998, página 270).
[516] Boxenbaum, Eva y Battilana, Julie: (2004, página 3).
[517] DiMaggio, Paul: (1988, página 14), citado en Lawrence, Thomas y Suddaby, Roy: (2006, página 216).

que se requieren para movilizar al resto hacia el cambio. En segunda instancia, no se trata de agentes desinteresados y altruistas que piensan en mejorar el entorno social. Los empresarios institucionales promueven el cambio institucional porque tienen un interés particular en obtener ventajas del mismo.

Raghu Garud, Cynthia Hardy y Steve Maguire entienden que la yuxtaposición de las fuerzas institucionales y empresariales en un concepto, el empresario institucional, puede aplicarse a la teoría de las organizaciones. Esa idea, expresan, "[...] ofrece una promesa considerable para entender cómo y por qué ciertas soluciones organizativas originales – nuevas prácticas o nuevas formas organizacionales – comienzan a existir y se terminan consolidando a lo largo del tiempo".[518] Los mismos autores acotan la empresarialidad institucional y la identifican con alguien que "[...] rompe con reglas y prácticas existentes asociadas con las lógicas institucionales dominantes e institucionalizan las reglas, prácticas y lógicas alternativas que ellos defienden".[519] Esto supone un intenso proceso político donde se intentan modificar estructuras que benefician a determinados individuos y grupos. Por eso, el empresario institucional representa la reintroducción de la agencia individual, el interés y el poder dentro del análisis institucional de las organizaciones.

Julie Battilana, Bernard Leca y Eva Boxenbaum también restringen el tipo de cambio institucional. Pero adicionalmente, incorporan a la categoría de empresario institucional aspectos relacionados con recursos y modelos de negocios:

> En suma, proponemos que los empresarios institucionales, tanto organizaciones como individuos, son agentes que inician y participan activamente en la implementación de cambios que divergen de las instituciones existentes, independientemente de si el intento inicial fuera cambiar el medioambiente institucional y de si los cambios fueron exitosamente implementados. Tales cambios deben ser iniciados dentro de los límites de una organización o dentro del con-

---

[518] Garud, Raghu; Hardy, Cynthia y Maguire, Steve: (2007, página 8).
[519] Garud, Raghu; Hardy, Cynthia y Maguire, Steve: (2007, páginas 10 y 11).

texto institucional ampliado en el cual el actor está arraigado.

Finalmente, aunque los empresarios que crean modelos de negocios que divergen de instituciones existentes pueden también ser empresarios institucionales, crear un nuevo negocio no es necesario ni suficiente para calificar un actor como empresario institucional.[520]

Un cambio no divergente está alineado con las instituciones establecidas y un cambio divergente rompe con ellas. En ese enfoque, el empresario institucional no necesariamente es un individuo. Aunque enfrentado con el individualismo metodológico, también puede ser una organización. Un individuo u organización que rompe con el medioambiente institucional en el que interactúa, sea una organización o el marco normativo ampliado. Además, se exige la participación activa en el proceso de implementación del cambio institucional, a través de la movilización de esfuerzos y recursos de distinta índole.[521] Por último, para ser considerado empresario institucional por estos autores, no se requiere crear un nuevo negocio. Puede ser empresario institucional quien impulsa el cambio institucional divergente sin necesidad de realizar negocio alguno.

El tratamiento anterior no vincula el empresario institucional a un cambio particular en las instituciones. Puede tratarse de una mejora técnica que se estandariza, una mejora organizativa dentro de las firmas con o sin fines de lucro, en organismos internacionales, en dependencias del estado. También puede tratarse de cambios hacia reglas de economía de mercado o, por contrario, alejarse de ellas mediante violaciones normativas a la propiedad y a las libertades individuales.

Como ejemplo de la diversidad de aplicaciones, Frank Wijen y Shahzad Ansari aplican la empresarialidad institucional como factor para resolver los problemas de acción colectiva que derivaron en el Protocolo de Kyoto.[522] Por su parte, Raghu Garud, Sanjay Jain y Arun Kumaraswamy describen un proceso de empresarialidad institucional

[520] Battilana, Julie; Leca, Bernard y Boxenbaum, Eva: (2009, página 72).
[521] Battilana, Julie; Leca, Bernard y Boxenbaum, Eva: (2009, página 69).
[522] Wijen, Frank y Ansari, Shahzad: (2007, página 4).

como la propagación que provocó la utilización masiva de JAVA en Internet.[523]

Una extensión particular de la literatura considera al empresario institucional como agente de cambio desde instituciones contrarias al Estado de Derecho a instituciones afines. Por ejemplo, David D. Li, Junxin Feng y Hongping Jiang ven al empresario institucional como agente de la transición del comunismo a los principios de una sociedad libre. Definen al empresario institucional como "[...] una persona innovadora que inicia o expande su negocio y en el proceso ayuda a destruir las prevalecientes instituciones contrarias al mercado para que su negocio sea exitoso".[524] El empresario innovador que consideran está asociado explícitamente al pensamiento de Schumpeter y el cambio institucional es consecuencia, en parte no intencionada, de descubrimientos empresariales. En el cambio no intencional se asemejan a la aproximación de Yu. La diferencia está en que unos parten de una economía dirigida y el otro de una economía de mercado. Uno analiza como evolucionan las instituciones en una sociedad libre y los otros como cambian las instituciones desde una sociedad cerrada en transición a una abierta.

Li, Feng y Jiang señalan cuatro formas de cambiar las instituciones por parte de los empresarios:

- Apoyo abierto: a través de entrevistas y publicaciones en la prensa, participación en conferencias y eventos públicos, financiar investigaciones orientadas al cambio de la política y la opinión pública.

- Persuasión privada (cabildeo): influir en los tomadores de decisiones mediante reuniones privadas o financiamiento de investigación que no es pública y sirve para convencer sobre la importancia del cambio institucional.

- Hacer caso de excepción: solicitar que su caso sea considerado excepción para mostrar que no se busca cambiar las reglas; una vez que comienza la primer excepción, los au-

---

[523] Garud, Raghu; Jain, Sanjay y Kumaraswamy, Arun: (2002, página 196).
[524] Li, David D., Feng, Junxin y Jiang, Hongping: (2006, página 358). El análisis fue realizado con los casos de China y Vietnam en mente, *i.e.* economía planificadas en transformación hacia economías de mercado.

tores sostienen que pueden seguir otras y, en el límite, cuando las excepciones se repiten, se consigue el cambio de facto.

- "Invertir *ex ante,* justificar *ex post*": para los autores es la forma más interesante y opuesta a la primera; supone realizar la inversión y mostrar sus beneficios (en términos de empleo, impuestos recaudados, consumidores satisfechos, etc.) para persuadir al gobierno y legitimar la inversión realizada. Aunque es contraria a la legislación imperante (ilegal, en ese sentido), la inversión inicial promueve el cambio hacia la legalidad.[525]

En el esquema anterior, los autores distinguen a los empresarios institucionales de los empresarios, de los buscadores de rentas y de los políticos.[526] Encuentran tres diferencias con los empresarios tradicionales: los empresarios institucionales primero generan externalidades en forma de cambio institucional; segundo enfrentan riesgos de mercado y riesgos institucionales (riesgos de fallar en el cambio requerido); tercero disponen de habilidades políticas.

Mientras los buscadores de rentas desean beneficiarse de reglas contrarias al mercado, los empresarios institucionales buscan cambiar esas reglas y hacerlas afines al mercado para abrir espacio a sus negocios. Sin embargo, los autores reconocen que un empresario institucional puede ser buscador de rentas: "Alguien puede argumentar que un empresario institucional puede convertirse en buscador de rentas en circunstancias donde es más beneficioso hacerlo así para sus negocios".[527]

Por último comparan al empresario institucional con políticos de mentalidad reformista. Los primeros presionan por reformas orientadas al mercado mientras los políticos facilitan las reformas desde el poder.

Una aproximación al empresario institucional cercana a la anterior, se encuentra en Peter T. Leeson y Peter J. Boettke. Distinguen dos niveles de empresarialidad: productiva y protectora.[528] La empre-

[525] Li, David D., Feng, Junxin y Jiang, Hongping: (2006, página 359).
[526] Li, David D., Feng, Junxin y Jiang, Hongping: (2006, página 361).
[527] Li, David D., Feng, Junxin y Jiang, Hongping: (2006, página 361).
[528] Leeson, Peter T. y Boettke, Peter J.: (2008, página 3).

sarialidad productiva es afín a la definición de Baumol y refiere a los descubrimientos bajo instituciones de mercado, sean innovaciones o simples arbitrajes. El nivel protector implica la creación de tecnologías protectoras que aseguren derechos de propiedad a los ciudadanos. Especialmente cuando el gobierno no protege los derechos de propiedad o directamente los agrede, como en el caso de muchos países de menor desarrollo relativo. El empresario institucional diseña mecanismos para proveer seguridad e impulsa la empresarialidad productiva y el desarrollo. Esas tecnologías protectoras pueden ser públicas o privadas. Las primeras consisten en restricciones institucionales a las prácticas predatorias del gobierno (constituciones, separación de poderes, federalismo). Las segundas contemplan servicios de policía privada, reglas y cortes privadas, pero también esquemas bilaterales que incluyen penas como ostracismo o boicots, reputación y costumbres sociales. Según definen: "Los «empresarios institucionales» son los agentes de estas tecnologías privadas de protección".[529] Esa empresarialidad institucional florece cuando más corrupción, debilidad y falta de confianza genera el gobierno.

Para Leeson y Boettke, en los países de menor desarrollo se verifica mayor presencia de normas privadas. Como ejemplo, mencionan a los países del África Subsahariana donde existen clanes y tribus con reglas informales para el comercio y "cortes" privadas para su aplicación y cumplimiento. Aunque no es característica única de países subdesarrollados, dado que también surge en economías desarrolladas donde el funcionamiento relativo del estado es mejor. Finalmente, consideran que la empresarialidad institucional enfrenta límites a la hora de promover la empresarialidad productiva. En muchos países subdesarrollados se expanden los mercados informales donde se verifican carencias para acceder al crédito que limitan el tipo de empresarialidad y el crecimiento.[530]

---

[529] Leeson, Peter T. y Boettke, Peter J.: (2008, página 11), comillas en el original.
[530] En línea con lo expuesto en el capítulo 3 respecto de las ideas de Hernando de Soto (ver nota al pie 310).

Otras aproximaciones

La proliferación de categorías vinculadas a la empresarialidad va desde institucional y político hasta público, burocrático, social, moral, ideológico, cultural, medioambiental, tecnológico, entre otros. La mayoría de esas categorías se refieren a individuos u organizaciones que no persiguen beneficios basados en señales de mercado (precios relativos). En otros términos, tratan con actividades sin fines de lucro (*nonprofits activities*) como tareas caritativas, filantrópicas o de activismo social.[531]

La denominada empresarialidad social constituye un caso particular de análisis al respecto. La investigación sobre el tema puede dividirse, según Johanna Mair e Ignasi Martí, en tres partes: quienes la entienden como un incentivo sin fines de lucro para crear valor social; otros la interpretan como la práctica socialmente responsable de empresas orientadas a la llamada responsabilidad social corporativa (CSR, por su sigla en inglés); y un último grupo la ve como una actividad para aliviar problemas sociales y catalizar transformaciones sociales.[532]

En el contexto de este trabajo, lo anterior exige ciertas aclaraciones. En la teoría del proceso de mercado, el empresario también resuelve problemas sociales al descubrir los mejores usos de los recursos en un contexto de información dispersa. Además, crea valor para el resto de los agentes de la sociedad: que lo haga indirectamente, en un proceso espontáneo o del tipo "mano invisible", no significa que destruya o que su contribución al valor social sea nula. Por último, la CSR no siempre es una solución para los otros involucrados (*stakeholders*). Si crear valor para otros involucrados incluye la destrucción de valor para el accionista, no queda claro el aporte "social". Una distribución de las ganancias extraordinarias puede mejorar la situación presente de otros vinculados como trabajadores, consumidores, proveedores. Pero disminuye los fondos para la inversión y la

---

[531] Boettke y Coyne afirman: "[...] la empresarialidad social puede implicar filantropía, caridad, activismo social y el lanzamiento de una organización sin fines de lucro". Boettke, Peter y Coyne, Christopher: (2009, página 40).

[532] Mair, Johanna y Martí, Ignasi: (2004, página 3).

creación de valor a largo plazo, justamente, de los *stakeholders*.[533] Y los accionistas verán menos atractiva la firma y tenderán, mientras se mantenga la política social corporativa, a retirar su posición y descapitalizarla. Luego, en sintonía con la advertencia de Hayek sobre la palabra "social", su aplicación a la empresarialidad puede carecer de los efectos esperados.[534]

Una variante diferente es presentada por Ostrom, quien aplica la empresarialidad al sector público, pensando en introducir eficiencia en la provisión de bienes y servicios públicos:

> Dado que los beneficios de bienes públicos y recursos de fondo común están dispersos dentro de una comunidad, varios analistas ignoran la posibilidad de que empresarios públicos locales diseñen modos efectivos de proveer, producir y alentar la coproducción de estos bienes y servicios esenciales. Por otro lado, varios analistas subrayan la necesidad de liderazgo en el sector público. *La empresarialidad es una forma particular de liderazgo* enfocada primariamente en la resolución de problemas y establecer procesos heterogéneos de modos complementarios y efectivos.[535]

En este pensamiento, desbloquear las capacidades de ciudadanos y funcionarios públicos permite reemplazar la lógica jerárquica de la administración pública y aumenta la probabilidad de mejorar la provisión de bienes públicos. La reforma del aparato público para ofrecer bienes colectivos requiere tareas gubernamentales. En función de los intereses del empresario público de Ostrom, que lo distinguen del empresario que aspira a crear valor de mercado, puede ser tratado como un "empresario político o social".[536]

Howard Becker usa la expresión empresario moral para identificar a quienes buscan imponer a los demás una moral, textualmente,

---

[533] Rappapport, Alfred: (1986, capítulo 1).
[534] Hayek, Friedrich A.: (1957, página 338). Y Hayek, Friedrich A.: (1988, páginas 183 a 186).
[535] Ostrom, Elinor: (2005, página 1), itálicas agregadas.
[536] En la literatura se los encuentra como sinónimos. Por ejemplo en Klein, Peter G.; McGahan, Anita M.; Mahoney, Joseph T. y Pitelis, Christos N.: (2009, página 2).

"estrecha y provinciana".[537] Para Paul Colomy, el empresario institucional no debe asociarse con una moral determinada porque abarca un abanico de considerable amplitud: "El concepto de empresario institucional incluye a quienes persiguen proyectos conservadores, aún reaccionarios, tanto como a quienes siguen programas inclusivos, progresivos y revolucionarios".[538]

Una visión más estricta de los principios morales es presentada por Karen I. Vaughn, en su acepción de empresario ideológico. En primer lugar entiende que, en una sociedad democrática, para reformar las instituciones en el sentido del Estado de Derecho, debe pensarse en términos racional-constructivistas.[539] Afirma la autora que "la reforma en una moderna sociedad democrática, donde los resultados dependen en gran medida de convencer a otros para acordar con los reformadores, requiere de las actividades de empresarios ideológicos".[540]

Según razona, el votante tiene que formular juicios con base ideológica que abarquen una visión de cómo funciona el mundo y un conjunto de juicios morales acerca de la corrección de las normas. "Esa visión compuesta es *lo que vende* el empresario ideológico".[541] De este modo, para la autora se convierte en la contraparte política del empresario económico. A diferencia de este, que opera en base a un conocimiento limitado de tiempo y lugar, el empresario ideológico dispone de una visión respecto de cómo debería ser la sociedad. Y de cómo transmitir la visión y convencer al resto: "El empresario ideológico, entonces, debe ser *en parte un maestro y en parte un predicador*".[542]

Los empresarios ideológicos se disputan la preferencia de los votantes en una sociedad democrática. Algunos promoviendo los

---

[537] Becker, Howard S.: (1963, páginas 147 a 163), citado en Colomy, Paul: (1998, página 270).

[538] Colomy, Paul: (1998, página 270).

[539] Sus palabras exactas son: "Uno *debe* ser un constructivista racional en el sentido de llevar la visión propia al entorno para tener alguna esperanza de alcanzar las reglas que deseamos en una sociedad que elige por medios democráticos". Vaughn, Karen I.: (1983, página 239), itálicas en el original.

[540] Vaughn, Karen I.: (1983, página 239).

[541] Vaughn, Karen I.: (1983, página 239), itálicas agregadas.

[542] Vaughn, Karen I.: (1983, página 240), itálicas agregadas.

principios de una sociedad libre con Estado de Derecho y otros proponiendo desvíos más o menos alejados de la misma. El desarrollo de un programa consistente de proselitismo a favor del Estado de Derecho necesita, según Vaughn: "[...] estudiar los principios de una sociedad libre, la historia de su emergencia y retroceso, y explorar medios prácticos posibles para su restauración".[543] En esta concepción, las tareas mencionadas se asocian al empresario ideológico exitoso.

Una aproximación similar a la anterior se encuentra en John Blundell y su referencia al empresario intelectual que participa de la denominada "batalla de ideas". Considera que los intelectuales, desde el mundo científico al artístico, influencian a la opinión pública.[544] Precisamente, entiende que Hayek es un empresario intelectual por haber planteado la estrategia para difundir e instalar ideales de la sociedad libre. Básicamente, esa estrategia consiste en dedicarse menos a los negocios y más a la vida académica, a la investigación y al debate intelectual (*i.e.* a la batalla de ideas). Hayek además, destaca Blundell, convenció a muchos intelectuales y hombres de negocios de la necesidad de financiar organizaciones dedicadas al pensamiento, debate y difusión de los principios e ideales de la libertad.[545]

El análisis de Martín Krause está en sintonía con lo anterior. Denomina empresarios de ideas o institucionales a quienes motorizan la evolución institucional de un modo no espontáneo.[546] Entre sus ejemplos se mencionan hombres como Nicolás Copérnico, Galileo Galilei, John Locke, David Hume, Adam Smith, quienes con sus ideas innovadoras dieron parte de su forma al mundo actual.[547]

En las dos visiones anteriores se destaca que la empresa intelectual tiene lugar en un ámbito donde compiten hombres con distintas ideas. De esa competencia, con rasgos particulares que la distinguen del mercado, surge parte de la orientación de la evolución insti-

---

[543] Vaughn, Karen I.: (1983, página 241).
[544] Blundell, John: (1990, páginas 1 a 9). En esto sigue a Hayek, Friedrich A.: (1949, página 275).
[545] Blundell destaca los casos de Harold Luhnow, Leonard Read y Floyd A. Harper en Estados Unidos y de Antony Fisher en Inglaterra. Blundell, John: (1990, páginas 1 a 5).
[546] Krause, Martín: (2006, página 11).
[547] Krause, Martín: (2006, página 10).

tucional. A continuación se considera al empresario institucional dentro del proceso de mercado como uno de los agentes que compiten por determinadas ideas e instituciones.

El empresario institucional en el proceso económico de mercado

En la literatura revisada, algunos autores realizan una lectura de la empresarialidad desde la teoría del proceso de mercado.[548] Con esa lectura, se aproximan a las categorías de empresario político, ideológico, social e institucional. El resto de los autores se aproxima desde marcos de referencia teórica diferentes. A partir de la literatura expuesta, los cuestionamientos presentados en los objetivos, pueden ser reformulados del siguiente modo: ¿Cómo incorporar al empresario institucional a la teoría del proceso económico de mercado? ¿Cuáles son los aspectos empresariales y cuáles los aspectos institucionales del empresario institucional?

Respecto del interrogante inicial, se sostiene que emplear la palabra empresario para definir una categoría analítica que la incluye, *i.e.* empresario institucional, significa incorporar sus aspectos distintivos. Concretamente, si un empresario institucional es un empresario, debe incorporar, en primer lugar, la capacidad para descubrir oportunidades de negocios. Esa capacidad se refiere al estado de alerta y a la aptitud para juzgar eventos futuros e inciertos. Ambos factores son relevantes para encontrar diferenciales de precios que justifiquen una rentabilidad mayor al costo del capital. En segundo lugar, la intención concreta de hacer negocios obteniendo una tasa de rendimiento del capital por encima de su costo. En tercer lugar la constitución de capital que lo ubica frente a la incertidumbre del futuro (y, en caso de aportar fondos propios, frente a las ganancias o pérdidas de capital).

En relación al interrogante sobre las instituciones, la diferencia entre un empresario institucional y un empresario está en la intencionalidad. Ambos son hombres de negocios que realizan cálculo

---

[548] Karen Vaughn, Thomas DiLorenzo, John Blundell, Randall Holcombre, Peter Boettke, Martín Krause, Peter Leeson y Christopher Coyne (según el orden cronológico de sus trabajos).

económico con la intención de maximizar valor. El empresario tradicional mediante la compra y venta de diferentes bienes y servicios. El empresario institucional también adquiere recursos. Pero vende productos con "contenido" institucional. Productos directamente orientados a la defensa de ciertas instituciones que, en el caso de la economía de mercado, refieren al Estado de Derecho.[549]

A continuación se analizan los enunciados previos. Una primera parte desglosa la relación entre empresario institucional, cálculo económico y coordinación. Otro apartado discute la relación entre empresario institucional e instituciones. Se realizan básicamente dos tipos de consideraciones respecto de lo expuesto sobre el empresario institucional: unas sobre la utilización de la expresión "empresario" y otras sobre la concepción de lo "institucional".

El empresario institucional, el cálculo económico y la coordinación

Gran parte de las definiciones de empresario institucional lo identifican con creatividad, imaginación, capacidad innovadora, espíritu emprendedor, liderazgo, voluntad de cambio y visión estratégica, entre otros. Tanto en el pensamiento económico como en el ámbito de la administración y la estrategia existe una vasta literatura que asocia la empresarialidad con esas cualidades.[550] Pero ese vínculo no es condición suficiente para la empresarialidad dentro del proceso de mercado. La innovación y la creatividad no necesariamente derivan en una asignación económica de los recursos. Por ejemplo, muchos científicos reúnen esas características para desarrollar sus teorías y no por ello son hombres de negocios o empresarios. A los efectos de incorporar al empresario institucional en la teoría del proceso de mercado son necesarios elementos específicos. En el campo de dicha teoría, el empresario es un agente individual que descubre oportunidades de negocios. Para corroborar su descubrimiento se guía por el cálculo económico que, en una economía moderna, toma la forma de un cálculo

---

[549] La orientación institucional está presente en los trabajos analizados de Karen Vaughn, John Blundell y Martín Krause (según el orden cronológico de sus trabajos).
[550] Efectivamente, existe una literatura que identifica al empresario con tales cualidades, diferente a la aproximación que este trabajo realiza desde el capítulo 2.

monetario. En el mercado, el empresario evalúa los precios presentes y esperados para calcular la rentabilidad y el costo del capital.

Ese cálculo permite lanzar determinados proyectos y frenar otros, pero también otorga una retroalimentación posterior y permanente. La estimación de las ganancias esperadas, *ex ante*, explica por qué algunos proyectos se cristalizan y otros quedan en el camino. La comparación entre las ganancias *ex ante* y *ex post*, permite retroalimentar la toma de decisiones y provoca una tendencia a la mejor asignación. Cuando se realizan las ganancias esperadas se supera el test de mercado, se verifica una correcta anticipación por parte del empresario y se incentiva la explotación de ese negocio. Cuando aparecen pérdidas se comprueba un error de estimación, se exigen modificaciones y se desincentiva el uso de los recursos en ese sector. De ese modo, en el marco del mercado, la función empresarial tiende a mejorar la coordinación de planes individuales entre los miembros de la sociedad. En otros términos, bajo la vigencia de los derechos de propiedad privada y con libertad económica, ese proceso de ensayo y error marca una tendencia a la autocorrección y eficiencia en la asignación de recursos.

El empresario institucional es, primero, un empresario. Es un hombre de negocios y se guía por los precios, la rentabilidad y el valor de sus proyectos. Si el empresario institucional no se basa en precios y no realiza cálculo económico, difícilmente pueda reconocer si está asignando correctamente los recursos y promoviendo una mayor coordinación de planes interindividuales. Y, por lo tanto, difícilmente pueda ser denominado empresario.

El párrafo anterior no significa que las organizaciones sin fines de lucro sean imposibles en un Estado de Derecho con economía de mercado. Tampoco queda suprimida la actividad de los individuos que se dedican a la política. Pero los denominados empresarios sociales y políticos que no se conducen por la lógica de los precios y el rendimiento del capital presentan un problema para el análisis. En ese sentido, la utilización de la expresión empresario entra en conflicto, dado que el cálculo adquiere una forma diferente o, sencillamente, está ausente. En el proceso de mercado, la formulación del cálculo económico distingue a los empresarios. Luego, en el entorno de la teoría del proceso de mercado, el empresario institucional también debería seguir esa lógica de comparar precios presentes y esperados, rentabilidad con costo del capital. En otros términos, el empresario institucional también debería ser un hombre de negocios motivado por las ganancias y el valor. Lo anterior significa que sin cálculo económico no habría empresario (sea en su variante institucional, política, social, pública, intelectual, etc.).

Mises reconoce los límites del cálculo económico al restringirlo a la órbita de los intercambios voluntarios donde se entregan bienes y servicios por dinero.[551] Esto restringe las aplicaciones de la empresarialidad tanto en la órbita política como en las organizaciones que no persiguen beneficios. Holcombe observa que el elemento coercitivo del proceso político se distingue del aspecto voluntario de los intercambios de mercado.[552] En la arena política, los precios monetarios y el cálculo económico no cumplen la misma función. Los políticos y buscadores de privilegios también realizan cálculos para evaluar las ventajas de sus acciones y conquistas. Pero la naturaleza de los beneficios que determinados individuos puede obtener de la política incluye coerción, transferencias de ingresos sin consentimiento. Se trata de un cálculo donde los beneficios provienen de algún tipo de privilegio contrario a la competencia del mercado y a la igualdad ante la ley.[553] Por ese motivo, Holcombe asocia la empresarialidad política a una práctica predatoria diferente de la empresarialidad productiva

---

[551] Mises sentencia: "El cálculo económico puede comprehender todo lo que es intercambiado por dinero". Mises, Ludwig: (1949, página 212). Y más adelante: "El cálculo económico no puede comprehender cosas que no son compradas y vendidas contra dinero". Mises, Ludwig: (1949, página 214).

[552] Para Holcombe, la intervención del gobierno "[...] provoca que la gente interactúe de modos que ellos no elegirían voluntariamente, porque si no fuera cierto no habría motivos para la intervención del gobierno. Este aspecto coercitivo de las instituciones políticas crea la diferencia clave entre la empresarialidad política y de mercado. Crea la posibilidad de que el beneficio político pueda ser generado otorgando beneficios a algunas personas a expensas de otros". Holcombe, Randall: (2002, páginas 146).

[553] Un caso que merece especial atención es el de los empresarios que aprovechan los privilegios conseguidos por un pseudoempresario. Por ejemplo, si un pseudoempresario consigue un arancel para su producto, otros empresarios que no bregaron por ese impuesto serán beneficiados.

propia del proceso de mercado.[554] Luego, si bien las oportunidades de beneficios existen y se pueden cuantificar en dinero, no puede concluirse que sean fruto de cesiones voluntarias de derechos. En el mercado, los beneficios surgen de intercambios voluntarios. Por eso el cálculo económico efectuado por un empresario en el mercado es diferente al cálculo que se realiza para obtener beneficios de la política o la búsqueda de rentas. Este aspecto se suma a los argumentos contra la empresarialidad política y su posible asimilación con la empresarialidad institucional.

La investigación de Boettke y Coyne concluye que la política admite la empresarialidad pero sin la presencia del cálculo económico:

[...] en todo oficio existen oportunidades para la ganancia individual que pueden ser perseguidas. La empresarialidad existe en la estructura política, pero allí la inducción, guía y disciplina provista por la propiedad, los precios y las ganancias y pérdidas están ausentes.[555]

Puede afirmarse que un individuo puede iniciar tanto una "empresa" política como intelectual, pública, ideológica o, en el mundo de los negocios, mercantil.[556] Según lo expuesto en párrafos anteriores y en el capítulo 2, si un individuo no se basa en precios y realiza cálculo económico de ganancias y pérdidas expresado en dinero, difícilmente pueda denominarse empresario. Lo mismo si los beneficios incluyen transferencias coercitivas. Al menos en los términos estrictos de la función empresarial en el proceso de mercado.

Además, sin cálculo económico resulta complejo reconocer si los recursos se están asignando correctamente. Por ejemplo, en el caso

---

[554] Holcombe sostiene: "El apoyo político, no la eficiencia económica, es el criterio de éxito en un ambiente democrático. Como resultado, los empresarios políticos pueden encontrar siempre oportunidades para la empresarialidad predatoria". Holcombe, Randall: (2002, páginas 149).

[555] Boettke, Peter y Coyne, Christopher: (2009, página 52). En el mismo sentido, en el mercado de ideas Krause identifica como equivalentes a las ganancias a la reputación, el prestigio, libros editados, premios, puestos universitarios. Krause, Martín: (2006, página 10).

[556] En esa oración, la palabra "empresa" se utiliza como sinónimo de "actividad".

de los denominados empresarios sociales que reciben donaciones, Boettke y Coyne entienden a la reputación como un mecanismo para corregir sus acciones y alinear sus objetivos con donantes o aportantes.[557] De este modo la calificación del receptor tiende a constituirse en una garantía y a disminuir el problema de agente (receptor) y principal (donante). Cuando los empresarios sociales desarrollan sus proyectos con fondos propios se sortea el problema de agencia. Pero en ambos casos no se utilizan precios ni cálculo de ganancias y pérdidas. Por ese motivo queda la sospecha sobre la eficiencia en la asignación de recursos de los donantes y sobre los mecanismos de autocorrección de esa utilización. La reputación y la tolerancia de los aportantes pueden contribuir a la alineación de intereses. Pero nuevamente, la ausencia de cálculo económico implicaría una incorrecta utilización de la empresarialidad.

El empresario institucional no es quien obtiene fondos para difundir una idea y se encarga de sostener el financiamiento con donaciones; no es quien consume capital sino quien hace rendir el capital para sus aportantes. Y para eso, como cualquier empresario, compara precios monetarios, estima la rentabilidad y el costo del capital y calcula la ganancia extraordinaria esperada.[558] Por supuesto, el empresario institucional opera en un proceso de descubrimiento donde se desconocen los resultados futuros. Como el resto de los empresarios, no se descartan errores de estimación y pérdidas. Tampoco la retroalimentación, la corrección de la estrategia o el fracaso. En ese proceso desarrolla su función y contribuye al cambio institucional.

Lo expuesto no niega que haya políticos o intelectuales que suscriben, difunden e intentan instalar el Estado de Derecho o reglas contrarias al mismo. Desde el punto de vista aquí desarrollado, simplemente no serían empresarios. Por lo menos en el sentido de la

---

[557] "En este caso [*nonmarket sector*], la institución informal del capital de reputación reemplaza al mecanismo de ganancias y pérdidas". Boettke, Peter y Coyne, Christopher: (2009, página 45).

[558] Nuevamente, aquí se marca una diferencia con Boettke y Coyne dado que le otorgan al empresario institucional la posibilidad de actuar fuera de las señales de mercado: "Mientras algunos actos de empresarialidad institucional tienen lugar en el contexto de señales de mercado, otros tienen lugar mas allá de esas señales". Boettke, Peter y Coyne, Christopher: (2009, página 59).

función empresarial en el proceso de mercado donde los hombres de negocios hurgan en los precios para descubrir ganancias extraordinarias mediante intercambios libres y voluntarios (sin buscar privilegios que impliquen coacción). Aunque sean perspicaces, aporten capital propio, convenzan a otros capitalistas y enfrenten incertidumbre. Constituyen, junto a los empresarios institucionales, agentes del proceso de cambio institucional.

El empresario institucional y las instituciones

El vínculo expresado en el subtítulo implica responder lo siguiente: ¿Qué instituciones son compatibles con la función del empresario institucional en el proceso de mercado? Y, fundamentalmente: ¿Por qué determinadas instituciones? ¿Por qué no otras? Si cualquier institución fuera lo mismo, un empresario institucional buscaría impactar en cualquier norma o sistema de reglas. Como objetivo adicional a los beneficios, tendría la defensa y promoción de cualquier marco de normas y regulaciones. La respuesta a los interrogantes sobre la empresarialidad institucional está restringida, en este trabajo, por el marco del proceso de mercado.

Para comenzar a responder se puede considerar el "mercado de las ideas".[559] Un mercado con demandantes y oferentes, unos dispuestos a pagar y otros dispuestos a cobrar, en este caso, por "ideas". Ese mercado es el ámbito particular del empresario institucional, en principio, aquel cuyo descubrimiento busca el impacto en las reglas del juego. Son empresarios que descubren oportunidades de beneficios no explotadas, como cualquier otro, pero que se cristalizan en productos que incluyen ideas institucionales (editoriales, centros de estudios, universidades, medios de comunicación y otras formas de desarrollar y propagar ideas). Tales descubrimientos abren un espacio para la investigación y el debate de ideas que trasciende el interior de las organizaciones. En algunos casos la discusión se torna meramente académica. Pero cuando supera el debate por el conocimiento entre "científicos", las ideas surgidas en tales ámbitos comienzan a afectar la opinión pública y el proceso político.

---

[559] La idea del mercado de ideas proviene de Krause, Martín: (2006, página 10).

En ese mercado de ideas compiten los empresarios institucionales. Entre otros agentes, compiten con buscadores de rentas y pseudoempresarios: individuos que persiguen intereses particulares de suma cero o negativa. Estos buscan la rentabilidad en los privilegios, lo que implica modificar las instituciones para beneficiarse a expensas del resto de la sociedad. De ahí que todo pseudoempresario sea institucional: un individuo que siempre persigue cambios normativos donde se perjudica a otros en beneficio propio.[560]

Otros individuos y organizaciones también intentan impedir el funcionamiento del mercado. Entre ellos, determinados intelectuales, ciertos políticos, funcionarios públicos, burócratas. Persiguen privilegios para distintos grupos a los que pertenecen o representan. En general, las ventajas se cristalizan mediante diversos mecanismos redistributivos (*i.e.* que alteran por la fuerza la distribución propiciada por el sistema de precios). Las ventajas redistributivas toman la forma de subsidios, desgravaciones impositivas, aranceles, controles de precios y otras transferencias. Individuales o sectoriales, son ventajas institucionales. Todas contrarias a la igualdad ante la ley, a la generalidad, certeza y universalidad de la ley. Luego, contrarias al Estado de Derecho (tal como se aproxima en el capítulo 3). Pero además se trata de reglas que alteran el proceso económico de mercado. Al atentar contra la certidumbre y estabilidad legal, impactan negativamente en la capacidad empresarial. En particular, distorsionan la dinámica del mercado al promover una empresarialidad cortoplacista y estimular proyectos de menor escala y alcance.

Los párrafos anteriores no definen al empresario institucional. Aplican para los individuos que intentan obtener privilegios contrarios al imperio de la ley. Los pseudoempresarios y redistribucionistas persiguen intereses en conflicto con el Estado de Derecho, la economía de mercado y la empresarialidad. En lugar de promover mayor cantidad de descubrimientos, sus propuestas institucionales interrumpen el funcionamiento del mercado y la empresarialidad. Al distorsionar los precios relativos y bloquear el acceso a distintos sectores y mercados, impiden la realización de oportunidades de negocios.

---

[560] Aplicando la clasificación de Baumol, un pseudoempresario sería un empresario institucional improductivo. Ver nota al pie 248 en el capítulo 2.

Quedan sin realizarse proyectos que podrían llevarse a cabo sin la modificación exógena. Y son impulsados otros que no serían rentables bajo las condiciones de mercado. De este modo, atentan contra la función coordinadora de los descubrimientos empresariales en el proceso de mercado.

¿Qué instituciones, con lo anterior, se asocian a la empresarialidad institucional en una economía de mercado? Por contrario a lo expuesto, los empresarios institucionales promueven las reglas del Estado de Derecho y de la economía de mercado, *i.e.* reglas que incentivan la empresarialidad.[561] En otros términos, impulsan el sistema de reglas que, a su vez, motiva mayor cantidad de descubrimientos que tienden a mejorar la asignación de recursos y la coordinación entre planes. Este aspecto multiplicador resalta la importancia de los agentes de cambio institucional que impulsan el Estado de Derecho, sean empresarios institucionales o no.[562]

El empresario institucional mantiene diversos vínculos con el sistema de reglas propio de un Estado de Derecho y una economía de mercado. Con sus descubrimientos, deliberadamente intenta:

a. modificar y corregir desvíos en las normas para hacerlas acordes a los principios de Estado de Derecho;

b. realizar las adaptaciones necesarias para que el cambio institucional sea compatible con el Estado de Derecho;

c. sostener las normas establecidas afines al Estado de Derecho evitando desvíos del mismo.

Un empresario institucional puede perseguir los tres objetivos o especializarse. Aunque los tres vínculos lo relacionan con el cambio institucional, los dos primeros son más evidentes. Los ítems a. y b. tratan de cambios institucionales concretos: unos para regresar al sistema de reglas acorde al imperio de la ley y otros para que el mismo siga siendo operativo ante cambios tecnológicos y sociales.

El ítem c. aplica para el caso de un empresario que, en el extremo, vive en un Estado de Derecho y pugna por el mantenimiento

---

[561] En la orientación hacia el Estado de Derecho coincide con la definición de Karen Vaughn.

[562] North se refiere a los rendimientos crecientes de las instituciones como mecanismo que refuerza la dependencia de la trayectoria. North, Douglass C.: (1990, página 124).

del mismo. También aplica para el caso de un empresario que defiende el mantenimiento de las reglas afines al imperio de la ley y, generalmente, la reforma de las reglas en conflicto.

La relación que expresa el ítem c. no condice con la idea del empresario como agente de cambio institucional divergente. Esto se distingue de lo sostenido por Battilana, Leca y Boxenbaum para quienes los empresarios institucionales "[...] inician y activamente participan de la implementación de *cambios que divergen de las instituciones existentes*".[563] Para los autores, un cambio no divergente está alineado con las instituciones vigentes, mientras un cambio divergente rompe con ellas.[564]

Eso presenta varios dilemas para este trabajo. En primer lugar, suponiendo la plena vigencia del imperio de la ley, un individuo puede realizar negocios que refuercen los principios arraigados. En este sentido, no propone cambios (divergentes o no divergentes). Apela mediante sus descubrimientos a difundir los aspectos morales, jurídicos y económicos de una sociedad libre. Su objetivo está en preservar ese sistema de reglas. Lo anterior opera bajo el supuesto fuerte de "plena vigencia". Siendo que las instituciones, incluidas las de Estado de Derecho, se encuentran en un proceso de cambio constante, es esperable que se verifiquen desvíos. Si el Estado de Derecho constituye un ideal político, como lo piensa Hayek, se encuentra en continua modificación y es siempre perfectible.[565] Podría decirse entonces, que el empresario institucional siempre es un agente de cambio.

Segundo: al mismo tiempo, un empresario institucional puede impulsar las adaptaciones necesarias para mantener operativo el sistema. Ante un cambio técnico que altera derechos de propiedad, por ejemplo, se propone una alternativa para evitar transferencias coercitivas de los mismos. En este caso, pretende modificar reglas para que el Estado de Derecho continúe operativo. Según la clasificación expuesta, el empresario persigue el cambio institucional no divergente.

---

[563] Battilana, Julie; Leca, Bernard y Boxenbaum, Eva: (2009, página 70), itálicas agregadas. Ver también la nota al pie 516.
[564] Battilana, Julie; Leca, Bernard y Boxenbaum, Eva: (2009, página 69).
[565] Ver nota al pie 349 en el capítulo 3.

Tercero: a diferencia de la aproximación de Battilana *et al.*, aquí se sostiene que en una sociedad con Estado de Derecho (o cercana al mismo), el empresario institucional no puede propiciar cambio divergente. En este caso, el cambio divergente implica un alejamiento del imperio de la ley. Eso lo convierte en un pseudoempresario, un buscador de rentas o de privilegios redistributivos. Por importantes que sean las modificaciones propuestas, bajo la calificación anterior, el empresario institucional solo propicia cambio no divergente.

Aunque excede los límites propuestos para estas páginas en el marco teórico, puede plantearse un cuarto interrogante: ¿Qué sucede en una sociedad sin Estado de Derecho? ¿Es posible el empresario institucional? Donde persisten rasgos de competencia y economía de mercado, existe el espacio para la empresarialidad (incluida la institucional). Pero, al menos en teoría, donde las decisiones descentralizadas de los individuos están vedadas y la planificación central es absoluta, queda excluida la empresarialidad (también la institucional).

La interpretación de Li, Feng y Jiang para economías centralizadas en transición hacia economías de mercado es un desafío en ese sentido. Los autores señalan que en China y Vietnam algunos empresarios realizan cabildeos y presión pública para reencausar las reglas del juego hacia las de una economía de mercado.[566] En el proceso de mercado, tales prácticas no corresponden con la función empresarial. Además, son consideradas improductivas cuando dan lugar a privilegios. Pero en una economía socialista con vestigios informales de mercado, un empresario podría realizar negocios que conduzcan al cambio institucional deliberadamente. En los términos de este trabajo, y bajo la clasificación de Battilana *et al.*, se trataría de un empresario institucional impulsando cambio *divergente*.

Los cuatro planteos refieren a una misma orientación institucional: el Estado de Derecho. El empresario institucional en el proceso de mercado persigue instituciones de Estado de Derecho. Su objetivo principal es la maximización del valor y con su producto busca influir en la evolución del sistema de reglas. Una de las formas de propiciar el cambio es a través de políticas públicas. David Harper desa-

---

[566] Li, David D., Feng, Junxin y Jiang, Hongping: (2006, página 361).

rrolla un programa de política pública acorde con el proceso de mercado.[567] El núcleo duro del programa está conformado por los principios de la teoría económica, y empresarial, de mercado. Se destacan como elementos salientes: el proceso de orden espontáneo, la competencia dinámica, las ganancias y pérdidas, la incertidumbre estructural, el individualismo y subjetivismo metodológico, la no neutralidad de la intervención del gobierno, el esquema institucional de respeto a la propiedad. Ese último esquema distingue al empresario institucional. En el proceso de mercado, descubre oportunidades de negocios ofreciendo productos que intentan influenciar a los demás para asegurar los derechos de propiedad legítimos y maximizar la libertad económica.[568]

El resultado sobre las instituciones no depende exclusivamente de los empresarios institucionales. En el proceso institucional compiten otros agentes de cambio. Con el Estado de Derecho como factor de demarcación, los agentes de cambio se dividen en dos grupos: los que impulsan su alejamiento y quienes lo auspician. Entre los primeros, pseudoempresarios, buscadores de rentas, intelectuales, políticos profesionales, funcionarios públicos, burócratas y otros grupos de interés. Y entre quienes lo favorecen junto a empresarios institucionales también hay empresarios tradicionales y otros intelectuales, políticos, funcionarios, etc. Unos promueven intereses particulares o sectoriales a costa de otros miembros de la sociedad. Otros la igualdad, la certeza y universalidad de la ley. Todos compiten con disparidad de intereses y estrategias, y con diferentes dotaciones de poder político. El proceso de cambio dependerá además de la calidad de las instituciones vigentes y del consenso que exista entre la población respecto de determinados principios, normas y propuestas políticas.

En virtud de lo anterior, el resultado del proceso de cambio institucional puede ser imposible de predecir. Como señala Martín Krause en relación al mercado de ideas, es factible que el cambio sur-

---

[567] Harper, David A.: (2003, página 171).

[568] Según considera Harper: "La mejor manera de mejorar la performance de los mercados es mejorar el esquema de reglas e instituciones que lo apuntalan antes que tratar de reconfigurar los resultados finales de esos mercados". Harper, David A.: (2003, página 185).

gido del mismo no sea siempre una mejora o, en terminología neoclásica, un "Pareto-superior".[569] El afianzamiento y la institucionalización de determinadas ideas dependerán de la capacidad de los agentes de cambio para demostrar el mejor desempeño de una sociedad regida bajo determinados principios morales, jurídicos, económicos y políticos. En principio, los que logren mayor influencia en la opinión pública tendrán mayor probabilidad de transformar la realidad. Paul Ormerod, reformulando el pensamiento de Hayek, entiende que una minoría de intelectuales conforman los nodos más poderosos (*hubs*) del proceso de formación de opinión pública.[570] Con esa hipótesis, los agentes de cambio más exitosos serán los que consigan formar y afectar a los intelectuales con mayor llegada e impacto en la opinión de los demás. Como fuera señalado, Hayek reconoció la importancia de una élite formadora de opinión y recomendó la conformación de *think tanks* que influyan sobre los intelectuales. Para Hayek:

La clase en cuestión [intelectuales] no está formada sólo por periodistas, profesores, ministros, oradores, publicistas, comentaristas de radio, novelistas, dibujantes y artistas, todos los cuales pueden ser maestros en la técnica de comunicar ideas, pero suelen ser aficionados en lo que a la esencia de la comunicación se refiere. Esta clase también comprende a muchos profesionales y técnicos, como los científicos y médicos, quienes por su relación habitual con la letra impresa se convierten en transmisores de las nuevas ideas fuera de sus propias áreas y quienes, debido al conocimiento experto de sus propias materias, son escuchados con más respeto que otros.[571]

[569] Krause, Martín: (2006, página 12). La definición de Pareto-superior está usada en el sentido de Brennan, Geoffrey y Buchanan, James M.: (1985, página 175).

[570] Ormerod, Paul: (2006, páginas 41 a 47). Albert-László Barabási denomina *hubs* a aquellos nodos que concentran mayor cantidad relativa de vínculos (*links*) dentro de un sistema complejo con estructura de red. Barabási, Albert-László: (2002, página 43).

[571] Hayek, Friedrich A.: (1949, página 257).

La prédica de Hayek tuvo su impacto y se manifestó en la creación de distintas organizaciones que difunden los ideales del imperio de la ley.[572] Son organizaciones que buscan influir en los intelectuales y luego en la opinión pública. Pero los intelectuales no necesariamente son empresarios. Son agentes de cambio institucional con su relevancia respectiva y no cumplen una función empresarial según los elementos definidos previamente. Aunque afecten la opinión pública y las instituciones vigentes, embarcarse en la "empresa intelectual" no los transforma en empresarios. Luego, tampoco serían empresarios institucionales.

En el enfoque aquí propuesto, el empresario institucional posee la capacidad para descubrir oportunidades de negocios. Estos empresarios pueden publicar los libros de los intelectuales, organizar cursos con su exposición, contratarlos como asesores, editores o escritores de medios gráficos o audiovisuales, entre diversas tareas. Sea un intelectual o no, el empresario institucional dispone de una visión adicional sobre aspectos normativos y descubre oportunidades vinculadas al desarrollo de ideas y al cambio en las reglas de juego.

El empresario institucional es un hombre de negocios que pretende ganancias extraordinarias con una particularidad que lo distingue del resto de los empresarios: busca el cambio de reglas hacia un Estado de Derecho con economía de mercado.

---

[572] Blundell relata que Hayek vio como un paso para el desarrollo de las ideas a la Mont Pelerin Society y que sus ideas y consejo influyeron en la creación de Institute of Economic Affairs (IEA). Cuando Antony Fisher le preguntó si debía hacer carrera política, Hayek respondió: "No. El curso de la sociedad solo cambiará por el cambio en las ideas. Primero debe convencer a los intelectuales, maestros y escritores, con sólidos argumentos. Será su influencia en la sociedad lo que predominará y los políticos la seguirán". Años más tarde, Fisher fundaría el IEA. Blundell, John: (1990, página 6).

Conclusiones

Las páginas precedentes constituyen un estudio sobre la empresarialidad y las instituciones. El objetivo principal está en precisar el lugar de la empresarialidad institucional en el proceso de mercado, ámbito donde el empresario cumple una función particular. Introducir de modo consistente al empresario institucional dentro de la teoría del proceso de mercado requiere mantener los "rasgos" distintivos de la empresarialidad, por un lado, y vincularlo con el esquema institucional, por otro. Con lo expuesto en secciones anteriores, se expresa nuevamente la proposición de esta investigación:

> En el enfoque de la teoría del proceso de mercado, la categoría de empresario institucional contiene dos aspectos: por un lado, reúne las características de la función empresarial (definidas en el capítulo 2); y, con su producto, persigue deliberadamente el sostenimiento, la adaptación y el cambio hacia instituciones de economía de mercado y Estado de Derecho (según lo definido en el capítulo 3).

Para perfeccionar la categoría de empresario institucional se puede abrir la proposición anterior en los siguientes bloques constitutivos:

- o es un agente económico individual,
- o propio de la competencia y del mercado,
- o cumple con la función específica de descubrir oportunidades de negocios,
- o su/s descubrimiento/s tiene/n objetivo/s institucional/es,

229

○ persigue el cambio institucional deliberadamente,
○ su orientación institucional está dirigida a las instituciones de Estado de Derecho.

En primer lugar, de acuerdo con el individualismo metodológico del marco teórico, los que interactúan en el proceso de mercado son individuos. Por eso la empresarialidad institucional no puede ser ejercida por una empresa, el gobierno, el estado u otra organización o entidad colectiva. Esto contradice la idea de empresario político mencionada por Hwang y Powell y de empresario institucional de Battilana *et al.*[573] El empresario institucional sólo puede ser pensado como un individuo con valoraciones, creencias y expectativas únicas.

Como todo empresario, se trata de un individuo que interactúa en un ambiente sin barreras legales que detengan la entrada de otros empresarios. En este sentido el empresario institucional es también inseparable de la competencia y del mercado (*i.e.* no es un pseudoempresario, un buscador de rentas ni privilegios). Los distintos intentos para obtener privilegios implican pseudoempresarialidad, lo descalifican como empresario y, en consecuencia, como empresario institucional.

El empresario institucional cumple con la función empresarial de descubrir oportunidades de negocios. En un contexto de información dispersa, el empresario es tratado como un agente clave para el descubrimiento y la posterior coordinación de planes entre individuos. Esto no implica que solo se verifiquen aciertos. Como el resto de los empresarios, participa de un proceso de ensayo y error, de aprendizaje y corrección de estrategias. Fundamentalmente, se trata de un hombre de negocios, alguien que realiza cálculo económico basado en precios de mercado libre, tanto precios presentes como esperados. No puede tratarse de alguien que espera precios distorsionados por algún tipo de intervención del estado en su favor (como un pseudoempresario). Es un agente económico que, a partir de sus estimaciones subjetivas, en un contexto de información dispersa e incertidumbre estructural, descubre una oportunidad de negocios donde asignar capital y obtener ganancias extraordinarias. La diferencia del

---

[573] Ver nota al pie 503 en referencia a Hwang y Powell; y nota al pie 520 en referencia a Battilana *et al.*

empresario institucional con los demás agentes de cambio normativo está en su conducta de hombre de negocios guiada por las señales de mercado (sin la intención de modificar los precios con injerencias exógenas al mismo mercado).

Según su "costado" institucional, el aspecto distintivo del empresario institucional está en la intención de sostener o modificar determinadas reglas. Cualquiera sea su sector de actividad, tiene una voluntad de afectar el entorno institucional.

Los descubrimientos empresariales, y las acciones de otros individuos agentes de cambio, pueden afectar las instituciones de dos maneras: no intencionadamente y deliberadamente. Las innovaciones y las adaptaciones subsiguientes provocan alteraciones en la distribución de los derechos de propiedad que no estaban pensadas en el descubrimiento original. Y pueden dar lugar a modificaciones normativas tampoco previstas. Esas consecuencias no provienen de los agentes que procuran deliberadamente un cambio institucional. A diferencia de los agentes que provocan consecuencias no intencionadas, el empresario institucional es un agente de cambio deliberado. Aunque no es el único agente de cambio institucional deliberado, dado que también buscan el cambio intencionalmente muchos intelectuales, políticos, funcionarios, entre otros.

Pero no se trata de cualquier sistema de reglas. El empresario institucional persigue reglas de Estado de Derecho. En el sentido expresado por Vaughn, el empresario institucional tiene una visión normativa y promueve un sistema normativo.[574] En una economía de mercado realiza negocios con el interés adicional de sostener y evitar desvíos en el esquema institucional del Estado de Derecho. También puede promover las adaptaciones que lo mantienen operativo. Pero cuando el sistema de reglas se aleja del imperio de la ley y el mercado luego de un proceso de reformas, el empresario institucional intenta regresar el marco normativo a su cauce original.

Las adaptaciones y las reformas en el marco normativo, califican al empresario institucional como agente de cambio institucional. Una parte del cambio se conforma de normas formales para perfeccionar la operatoria del sistema institucional propio de una economía

---

[574] Ver notas al pie 540 a 544.

de mercado. Por ejemplo, reglas operativas que adoptan nuevas técnicas para mejorar la transparencia y el pago de impuestos. La otra parte está constituida por correcciones al marco institucional del mercado ante desvíos del mismo. Siguiendo el ejemplo impositivo, eliminar impuestos discriminatorios o expropiatorios.

Los empresarios institucionales interactúan (o "compiten") con pseudoempresarios, políticos, intelectuales y otros agentes que pretenden privilegios o una redistribución forzosa de ingresos y patrimonios. Un individuo que persigue reglas contrarias al Estado de Derecho y al mercado opera contra el ejercicio de la empresarialidad al limitar las oportunidades de negocios latentes. Esto atenta contra el proceso de asignación de recursos y la coordinación de expectativas individuales. Luego, los buscadores de privilegios y los que propician una redistribución de ingresos se distancian de la función empresarial en el proceso de mercado.

Los pseudoempresarios y redistribucionistas (siempre institucionales) operan contra las instituciones de la sociedad libre. Por contrario, el empresario institucional promueve el Estado de Derecho y sus restricciones constitucionales, la economía de mercado y la empresarialidad. Desde ese punto de vista, los descubrimientos del empresario institucional podrían verse como potenciadores de mayor coordinación: primero, por el descubrimiento de la oportunidad de negocios propia; y segundo, por las oportunidades abiertas al resto de la sociedad en virtud de las "mejoras" institucionales (en caso de realizarse).

La actividad empresarial florece y se multiplica cuanto más cercano es el marco institucional a las reglas del Estado de Derecho. Las reglas que enmarcan el proceso de mercado donde la función empresarial es clave para la asignación de recursos y la coordinación de planes individuales en un contexto de información dispersa. Por ese motivo y por ser objeto de estudio en el ámbito de las ciencias sociales, la teoría del proceso de mercado representa el marco para el análisis de este trabajo y es introducida en el capítulo 1.

En el capítulo 2, se rastrea en la historia del pensamiento económico el tratamiento de la empresarialidad. Dado el enorme tratamiento que ha recibido, se siguen las aproximaciones que analizan al empresario en el proceso de mercado: desde Cantillón y los autores clásicos a los economistas austriacos. Como conclusión preliminar se destaca la función empresarial en el mercado como la capacidad para descubrir oportunidades de negocios. Mediante el cálculo económico el empresario detecta discrepancias de precios, información que le permite guiar la asignación de capital. Con el resultado de sus actos, retroalimenta sus decisiones dando lugar a una nueva asignación. Por este proceso de ensayo y error, los recursos escasos tienden a utilizarse en la producción de los bienes y servicios más valorados. En otros términos, los descubrimientos de diferenciales de precios tienden a coordinar los planes de individuos genuinamente ignorantes.

El capítulo 3 estudia las instituciones, reglas que facilitan la cooperación voluntaria entre individuos y que impulsan el florecimiento de la empresarialidad. Discute las funciones de las instituciones en la sociedad, cuáles y cómo impulsan el mercado y la empresarialidad. Se analizan los principios éticos, jurídicos y económicos enmarcados en el derecho de propiedad y la libertad económica, principios que representan instituciones fundamentales para el funcionamiento del mercado y el desarrollo económico. La institución de la propiedad privada se considera clave para alguien que intercambia derechos cuando compra y cuando vende porque permite asegurar el control, uso y transferencia de recursos y bienes. Además, la propiedad privada, en los términos de Mises, constituye el fundamento de los precios y el cálculo económico empresarial. La libertad económica implica libertad contractual y competencia para acceder a los mercados, aspectos esenciales para que los empresarios testeen sus descubrimientos, descarten algunos y expandan otros. Como esquema institucional para auspiciar los derechos de propiedad y las libertades individuales, el capítulo 3 explica los principios del Estado de Derecho. Se muestra que la igualdad ante la ley, la abstracción, generalidad y estabilidad de la misma son factores conducentes al estado de alerta y a la capacidad para juzgar eventos futuros de los empresarios.

Revirtiendo la causalidad del capítulo precedente, el capítulo 4 indaga la posibilidad de un cambio institucional provocado por empresarios. Reconociendo que el entorno regulatorio afecta la conducta individual pero que también esta conducta impacta aquel entorno, se indaga en los efectos de la empresarialidad en las instituciones.[575] En otros términos, se considera al empresario una figura vinculada a las instituciones: por un lado, la cantidad y variedad de descubrimientos empresariales depende del ambiente institucional y, por otro, las acciones de los empresarios tienen efectos en las instituciones donde actúan.[576] En este estudio, se amplía el alcance de la empresarialidad y se asocian los efectos de la misma a las instituciones, especialmente, de Estado de Derecho.

De lo expuesto en estas páginas se concluye que la aproximación a la empresarialidad, especialmente la ofrecida por los economistas austriacos, constituye un aporte relevante para el estudio del proceso económico de mercado. Además, resulta de utilidad para la teoría de la firma, cuyos objetivos salientes son la explicación de los orígenes, el crecimiento y la organización de las empresas.[577] Sin pretender ser definitorios ni cerrar la investigación por vías alternativas, también permite el análisis del cambio institucional espontáneo que promueven los descubrimientos extraordinarios. Por último, hace posible considerar determinados descubrimientos que buscan deliberadamente promover el cambio institucional. Es el caso de los empresarios institucionales: individuos con capacidades para descubrir oportunidades de negocios que influyen en la difusión, establecimiento y consolidación del Estado de Derecho.

Sin embargo, debe señalarse que si bien la empresarialidad resulta de especial interés para el funcionamiento del mercado y es inseparable del análisis de las firmas, no sucede lo mismo en el estudio del cambio institucional. Aunque existan empresarios que descubran negocios que favorezcan determinadas instituciones y otros que impulsen el cambio institucional de modo no previsto, es difícil conside-

---

[575] Harper sentencia: "La realidad, obviamente, es que somos productos y productores de nuestro medioambiente". Harper, David A.: (2003, página 53).

[576] Lo expresado parafrasea a María Minniti, para quien Emily Chamlee-Wight muestra que "[...] los empresarios son figuras culturales. Por un lado, las acciones empresariales reflejan el medioambiente cultural donde ellos actúan. Por otro lado, sus acciones son una influencia importante en la cultura donde ellos operan". Minniti, María: (2003, página 19). La autora cita a Chamlee-Wight, Emily: (1997). De un modo similar, Leeson y Boettke plantean que "[...] la empresarialidad no es solo un producto de los derechos de propiedad sino que, crucialmente, es productora de esos derechos también". Leeson, Peter T. y Boettke, Peter J.: (2008, página 5).

[577] Ver Apéndice al capítulo 4.

rar que el empresario sea la pieza determinante en ese sentido. La presencia de "competidores" con intereses que difieren del imperio de la ley no permite ser taxativos sobre los resultados del proceso de evolución institucional. En sintonía con la desconfianza de Adam Smith, los intereses de muchos hombres de negocios también suelen tener consecuencias nocivas sobre las reglas de Estado de Derecho.[578] De esa manera, mientras puede considerarse al empresario como una fuerza clave del proceso de mercado, queda la idea de una menor relevancia del empresario institucional en la evolución de las instituciones.

En sentido amplio puede hablarse de personas que se lanzan a la "empresa" política, a la "empresa" intelectual, ideológica, social, etc. En esos términos se identifica a individuos con voluntad de acción, vocación emprendedora y espíritu de realización. Por tal motivo, son categorías posibles para entornos como la política, las organizaciones sin fines de lucro, la burocracia. Pero en el marco teórico del proceso de mercado, el empresario cumple una función acotada al descubrimiento de oportunidades de negocios. Más precisamente, el empresario es una especie del mercado, evalúa los precios de mercado, compra y vende en el mercado, compite en el mercado y no persigue privilegios que detengan la competencia y el proceso. Además, se somete a la incertidumbre del proceso económico, incertidumbre que incluye la posibilidad cometer errores de sobre o subestimación.

Lo mismo debe sostenerse del empresario institucional como agente del mercado. Como un empresario que cumple una función descubriendo la oportunidad de crear valor al producir un bien específico, el empresario institucional descubre qué bien ofrecer para impulsar y fortalecer ciertas instituciones. Empresario porque pretende hacer negocios; institucional porque auspicia el Estado de Derecho, instituciones que multiplican la empresarialidad y el desarrollo económico.

---

[578] Ver nota al pie 99. Una desconfianza similar a la de Smith puede notarse en Stigler, en Goldberg (ver nota al pie 254 en el capítulo 2 para ambos autores) y en Friedman (ver nota al pie 403 en el capítulo 3).

Para futuras investigaciones

En este trabajo se realiza una aproximación al empresario institucional como agente del proceso de fortalecimiento y cambio institucional. Pero en el proceso conformación y alteración de las instituciones interactúan otros agentes. Identificarlos, establecer sus funciones y comprender sus estrategias puede contribuir a una mejor comprensión de los mecanismos de origen y evolución institucional. Por ejemplo, las funciones y estrategias de políticos profesionales, de partidos políticos, de propagadores de ideas, de organizaciones de control del gobierno y otras organizaciones no gubernamentales. Con lo anterior se podría perfeccionar la relación entre el empresario institucional con los demás agentes de cambio. El tratamiento de la empresarialidad en relación al resto de los agentes de cambio institucional merece una investigación que estas páginas no contienen.

Otra línea de investigación apunta a la historia económica y a los casos de empresarios institucionales. En la investigación empírica podrían encontrarse individuos que realizaron descubrimientos empresariales con la intención manifiesta de afectar las ideas y la forma de vida en la sociedad. Esta investigación podría sumar a la relación entre empresarios y los diversos agentes de cambio que intervienen en la evolución institucional.

Una relación adicional que sugieren las páginas precedentes, es aquella entre empresario institucional y actividades no coercitivas sin fines de lucro. El Estado de Derecho abre la posibilidad a la empresarialidad pero también a las acciones filantrópicas, caritativas y de organizaciones que siguen fines diversos con financiamiento voluntario. Aunque no se basen en señales de precios monetarios, los individuos de esas organizaciones llevan adelante tareas legítimas en términos de impulsar el imperio de la ley e interactúan con el resto de los agentes de cambio.

También podría ampliarse la investigación de la empresarialidad institucional en economías con instituciones contrarias o diferentes al mercado. El empresario es una especie del mercado y, por tanto, de la sociedad libre. Y no tiene sentido bajo los supuestos extremos de una economía centralmente planificada sin propiedad privada de medios de producción. Pero cuando quedan márgenes institucionales, básicamente mercados informales, puede aparecer la empresarialidad. Los trabajos de Li, Feng y Jiang, por un lado, y de Leeson y Boettke, por otro, permiten considerar una extensión de la función del empresario institucional en economías en transición hacia economías de mercado.[579]

Por último, al menos desde lo expuesto, están los esfuerzos por integrar factores psicológicos y culturales a la empresarialidad institucional. Se puede ampliar al respecto considerando el trabajo de Harper, quien utiliza conceptos de psicología cognitiva para explicar el *alertness*, y de Chamlee-Wright sobre aspectos culturales que afectan la empresarialidad.[580]

La investigación en torno al vínculo entre la empresarialidad y las instituciones lleva años de crecimiento. Los caminos alternativos incluyen disciplinas que superan la teoría del proceso de mercado y la economía en general. Por lo tanto, también exceden ampliamente las pocas propuestas aquí realizadas.

---

[579] Ver nota al pie 518 en referencia a Li, Feng y Jiang; y nota al pie 524 en referencia a Leeson y Boettke.

[580] Ver nota al pie 568.

Apéndices

Apéndice del capítulo 1.

Fundamentos del sistema de precios

A continuación se introducen los fundamentos del funcionamiento del sistema de precios para interpretar el cálculo económico y la acción empresariales. Para cumplir el objetivo comenzamos exponiendo la teoría subjetiva del valor. Esto se debe a que los precios son resultado de un proceso donde confluyen incontables valoraciones subjetivas de individuos. Y también se debe a que los empresarios cuando hacen cálculo económico estiman cuanto estarán dispuestos a pagar sus clientes. Para ese cálculo, el empresario especula sobre cuáles son las valoraciones de los clientes potenciales.

El índice interno de este apéndice recorre los siguientes temas: valor y precios; formación de los precios de los bienes y servicios finales; preferencia temporal, tasa de interés y acumulación de capital; formación de precios de los factores productivos.

Valor y precios. Preferencias como "centro de expansión"

Los precios surgen de la interacción de compradores y vendedores con distintas valoraciones. Responder a la pregunta sobre las causas y los determinantes del valor inquietó a muchos pensadores a lo largo de la historia. Desde que el hombre comenzó a plantearse problemas y temas relativos a la economía, estuvo presente la pregunta sobre el *valor*. ¿Por qué motivo las cosas tienen valor? ¿Por qué las personas valoran las cosas? ¿Existe algún elemento objetivo que determine el valor de las cosas?

En primer lugar, cabe aclarar que valor en este contexto es la significación o satisfacción que la posesión de un bien otorga a una persona. En este contexto, valor se refiere a valor de uso y no a valor de cambio (precio).[581] Además, siempre es de carácter subjetivo y depende de la escala de valores que cada individuo lleva implícita. Como señalara Hayek:

---

[581] Cachanosky, Juan C.: (1994, parte I, página 2).

[...] la mayoría de los objetos de la acción social o humana no son «hechos objetivos» en el sentido estrecho en el que este término es usado por las ciencias y contrastado por las «opiniones», y no pueden de ningún modo ser definidos en términos físicos. En la medida que la acción humana es considerada, las cosas son lo que la gente que actúa cree que son.[582]

El valor de los bienes y servicios es subjetivo, por lo que el valor varía primero con cada individuo y segundo con el tiempo y las circunstancias.

La paradoja del valor entre el agua y los diamantes que planteara Adam Smith resumía los conflictos que enfrentan las explicaciones basadas en la escasez o en la utilidad. En sus palabras:

> Nada es más útil que el agua: pero con ella no se puede comprar casi nada, casi nada se puede cambiar por ella. Un diamante, por el contrario, tiene poco valor de uso; pero a menudo se puede cambiar por una gran cantidad de otros bienes.[583]

Puede notarse que la paradoja de Smith pone en conflicto lo que más tarde se definiría como "excedente del consumidor", por el cual nadie paga (precio) más que su valoración subjetiva (con "excedente del vendedor" se entiende que nadie cobra menos que dicha valoración).[584]

---

[582] Hayek, Friedrich A.: (1952, página 51). La afirmación de Hayek tiene un antecedente en el padre de la escuela austríaca, Carl Menger, quien sostiene: "El valor es un juicio que el hombre economizador realiza acerca de la importancia de los bienes a su disposición para el mantenimiento de su vida y bienestar. En consecuencia, el valor no existe fuera de la conciencia de los hombres". Menger, Carl: (1871, página 121).

[583] Smith, Adam: (1776, página 30). Dos siglos antes de Smith, el italiano Bernardo Davanzati formuló la misma paradoja en términos de oro y trigo. Cachanosky, Juan C.: (1994, páginas 38 y 39).

[584] John Stuart Mill se encargó de precisar la idea sin definir el excedente del consumidor. Cachanosky, Juan C.: (1994, páginas 81 y 82). El excedente del comprador es la diferencia entre lo que está dispuesto a pagar y el precio

Recién hacia 1870, Carl Menger en Viena, León Walras en Lausana y William S. Jevons en Londres originaron y expandieron la denominada revolución marginalista.[585] Los tres autores se diferenciaron metodológicamente: mientras Jevons y Walras comenzaron una tradición formal de razonamiento y exposición matemáticos, Menger lo hizo literariamente. La teoría de la utilidad marginal permite constatar que el problema del valor es cuestión de utilidad y también de escasez, en lugar de uno u otro factor. La gran diferencia estaba en la palabra "y". El argumento que sostiene la teoría es el siguiente: para que exista valor los bienes deben ser útiles y escasos a la vez. Lo que explica el valor es la concurrencia de utilidad y escasez. Las personas valoran las cosas por la satisfacción que otorga la posesión de dichas cosas. Menger expresó que el valor:

[...] no es nada inherente a los bienes, no es una propiedad de ellos, sino simplemente la importancia que nosotros le atribuimos para la satisfacción de nuestras necesidades, estos es, para nuestro bienestar y nuestras vidas [...].[586]

Una ventaja de Menger fue que, al razonar lógicamente pero sin utilizar formalización matemática, consideró a los bienes en forma discreta y no continua. Lo que tiene valor es la unidad del bien, las personas valoran la unidad del bien, no valoran ni stocks de cantidades variables ni fracciones imposibles (existen uno o dos caballos, nunca una fracción entre uno y dos caballos). En este sentido, distintas unidades homogéneas de un mismo bien, tendrán el mismo valor para un individuo (en determinado momento del tiempo, dado que con el tiempo pueden cambiar las preferencias por el mismo bien).

---

efectivamente pagado y el excedente del vendedor es la diferencia entre el precio efectivamente cobrado y lo que está dispuesto a cobrar.

[585] Robert Ekelund y Robert Hebert sostienen que Jules Dupuit fue el primero en formular el principio de utilidad marginal y su relación con la demanda. Ekelund, Robert y Hebert, Robert: (1990, páginas 316 y 317). Hayek atribuye a Wieser haber introducido la expresión "utilidad marginal". Hayek, Friedrich A.: (1934, página 18).

[586] Menger, Carl: (1871, página 116).

La teoría de la utilidad marginal sostiene que el valor de las cosas está determinado por la unidad que satisface la última necesidad, la necesidad marginal. Cuanto mayor es la cantidad de un bien que posee un individuo, la última unidad se destina a necesidades menos urgentes y valora menos cada unidad del bien. Cuanto menor la cantidad poseída, satisface necesidades más urgentes y por lo tanto lo valora más. El valor de la unidad que satisface la necesidad menos urgente otorga valor a las demás.

La ley de la utilidad marginal decreciente expresa que el valor de un bien disminuye a medida que se dispone de mayor cantidad de unidades homogéneas. El aumento de la cantidad disponible de un bien o servicio permite al individuo satisfacer necesidades de menor prioridad. El hecho de satisfacer necesidades de menor urgencia disminuye el valor que la persona confiere al bien. Una persona que valora más un bien estará dispuesta a pagar o a cobrar un precio mayor. La utilidad marginal, o valor, que los compradores y vendedores atribuyen a un bien, afecta los precios. Al cambiar las percepciones individuales de escasez y utilidad, cambiarán las valoraciones y modificarán los precios de mercado.

Del valor al precio

Según Jack Hirschleiffer, el teorema fundamental del intercambio señala que dos personas que comercian libre y voluntariamente se benefician mutuamente.[587] Esto quiere decir que si una persona está dispuesta a pagar más de lo que otra está dispuesta a cobrar y, teniendo conocimiento una de otra, deciden realizar un intercambio, ambas se benefician. En otros términos, en el comercio los participantes entregan un bien que valoran menos a cambio de uno que valoran más.

Con la diferencia entre valor y precio en mente, el teorema niega la teoría de la explotación donde un individuo sale favorecido perjudicando al otro. De no mediar coacción por parte de algún participante del comercio, si se realiza el intercambio es porque beneficia a ambos. El precio unitario es la cantidad de unidades de un

---

[587] Hirschleifer, Jack: (1984, página 241).

Juan Sebastián Landoni. *Empresario institucional*

bien que el comprador entrega y el vendedor recibe para transferir una unidad de otro bien. Nadie pagaría un precio mayor a su valoración en determinado momento o, lo que es igual, el excedente del consumidor no puede ser negativo.[588] Las valoraciones individuales o utilidades marginales de comprador y vendedor establecen el rango donde se podría ubicar el precio. Ambos tienen incentivos a incrementar su bienestar y el comercio resulta una alternativa para hacerlo.[589] Para ello, deben tomar conocimiento de la voluntad de comerciar del otro. En base a las capacidades comerciales de cada uno, el precio puede quedar más cerca o más lejos de cada valoración. Independientemente del "lugar" donde quede establecido, el precio estará en el rango entre las valoraciones de los agentes.[590]

En caso que el comprador y el vendedor potenciales desconozcan la existencia del otro, un tercero podría realizar un cálculo económico y descubrir una oportunidad para realizar un negocio. Este agente cumple una función empresarial porque su descubrimiento *ex ante* permitiría, de mantenerse las valoraciones, cumplir con su objetivo pero también haría posible que otros se beneficien del comercio. Por este motivo, el empresario es un agente coordinador, alguien que facilita una mayor compatibilidad de planes individuales.

Suponiendo dos compradores frente a un vendedor que valora menos el bien, se inicia un proceso competitivo donde el que está dispuesto a pagar más terminará desplazando al otro. En este caso opera la lógica de la subasta donde el vendedor promueve la rivalidad entre compradores para obtener el máximo beneficio. El precio de mercado igualará la cantidad demandada con la ofrecida. Este ejemplo

[588] En el intercambio entre bienes se nota que demanda es necesidad y poder de compra, concepto establecido en la ley de Say según la cual no puede demandarse sin ofrecer un bien a cambio. Say, Jean-Baptiste: (1841, página 121).

[589] Adam Smith consideró que en la naturaleza humana había una propensión a permutar, intercambiar o negociar cosas. Smith, Adam: (1776, página 16).

[590] La formación de precios es abordada siguiendo el procedimiento de Rothbard: comienza con teoría del valor, continúa con intercambio entre dos personas, luego entre un comprador (vendedor) frente a varios vendedores (compradores) y, finalmente, el caso general de muchos compradores y vendedores dispersos. Rothbard, Murray N.: (1962, Capítulo 2, acápites 2 y 5).

podría generalizarse al caso de más de dos compradores y un vendedor.

Si hubiera dos vendedores ofreciendo a un solo comprador que valora más el producto, los que competirán son los vendedores. Ambos rivalizarán ofreciendo precios más bajos. Cuando uno "perfore" la disposición a cobrar del otro, se quedará con la venta. De nuevo, se puede generalizar la conclusión si se consideran más de dos vendedores frente a un comprador.

El proceso cambia cuando hay muchos compradores y vendedores que se encuentran dispersos. En los mercados masivos los participantes no disponen toda la información de las disposiciones a cobrar y a pagar. Aquí opera el sistema de precios como sistema de administración y comunicación de información.[591] En un principio los vendedores tienen el deseo de cobrar los precios más altos y los compradores el de pagar lo más bajo.

Algunos vendedores pueden vender a los compradores con las mayores disposiciones a pagar que ignoran precios más bajos de otros vendedores. Manteniendo las valoraciones constantes, si los que venden a precios mayores insisten en su postura, y otros vendedores lo advierten y los imitan, probablemente se verifique un exceso de oferta. Un exceso de oferta y la acumulación de stocks "informarán" que los precios tentativos son altos. Para vender deberán bajarlos. Al hacerlo, se podrán realizar más transacciones. El precio tenderá a bajar hasta que la cantidad ofrecida y la cantidad demandada se igualen, *i.e.* hasta que los oferentes encuentren demandantes.

Desde el lado de la demanda, algunos compradores pueden comprar a los vendedores con las disposiciones a cobrar más bajas que ignoran la existencia de otros compradores que valoran más el producto. Esto generará un exceso de demanda que "informará" a los vendedores sobre la posibilidad de cobrar precios mayores. La tendencia continúa hasta la igualdad entre cantidad ofrecida y demandada. El precio de equilibrio consigue dicha igualdad.

---

[591] Hayek afirma: "Fundamentalmente, en un sistema en que el conocimiento de los hechos pertinentes se encuentra disperso entre muchas personas, los precios pueden actuar para coordinar las acciones separadas de diferentes personas en la misma manera en que los valores subjetivos ayudan al individuo a coordinar las partes de su plan". Hayek, Friedrich A.: (1945, página 526).

Pero la economía de mercado no se entiende en términos estáticos; no basta con observar como se determina un precio de equilibrio ante determinados supuestos iniciales. El precio puede estar en equilibrio en un mercado particular pero nunca en todos los mercados al mismo tiempo. Al cambiar permanentemente las valoraciones se originan nuevos desequilibrios.

La causa de los movimientos de precios está en las variaciones en aquellas condiciones iniciales que suponemos dadas para hacer el análisis. En lo cotidiano del mercado pueden cambiar tanto las valoraciones (las utilidades marginales) de los consumidores como de los oferentes. Estos cambios provocan excesos de oferta o de demanda que promueven cambios en los precios de mercado. Los precios tienden a bajar o subir haciendo que los oferentes encuentren demandantes y viceversa.

La descripción del mercado como un conjunto de complejas negociaciones entre compradores y vendedores implica la descripción de un proceso de ensayo y error. En ese proceso pueden darse transacciones a precios diferentes al de equilibrio en virtud de la ignorancia de los agentes. Pero a medida que los individuos reconocen sus errores o descubren los ajenos, revisarán sus conductas haciendo que los precios sigan la tendencia al equilibrio.

Si las "fuerzas" equilibradoras no existieran o cambiaran aleatoriamente sin preponderar unas sobre otras, resultaría difícil pensar en el proceso de mercado y en la asignación racional de recursos. En tal caso, los propietarios de recursos y los hombres de negocios tomarían decisiones azarosas sin realizar ninguna clase de estudio de mercado. En este trabajo se adopta la visión del proceso de mercado según la cual existe una tendencia al equilibrio. Esto no significa que el equilibrio finalmente sea alcanzado. En virtud de los permanentes cambios en las variables subyacentes, se modifica la orientación de la tendencia en los precios relativos.[592]

---

[592] Ludwig Lachmann, en el debate sobre la existencia de un proceso equilibrante, sostuvo que no hay razones para que las fuerzas equilibrantes prevalezcan sobre las fuerzas desequilibrantes que permanentemente se ponen en marcha; por lo tanto, no habría lugar para entender al proceso como equilibrante. Kirzner, Israel M.: (1997, páginas 26 y 27). También Sarjanovic, Ivo: (1989, páginas 169 a 204). En el capítulo

Para una economía de mercado, la información que brindan los precios relativos es clave para la coordinación. Los precios indican a los empresarios qué, cuánto, cómo y dónde producir. Señalan las valoraciones individuales y la escasez relativa de los bienes y servicios de consumo y, por lo tanto, de los factores de producción necesarios para la producción de los primeros. Una sociedad con una amplia y variada división del trabajo es posible gracias a los precios monetarios que informan sobre los mejores usos de los recursos escasos.

Las preferencias temporales y la tasa de interés

La acción humana tiene lugar a lo largo del tiempo. En el presente los individuos evalúan los medios para conseguir determinados fines y mejorar su bienestar. Luego, toman decisiones. Los resultados de tales acciones se verificarán en el futuro. Al mismo tiempo, ese futuro es incierto para cualquier ser humano. Estas características de la realidad afectan las decisiones de todo agente económico.[593] Entre ellos los empresarios, principal interés de este estudio.

Los empresarios comparan precios futuros estimados de los bienes que esperan vender con los precios presentes de los recursos que deberán contratar.[594] Para realizar esa comparación, los valores intertemporales deben homogeneizarse, *i.e.* hacerse comparables. La tarea de actualización exige la utilización de una tasa de interés para aplicar en el factor de descuento.

Esta sección se propone introducir la teoría subjetivista de la formación de la tasa de interés. La misma es conocida como teoría de las preferencias temporales. Según la ley de preferencias temporales los individuos, entre consumir un bien en el presente o en el futuro, prefieren consumir en el presente.[595]

---

2 se discute nuevamente sobre este punto en relación a la empresarialidad y la coordinación.

[593] En ese sentido, Mises afirma que la "[...] idea de acción es una categoría de la praxeología". Mises, Ludwig: (1949, página 100).

[594] Negocios más complejos también requieren estimaciones de precios futuros de factores.

[595] Si bien la idea fue introducida por William S. Jevons, Eugen von Böhm-Bawerk fue quien realizó el mayor desarrollo. Böhm-Bawerk, Eugen: (1884, libro VII, inciso I, acápite 20). A pesar de su aporte, Böhm-Bawerk no terminó de apartarse de la teoría

Se esgrimen dos argumentos para demostrar la ley. Primero, como el tiempo es un recurso escaso, cada individuo trata de optimizar su uso o, lo que es lo mismo, consumir en el menor tiempo posible. Así, se pueden satisfacer más necesidades con el tiempo disponible. En segundo lugar, se supone que una persona tiene naturalmente una tendencia al consumo futuro y a no consumir en el presente. De este modo, hoy posterga el consumo para mañana y mañana para un día posterior. Finalmente, no consumirá nunca y aseguraría el fin de sus días. Por tanto, necesariamente una parte del consumo debe ser presente, lo que muestra que el mismo se prefiere al consumo futuro.[596]

Con lo anterior, la raíz de la tasa de interés está en las preferencias de cada individuo, en la diferencia de valor entre el consumo presente y el consumo futuro. Un individuo puede valorar un bien en el presente un 10% más que en el futuro. En este caso, estará dispuesto a cobrar por sus ahorros una tasa mayor. La tasa de interés está implícita en la escala de preferencias y se denomina tasa originaria o natural.

Según esta teoría, la tasa de interés es considerada el precio del ahorro y es independiente de la existencia de la moneda o de consideraciones tecnológicas. Para demostrar la raíz "psicológica" de la tasa de interés, Eugen von Böhm-Bawerk propuso el siguiente ejemplo:

Un campesino desea beber agua. La fuente está a cierta distancia de su casa. Existen varios modos de abastecer su necesidad diaria. Primero, puede ir hasta la fuente cada vez que esté sediento y beber con ayuda de sus manos. Es el camino más directo donde la satisfacción sigue inmediatamente al esfuerzo. Pero es un modo inconveniente para nuestro campesino quien tiene que recorrer el camino cada vez que esté sediento. Y es una alternativa insuficiente dado que nunca podrá recolectar y acopiar

---

del interés basada en la productividad del capital. Para un análisis sobre el tema, que excede los objetivos actuales, ver Mises, Ludwig: (1949, páginas 488 a 490).

[596] Zanotti expresa que esta demostración no es psicológica sino praxeológica, se deduce a partir de la categoría de acción. Zanotti, Gabriel: (1981, páginas 87 y 88).

una gran cantidad para otros propósitos. Segundo, puede tomar un tronco de madera, ahuecarlo como una especie de balde y acarrear su abastecimiento diario desde la fuente hasta su casa. La ventaja es obvia pero necesita un rodeo de gran duración. El hombre deberá gastar, quizás, un día para tallar el balde; antes de hacerlo deberá cortar un árbol del bosque; para hacer esto, de nuevo, deberá hacer un hacha, entre otras tareas. Pero hay un tercer camino: cortar varios árboles en lugar de uno; dividirlos y ahuecarlos; disponerlos unidos por el final; y así construir un estrecho canal o curso de agua que trae un continuo abastecimiento de agua a su casa. Aquí, obviamente, entre el esfuerzo laboral y la obtención del agua hay un modo con muchos rodeos, pero, entonces, el resultado es siempre mucho mayor [...].[597]

Con el ejemplo, Böhm-Bawerk mostró además que los métodos más productivos requieren de mayor tiempo para su elaboración. Cuánto más indirecto es un método mayor será su productividad. Pero esos métodos no solo exigen tiempo. Además, requieren mayor volumen de ahorros. Sin ahorro resulta imposible obtener cualquier bien de capital (sea el balde o el canal).

Se entiende por ahorro al acto de abstenerse y consumir menos en el presente para consumir en el futuro. Mises distingue entre ahorro común, que supone guardar "hoy" para consumir lo mismo mañana, y el ahorro capitalista, que implica optar consumir menos en el presente para consumir algo más valioso en el futuro (puede ser mayor cantidad del mismo bien o de otros).[598] El ahorro capitalista es el que financia la inversión en bienes de capital (activos tales como edificios, herramientas, maquinarias, etc.). Un mayor volumen de ahorros permite inversiones mayores.[599] ¿De qué depende el volumen de ahorros? De las preferencias temporales.

---

[597] Böhm-Bawerk, Eugen: (1888, libro I, capítulo II, acápite 3).
[598] Mises, Ludwig: (1949, página 486).
[599] Esto no quiere decir que el ahorro presente de alguien no financie también el consumo presente de otros. El mercado financiero canaliza fondos desde ahorristas hacia prestatarios, sean consumidores o inversores. Los mercados de capitales son

En el ejemplo, las preferencias temporales determinan la elección entre un método más o menos directo. Si el campesino valora demasiado el consumo presente, no estará dispuesto a disminuir horas de descanso o de entretenimiento actual. Por lo tanto, no producirá ninguno de los dos bienes de capital. En otros términos, su tasa de interés originaria es tan alta que disminuye el flujo de servicios esperado y hace inviable la inversión.

El individuo ahorra si el incremento de producción y consumo por una inversión de capital compensa por la postergación del consumo presente.[600] En la medida que sus preferencias temporales disminuyan, *i.e.* valore relativamente menos el consumo presente, su tasa de interés caerá y elevará la rentabilidad de la producción de un bien de capital (primero del balde y, si la tasa es suficientemente baja, del canal).[601]

La conclusión obtenida para el caso de un individuo aislado puede extrapolarse al caso de un mercado de ahorros o de capitales donde se canalizan los fondos de ahorristas (generalmente en dinero) hacia la inversión productiva (en bienes de capital). Así, el mercado de capitales permite distinguir entre capital financiero y capital productivo. En el lado de la oferta están los ahorristas y en la demanda los empresarios que requieren fondos para la inversión. El precio del ahorro, o del capital, que se forma en este mercado es la tasa de interés.

---

parte de los mercados financieros y canalizan ahorro hacia la inversión. Por eso se dice que los activos transados en mercados de capitales son de mayor periodo de madurez relativa. Para llegar a la inversión real en el stock de bienes de capital suelen darse un conjunto de inversiones indirectas a través de distintos activos financieros que sirven de "canal". Para una distinción entre inversiones directas e indirectas ver Fabozzi, Frank; Modigliani, Franco; Ferri, Michael: (1996, páginas 21 a 24).

[600] En el capítulo 3, entre otros temas, se discuten instituciones económicas y jurídicas, como la moneda sana y el Estado de Derecho, que impactan sobre la conducta ahorradora.

[601] Los bienes de capital son definidos por Böhm-Bawerk como el complejo de productos intermedios que intervienen en las etapas de producción. Böhm-Bawerk, Eugen: (1888, libro I, capítulo II, acápite 10). Según la clasificación de Menger, los bienes de capital son siempre bienes de orden superior. Menger, Carl: (1871, página 58).

A la tasa de interés de mercado, los proyectos de inversión que se lleven a la práctica tenderán a ser aquellos que esperen un rendimiento de la inversión mayor a dicha tasa. Para canalizar los ahorros disponibles hacia los proyectos más rentables se requieren intermediarios financieros. Estos intermediarios compiten tratando de detectar los mejores proyectos con el objeto de maximizar la rentabilidad esperada de sus carteras.[602] Para ello evalúan mediante distintas técnicas las estimaciones incorporadas por los empresarios en sus proyectos.

En función de las condiciones del mercado de capitales, la tasa de interés puede subir o bajar. La oferta de ahorros será mayor cuanto menor sea la preferencia temporal (por el consumo presente). Como consecuencia, las tasas de interés serán menores y la inversión será mayor. Además, cuanto más baja sea la tasa de interés, se llevarán a cabo inversiones en procesos de producción más largos, *i.e.* más alejados temporalmente de los bienes de consumo. Al respecto, ilustra Rothbard: "En una economía moderna, la estructura de capital contiene bienes cuyo orden se encuentra a una distancia prácticamente infinita del de los eventuales bienes de consumo".[603]

Las preferencias temporales de los miembros de la sociedad determinan su estructura de producción. Si en la economía hay sectores "productores de bienes de inversión" y "productores de bienes de consumo", la frontera de posibilidades de producción muestra las combinaciones de ambos. Cuando el consumo presente disminuye y aumenta el ahorro, se da un movimiento a lo largo de la frontera hacia la producción de bienes de inversión. Esto se consigue gracias a la caída de la tasa de interés. Pero esa menor tasa de interés también cambia el tipo de inversión. En concreto, se hacen relativamente más rentables las inversiones en bienes de capital, haciendo que el perfil de la estructura de producción se torne más capital intensivo. Esto quiere decir que, en una economía de mer-

---

[602] Gwartney, James D.; Stroup, Richard L.: (1993, página 47).
[603] Rothbard, Murray N.: (1962, página 50).

cado, la estructura de consumo intertemporal marca el camino que seguirá la estructura de producción.[604] En el ajuste entre ambas estructuras, los empresarios cumplen una función clave. Esto se explica por el vínculo entre ahorro, tasa de interés e inversión, por un lado, y empresarialidad por otro. En principio, mayor volumen de ahorros disminuye la tasa de interés y hace viables mayor cantidad de proyectos de inversión. Quiere decir que a mayor volumen de ahorros, entonces, habrá mayor posibilidad de explotar los descubrimientos empresariales que se realicen en determinado momento. Por lo tanto, la propagación de la empresarialidad requiere ahorro y bajo costo relativo del capital. De lo contrario, muchos descubrimientos quedarán en etapa de proyecto sin ejecutarse en la realidad, lo que significa que no transformarán la asignación de recursos.

En particular, cuando aumenta el ahorro y cae la tasa de interés, la nueva inversión se manifiesta en aumentos de demanda de factores. Por eso, el precio relativo de los mismos tiende a subir. De este modo, los proyectos de inversión relativamente más atractivos son de mayor plazo. Generalmente, se trata de proyectos de producción de bienes de capital. Los empresarios tratarán de anticiparse y descubrir la tendencia implícita en la tasa de interés para maximizar el valor de sus negocios.

Los precios de los bienes y servicios de producción

Realizar cálculo económico empresarial implica comparar, utilizando la tasa de interés, precios esperados de bienes o servicios de consumo con precios presentes de bienes y servicios de producción.[605] Esta sección pretende explicar la formación de los precios de los factores o bienes y servicios de producción.

Los factores son recursos que se utilizan para producir otros bienes y servicios (bienes de consumo o bienes intermedios). Se distinguen tres factores: trabajo, tierra y capital. Con estas denominacio-

---

[604] La relación entre mercado de capitales, frontera de posibilidades de producción y etapas de producción puede encontrarse en Garrison, Roger: (2001, capítulo 3).

[605] Este cálculo constituye la base para detectar si la rentabilidad del capital es mayor a su costo. El capítulo 2 perfecciona esta idea.

nes se engloban los servicios laborales desde un jornalero a un gerente, los recursos naturales y los bienes de capital como maquinarias y herramientas. Como mínimo, la producción de un bien requiere factores originarios: trabajo y tierra. Aunque en una economía avanzada, lo habitual es la concurrencia de los tres factores mencionados.

Los medios de producción pueden ser más o menos específicos. Hay factores que son fácilmente sustituibles por su homogeneidad. Otros son de difícil o imposible sustitución debido a su heterogeneidad y sus aplicaciones concretas.

Tales factores se complementan y combinan en distintas proporciones para producir bienes más o menos alejados del consumo final. A través de instrumentos o procedimientos, la tecnología indica en que proporciones se combinan cada uno de los factores para producir un bien o servicio.

Los precios de los factores se determinan por oferta y demanda de los mismos, como el resto de los precios en una economía de mercado. Los demandantes son empresarios o gerentes contratados y los oferentes son propietarios de factores. Dependiendo de las preferencias de los compradores y vendedores sus precios son mayores o menores. Suben cuando la demanda es mayor o la oferta es menor, *ceteris paribus*, y caen cuando sucede lo contrario.

¿Qué elementos afectan las valoraciones en este mercado? Las valoraciones de los propietarios de factores están determinadas por los costos de oportunidad. Las preferencias de los demandantes de factores están afectadas por tres variables: los precios esperados de venta del producto que se elaborará con el factor en cuestión, la productividad del factor y la tasa de interés. A continuación se analizan las categorías mencionadas.

a. Costos de oportunidad.

Los costos de oportunidad afectan las decisiones de consumidores, productores y propietarios de factores. Se definen como la alternativa más valorada que se sacrifica al realizar una elección.[606]

---

[606] El concepto fue introducido por Friedrich von Wieser, discípulo de Carl Menger. Ver Skousen, Mark: (2000, página 173).

La disposición a cobrar por parte del propietario de un factor depende de su costo de oportunidad. Será mayor cuanto mayor sea su costo de oportunidad y viceversa. Esto quiere decir que depende de la mejor alternativa disponible para el propietario del factor en determinado momento. Lo mínimo que estará dispuesto a cobrar será el valor de dicha alternativa.

Lo anterior se aplica a cualquier recurso: trabajo, tierra o capital. En el caso de un trabajador, si tiene un empleo donde cobra una suma cualquiera, el salario percibido será el mínimo que exigirá en el mercado (en igualdad de otras condiciones).

b. La teoría de la imputación.

Los precios de los factores están relacionados a los precios de los bienes que se producen combinando los primeros. Esa relación proviene de las valoraciones de los consumidores. Cuando los consumidores dejan de valorar un determinado bien, los factores para producir ese bien pierden valor. Si los consumidores valoran más un bien, su demanda aumentará y los factores que producen dicho bien tenderán a ser más valorados. Los medios de producción más específicos son afectados relativamente más, siendo mayores las variaciones en sus valoraciones que en los factores de rápida sustitución.

Menger distinguía entre bienes de orden inferior y bienes de orden superior. Los primeros son bienes de consumo y tienen una conexión causal inmediata con la satisfacción de necesidades. Los de orden superior no pueden satisfacer directamente una necesidad pero sirven para la producción de bienes de orden de menor orden. En otros términos, satisfacen necesidades mediatamente. En palabras de Menger: "El carácter de bienes de los bienes de orden superior deriva del carácter de bienes de los de orden inferior".[607]

La teoría de la imputación, en línea con lo anterior, explica que los consumidores imputan valor a los bienes a través de sus compras o abstenciones de compras.[608] En este sentido, el petróleo tiene valor porque los consumidores desean combustible que se hace con

---

[607] Menger, Carl: (1871, página 63).
[608] Hayek atribuye el problema de la imputación a Friedrich von Wieser. Hayek, Friedrich A.: (2004, página 19).

ese insumo. Si el público valora más el consumo de bienes producidos con petróleo como plásticos o energía termoeléctrica, la valoración y el precio del petróleo tenderán a subir. De este modo, los consumidores afectan los precios de los factores y las estructuras de costos de las empresas.

Un empresario que realiza cálculo económico hace una estimación del precio al que vendería el bien que planea ofrecer y la compara con los precios presentes de los factores que demandará para la producción. Al estimar el precio de venta del bien que produce, el empresario formula una estimación de cuanto podrá pagar como máximo por los factores productivos. Si espera vender q^e unidades a un precio de p^e, lo máximo que pagaría hoy por los factores a contratar sería el valor presente de $p^e q^e$. Puede notarse que, con la teoría de la imputación, el empresario estima las valoraciones de los consumidores de su producto para valorar los factores de producción. Un aumento en la valoración de los consumidores esperado por el empresario representa una mayor disposición a pagar, y viceversa.

c. La tasa de interés.
De lo anterior, el ingreso esperado ($p^e q^e$) afecta la disposición a pagar de un empresario por los factores productivos. Sin embargo, $p^e q^e$ es un ingreso expresado en valor futuro. Para compararlo con valores presentes se requiere de una tasa de interés que represente las preferencias temporales del empresario.

El cálculo del valor actual (VA) implica descontar $p^e q^e$ a la tasa de interés seleccionada ($r\%$):

$$VA = \frac{p^e \times q^e}{(1 + r\%)^n}$$

El VA depende del ingreso esperado y de la tasa de interés y sirve para evaluar cuando un empresario estará dispuesto a pagar más por *todos* los factores.[609] Cuando mayores sean el precio y las cantida-

---

[609] La expresión del VA puede representar a un flujo correspondiente a varios períodos expresándose como sumatoria.

des esperadas y cuanto menor sea la tasa de interés, mayor será el valor actual y la valoración de todos los factores.

Una sociedad con preferencias temporales más bajas y mayor volumen de ahorros dará lugar a una menor tasa de interés. Esto implica una caída en el costo del capital y mayores inversiones. Un menor costo del capital supone una mayor cantidad de fondos disponibles para pagar el resto de los factores.

En un ambiente desregulado y competitivo, los empresarios tratarán de quedarse con los recursos escasos haciendo subir los precios de mercado de los factores.

A continuación, se analiza como la tasa de interés impacta en la valoración y el precio de cada factor tomado individualmente.

d. La productividad marginal.

Hasta aquí fueron considerados los determinantes de la disposición a pagar por todos los factores. No fue tratada la disposición a pagar por una unidad de un factor. En lo que sigue se muestra la trascendencia de la productividad para explicar, junto a los precios esperados y la tasa de interés, los precios unitarios de los factores.

Los recursos se combinan de distintas maneras. Durante un plazo concreto de tiempo, algunos factores están fijos y otros variables. Por ejemplo, en una planta industrial puede tomarse al factor trabajo como variable y al resto, todo lo demás, fijo. Considerando el caso del trabajo, se denomina producto marginal al incremento de producción provocado por la contratación del último trabajador.

Pero la productividad marginal cambia a medida que aumenta la utilización del factor. Al principio, incorporar una unidad adicional puede elevar la producción más que la unidad anterior. Es el tramo del producto o rendimiento marginal creciente y se explica por la ganancia de productividad que surge de la división técnica de tareas. En un mismo proceso productivo, la división de actividades entre trabajadores provoca aumentos de productividad por ahorros de tiempos y aprendizajes que provienen de la repetición de tareas.[610]

---

[610] Adam Smith basó su pensamiento sobre la acumulación y el crecimiento en la división del trabajo que, gracias a los aprendizajes y ahorros de tiempos, aumentan la productividad. Smith, Adam: (1776, páginas 7 a 15).

La misma división técnica puede provocar que, a medida que se contratan unidades adicionales de trabajo, la producción aumente pero a tasa constante. Es el caso de los rendimientos marginales constantes. Si se siguen agregando trabajadores adicionales, llegará un punto donde los rendimientos marginales serán decrecientes. La producción total crece pero a tasa decreciente, *i.e.* cada trabajador adicional agrega a la producción total menos que el anterior. A este fenómeno se lo conoce como ley de los rendimientos marginales decrecientes y se explica por la existencia de factores fijos que se agotan a medida que se suman unidades del factor variable.

En el límite, un trabajador adicional podría tener una productividad marginal nula o negativa causada por el agotamiento definitivo del factor fijo. El que contrata un trabajador está dispuesto a pagar porque espera vender su productividad y obtener un beneficio. La disposición a pagar por un factor con productividad nula o negativa es también nula.

El valor esperado de la productividad marginal (V^ePMg_i) es el ingreso que se estima por vender lo producido por la contratación de un factor. Se calcula haciendo el producto entre el precio esperado (p^e) y el producto marginal del factor i (PMg_i).[611] Si el precio se mantiene constante, a mayor productividad, mayor será la disposición a pagar por el factor.

Como la disposición a pagar es una valoración presente y el V^ePMg_i es valor futuro, para hacerlos homogéneos se realiza una actualización. Se lo descuenta a la tasa de interés que representa la preferencia temporal de quien contrata y se obtiene el valor descontado del producto marginal ($VDPMg_i$). Cuanto menor sea la tasa de descuento, mayor será la disposición a pagar.

En el $VDPMg_i$, que es la valoración o disposición a pagar por un factor, están contenidos los tres determinantes mencionados al principio de este apartado: el precio esperado de venta del producto, la tasa de interés y la productividad marginal.

Respecto del primer elemento, un empresario que espera un precio mayor al que luego se verifica estará imputando al factor de

---

[611] Rothbard, Murray N.: (1962, página 390).

producción un valor mayor al correspondiente. Expresado de otra forma, cometerá un error de sobrevaluación del factor y estará dispuesto a pagar un precio mayor. Si espera un precio menor al precio *ex post*, habrá cometido un error de subvaluación que, si lo descubre, lo llevará a decidir si sube el precio o si contrata y produce más. Esto implica que en el presente estará dispuesto a pagar una cifra menor de la que podría haber pagado.

Por otro lado, la tasa de interés utilizada en el VDPMg$_i$ debe reflejar el costo del capital de la empresa. Una economía con menores preferencias temporales tendrá mayor volumen de ahorros y menor tasa de interés. De este modo, la disposición a pagar de los empleadores será mayor. En un entorno desregulado y competitivo, manteniendo constante la oferta, también tenderá a ser mayor el precio que percibirá el propietario del factor.

Finalmente, debe considerarse la productividad en relación a la división del trabajo y al estado de la tecnología. Un avance técnico aumenta la disposición a pagar y tenderá a elevar los salarios si, y solo si, el resto de los determinantes permanecen constantes. Pero como se describiera, el mercado es un proceso dinámico donde las variables cambian. En particular, la mayor productividad eleva la oferta de bienes y hace caer sus precios. Con lo cual la adopción de una nueva técnica requiere de un cálculo del incremento de productividad y una estimación de la caída de precio de venta. En consecuencia, el avance técnico será adoptado cuando el aumento de productividad no sea compensado por la caída esperada en el precio.

Una vez realizados los cálculos, si se introduce una nueva tecnología, el VDPMg$_i$ aumenta. El empleador del factor, en este caso, está dispuesto a pagar más porque ese factor es más productivo y aumenta el flujo esperado de ingresos.

En un entorno abierto sin restricciones a la entrada y salida, la competencia entre empresarios hará que la técnica se difunda por imitación o sustitución. Esto tenderá a elevar la demanda de factores y sus precios, para una oferta constante. El efecto sobre el salario real, en este caso, tiene una doble vía: por un lado tiende a subir el salario nominal y por otro caen los precios de los bienes por mayor oferta. En ambos sentidos se verifica un aumento de la riqueza *per* cápita.

Sobre la innovación técnica, Mises explicó que no es la productividad individual sino la productividad marginal del trabajo la que eleva los precios de los factores. Por ejemplo, un mayordomo hace cien años tenía más o menos la misma productividad que actualmente. Sin embargo, hoy en día su salario real es varias veces superior. Lo mismo sucede con otras ocupaciones. Esto se debe a que retener al mayordomo supone detraerlo de un proceso productivo. Cuando mayor es el capital invertido por trabajador en una economía mayor será la productividad marginal de los mismos en distintos sectores. Si la productividad es mayor en una fábrica donde podría trabajar el mayordomo, su empleador deberá pagarla si desea mantenerlo. Esto tiende a elevar los salarios reales aunque el "mérito" del trabajador no haya variado.[612]

---

[612] Mark Skousen lo denomina "principio del mayordomo de Mises". Skousen, Mark: (2000, página 238).

Apéndice del capítulo 4.

Empresario y firma

La teoría de la empresa de la escuela neoclásica considera a la empresa como una función de producción, una suerte de "caja negra" donde ingresan recursos y salen productos. Nada se dice del origen de la empresa, de su tamaño y mucho menos de su organización interna. Nada se dice sobre la necesidad de las empresas en una economía de mercado, sobre la posibilidad de crecimiento de esas empresas y sobre las estrategias para organizar los recursos específicos y orientarlos hacia los objetivos propuestos.

Precisamente, la teoría de la firma entiende a las firmas como un conjunto de "relaciones jerárquicas contractuales de largo plazo".[613] Como especifican Bengt Holmström y Jean Tirole, la teoría de la firma estudia los tres elementos mencionados como faltantes en la teoría neoclásica: la existencia (origen o naturaleza), los límites (tamaño, crecimiento) y la organización interna.[614] Nicolai Foss agrega al empresario, una categoría también ausente de la teoría de la empresa neoclásica.[615] Cuando se consulta un manual de microeconomía ortodoxa se encuentra, generalmente, una sección de teoría de la empresa pero no de la empresarialidad. Si la economía es una ciencia de la acción humana, como sostienen Mises y los economistas austriacos, resulta impensado un análisis de la institución empresa sin interpretar la acción y la función empresarial.

Desde los años '70, la teoría de la firma es uno de los principales temas de debate entre economistas.[616] Se puede sostener que si las ciencias sociales deben estudiar las consecuencias no intencionadas de

---

[613] Sautet, Frederic: (1999, página 4).
[614] Holmström, Bengt, y Tirole, Jean: (página 61).
[615] Foss, Nicolai J.: (1994, página 52). También en Casson, Mark (1998, página 3).
[616] Foss, Nicolai J. y Klein, Peter: (2005, páginas 7 y 8). Los autores analizan algunos motivos por los cuales la firma ha quedado relegada tanto tiempo en la investigación. Entre otros motivos mencionan: en el siglo XVIII la firma tenía una entidad menor y no existía la moderna corporación; la economía como ciencia dejaba para el estudio de la administración los temas relativos a la firma; y la menor proporción de intercambios que se realizan en las firmas comparadas con el mercado.

261

las acciones humanas no quedaría mucho margen para el estudio de la firma dentro de una ciencia social como la economía. Desde este punto de vista, las empresas serían solo partes del entramado que conectan a los agentes económicos en el mercado, entonces el verdadero objetivo de la ciencia económica. Sin embargo, tanto dentro de las firmas como fuera de ellas pueden analizarse efectos no intencionados de las acciones de sus miembros (por ejemplo el surgimiento de conductas y reglas de orden tácito). Pero además, las firmas podrían ser vistas como organizaciones necesarias para cristalizar muchos descubrimientos empresariales en el mismo proceso de mercado y, por lo tanto, como parte inseparable de su estudio.

En *The Nature of the Firm*, escrito en 1937, Ronald Coase se propuso explicar a las "islas de poder conciente" de un modo más realista que la función de producción y, para ello, utilizó las herramientas del análisis económico tradicional: la lógica costo-beneficio.[617] En aquel artículo pionero, Coase vio en las firmas una diferencia sustancial con el mercado, dado que en este último no hay planificación centralizada. En las firmas, los intercambios de mercado son reemplazados por la dirección del "empresario-coordinador". El núcleo de su pensamiento es el siguiente: el motivo principal de la existencia de una empresa está en los costos de usar el sistema de precios; existen costos asociados al descubrimiento de los precios relevantes, costos de negociación y conclusión de contratos; las firmas surgen para evitar los costos de transacción propios del uso del mercado; de este modo se aíslan ciertas relaciones, que podrían darse en el mercado, en el interior de la firma.[618] La empresa tiene que optar entre "comprar" o "producir" y para ello compara los costos de ambas alternativas. Por usar el mercado hay costos de búsqueda y selección de información sobre precios y calidad, de negociación y definición de contratos. Producir internamente supone costos de producción, don-

---

[617] La referencia al año de publicación pretende mostrar el tiempo que la teoría de la firma tardó en desarrollarse a partir de ese trabajo (además, fue escrito cuando Coase tenía 26 años). La expresión "islas de poder conciente" para referirse a las firmas es atribuida por Coase a D.H. Robertson. Coase, Ronald: (1937, página 31).
[618] Coase señalaba además que los impuestos a las ventas son un costo de transacción por operar en el mercado y no por operar dentro de una empresa, otorgando una razón adicional a la existencia de las firmas. Coase, Ronald: (1937, página 36).

de se incluyen los costos de organizar la producción, encontrar y negociar con los proveedores. Siguiendo con la lógica marginalista,
Coase aplicó sus ideas al tratamiento de los límites y de la organización de las firmas.

El aporte de Coase abrió un espacio para una nueva y prolífi-
ca corriente de investigación que, a su vez, se dividió en dos grandes
corrientes: el enfoque basado en los contratos y la teoría basada en las
competencias o capacidades. En el enfoque basado en los contratos,
sean estos completos o incompletos, se agrupan los trabajos de Coase,
Armen Alchian y Harold Demsetz, y Oliver Williamson, entre otros.[619]
El enfoque de capacidades fue iniciado por Edith Penrose y continuado por George B. Richardson y Richard Nelson y Sidney Winter.[620]
Aun así, en los desarrollos mencionados de la teoría de la firma existen
problemas serios desde el enfoque del proceso de mercado. Respecto
del enfoque del vínculo de contratos, siguiendo a Foss, pueden señalarse los siguientes aspectos: 1) implícitamente supone que las alternativas están dadas, 2) suprime el proceso, 3) suprime el empresario y
4) hay fuertes supuestos sobre el conocimiento.[621] Por eso lo considera un tratamiento que no explica la firma en el proceso de mercado.
Por su parte, el enfoque de capacidades levanta la rigidez sobre el
conocimiento al incorporar aspectos de economía evolutiva. Pero el
mismo Foss, en un trabajo posterior, observa que dicho enfoque no
aporta demasiado para los temas de la teoría de la firma, *i.e.* existencia,
límite y organización.[622]

En la teoría del proceso de mercado, en particular en la corriente austriaca, se registran esfuerzos para desarrollar una teoría
empresarial de la firma.[623] En esa línea de pensamiento, Kirzner dejó

---

[619] Alchian, Armen A. y Demsetz, Harold: (1972); Williamson, Oliver E.: (1975).

[620] Penrose, Edith T.: (1959); Richardson, George B.: (1972); Nelson, Richard R. y
Winter, Sidney G.: (1982). Citados en Foss, Nicolai J.: (1998, páginas 43 y 44).

[621] Foss, Nicolai J.: (1994, página 50). Boudreaux y Holcombe critican a Coase y a la
mayor parte del desarrollo posterior en teoría de la firma por mantener la concepción
implícita del equilibrio general en virtud de aceptar que los inputs, procesos técnicos y
outputs son datos que no surgen de la acción empresarial. Boudreaux, Donald y
Holcombe, Randall: (1989, páginas 148 y 149).

[622] Foss, Nicolai J.: (1997, página 10).

[623] Por ejemplo: Foss, Nicolai J.: (1994); Ioannides, Stavros: (1999); Dulbecco,
Philippe y Garrouste, Pierre: (1999); Witt, Ulrich: (1999) y Sautet, Frederic: (2000).

sentado el vínculo entre empresario y firma al sostener que la empresa es consecuencia del *alertness* empresarial.[624] La percepción empresarial conduce en algunos casos a simples arbitrajes y en otros a la combinación técnica (nueva o no) de recursos bajo contratos de mayor plazo en una firma. Esa percepción estuvo ausente del enfoque basado en los contratos que, en su lugar utiliza una idea de empresario más cercana al administrador, cuyos servicios pueden ser contratados en el mercado.[625] El concepto kirzneriano distingue al empresario de cualquier factor de producción en virtud de que no existe un mercado donde transar empresarialidad. Además, el esquema de costos de transacción supone que las alternativas están dadas y disponibles para realizar el cálculo y la comparación entre "comprar" y "hacer". Por contrario, en el proceso de mercado, los agentes pueden conocer precios históricos. Pero desconocen cabalmente los precios relativos esperados y, en caso de considerarlo necesario, deciden realizar determinadas actividades dentro de una firma.[626] Esto no significa una negación de la economía de costos de transacción. Adaptando sus ideas a las del proceso de mercado, puede decirse que lo empresarios, en base a su conocimiento limitado, estiman que en el mercado es más costoso o imposible adquirir determinado producto.[627]

Desde la perspectiva del proceso de mercado, la firma es considerada como una parte y no como una "sustitución" de dicho proceso. En otras palabras, la firma no surge por alguna dificultad o "imperfección" del mercado.[628] La firma proviene del descubrimiento de un empresario que no puede realizar sus beneficios sin la unificación de

[624] Kirzner, Israel M.: (1973, página 66).
[625] Coase, Ronald: (1937, página 32).
[626] Esta posición es compartida por Foss, Nicolai J.: (1997, página 10); Ioannides, Stavros: (1999, página 78) y Sautet, Frederic: (2000 página 70).
[627] Klein, en sintonía con Mises, analiza problemas de cálculo económico que surgen cuando un empresario no tiene referencias para estimar precios. Por ejemplo, una empresa que se expande y se convierte en única productora y usuaria de un factor de producción. Klein, Peter: (1997, página 103).
[628] Ioannides, Stavros: (1999, página 87). Sautet plantea que "[…] para crear una más completa teoría de mercado, tenemos que mostrar cómo las firmas son parte del proceso de mercado. El problema central es que los economistas necesitan explicar cómo la existencia de las firmas está vinculada a la incesante operación de los mercados". Sautet, Frederic: (1999, página 69).

ciertos recursos bajo el comando jerárquico. Es el caso del descubrimiento que supera el simple arbitraje y requiere un proceso productivo con capital físico y humano de distinta especificidad. Los contratos dentro de la firma son a mayor plazo y con mayor cantidad de cláusulas. Pero eso no significa un reemplazo del mercado sino la utilización de un contrato particular. Y los arreglos contractuales, como se observó arriba, definen al proceso de mercado que, en si mismo, es una sociedad contractual.[629] Stephen Cheung llega al extremo de sostener que la esencia del mercado y de la firma es la misma.[630] Sin embargo, en la firma hay un solo plan director en marcha: el plan elaborado a partir del descubrimiento empresarial. En el mercado hay una constelación de individuos y firmas con planes diferentes que interactúan para conseguir sus fines.[631]

La teoría de los costos de transacción como explicación del origen de la firma puede ponerse en duda desde el punto de vista del proceso de mercado. Para explicar el origen empresarial de una firma en ausencia de costos de transacción, Sautet plantea un modelo con los siguientes supuestos adicionales: 1) las variables subyacentes se mantienen constantes, 2) hay un problema hayekiano de conocimiento que motiva desequilibrios, 3) el empresario es la fuerza motriz del proceso, 4) existen oportunidades de negocios que implican producción y 5) son necesarios factores complementarios para la explotación de la oportunidad. En este modelo, un empresario alerta a oportunidades no descubiertas por otros, requiere de una firma para explotar la alternativa. Un arbitraje sin producción no es posible y la firma ayuda a resolver el problema de coordinación en el contexto de ignorancia. La firma emerge del mercado y utiliza al mercado para su desarrollo. Para esta aproximación, la explicación basada en los costos de transacción no es suficiente y es necesario introducir el análisis de la firma en el proceso empresarial de mercado.[632]

De los dos párrafos anteriores se puede concluir que la firma es: a) un fenómeno propio del mercado, aunque con jerarquías diferentes, b) resultado de un descubrimiento empresarial que se cristaliza

---

[629] Rothbard, Murray N.: (1962, página 77).
[630] Foss, Nicolai J.: (1998, páginas 22 y 23).
[631] Sautet, Frederic: (1999, página 82).
[632] Sautet, Frederic: (1999, capítulo 2).

en un plan y c) un posterior conjunto de acciones deliberadas para llevarlo adelante. En la firma hay una jerarquía propia de una organización. En términos hayekianos, producto de la acción deliberada, de la creación o de la dirección inteligente de un individuo o grupo de individuos. Aunque conducidos por reglas concientes, con el tiempo también se desarrollan y consolidan normas y rutinas espontáneas a partir de la interacción entre los miembros de la firma. Estas rutinas son de carácter tácito y son seguidas inconcientemente porque demostraron éxito en el pasado. Por este motivo, Stvros Ioannides sugiere que la firma puede ser vista como un orden *híbrido* con elementos de ambos tipos de órdenes: espontáneos y planeados.[633] La importancia de las normas espontáneas está en su superioridad para administrar mayores volúmenes de conocimiento. Una firma donde sus directivos pretenden centralizar el flujo de información desaprovecha la capacidad de sus miembros para resolver problemas en menor tiempo mediante el uso de conocimiento localizado. Entonces, el crecimiento de una firma debe asociarse, en parte, con el desarrollo de reglas de carácter general, negativo y abstracto. Para Ioannides, un tipo de descubrimiento empresarial consiste en como influir en las comunicaciones informales y en la estructura de conocimientos compartidos de sus miembros. Haciendo esto induce los comportamientos hacia los objetivos del negocio. A esta capacidad empresarial, que se distingue de un liderazgo que centraliza, Ulrich Witt la denomina "liderazgo cognitivo".[634]

Además, los descubrimientos empresariales pueden provenir de cada uno de los distintos miembros de la firma. Siendo que los individuos están dotados con diferentes capacidades empresariales, la firma se entiende como un "nido de empresarios".[635] Esto sugiere que el crecimiento de una firma supone: tanto estructuras formales e informales que impulsen los descubrimientos empresariales de sus miembros como un sistema acorde de evaluación y recompensas para incentivar los descubrimientos.

[633] Ioannides, Stavros: (2003, página 159).
[634] Witt, Ulrich: (2000, página 746), citado en Ioannides, Stavros: (2003, página 165).
[635] Sautet, Frederic: (1999, página 105).

Esta sección pretende destacar la importancia de las capacidades para el descubrimiento empresarial en la aparición y el desarrollo de una firma. Desde esta perspectiva, la firma es parte integrante del proceso de mercado donde el empresario desarrolla una función destacada. El empresario permite la coordinación de planes ante condiciones de ignorancia genuina. Una parte de esa coordinación requiere de firmas capaces de llevar adelante procesos productivos que, a su vez, implican la coordinación de determinados factores, más o menos específicos.

Bibliografía

Acemoglu, Daron; Robinson; James A. y Johnson; Simon: "The Colonial Origins of Comparative Development: An Empirical Investigation", *National Bureau of Economic Research*, Working Paper 7771 (2000). Obtenido de http://www.nber.org/papers/w7771

Alberdi, Juan Bautista: (1854) *Sistema económico y rentístico de la Confederación Argentina. Según su Constitución de 1853.* Buenos Aires: Editorial Raigal (1954).

Alchian, Armen A. y Demsetz, Harold: "Production, Information Costs, and Economic Organization", *American Economic Review*, Vol. 62, No. 5 (1972).

Alchian, Armen: "Uncertainty, Evolution and Economic Theory", *Journal of Political Economy*, Vol. 58, No. 3 (1950).

Anderson, Terry y Hill, Peter: "Constitutional Constraints, Entrepreneurship, and the Evolution of Property Rights," en Gwartney, James y Wagner, Richard E. (eds.): *Public Choice and Constitutional Economics.* Londres: JAI Press (1988).

Anderson, Terry y Hill, Peter: "The Evolution of Property Rights: A Study of the American West", *Journal of Law and Economics*, Vol. 18, No. 1 (1975).

Baird, Charles: "Profit and Loss", en Peter Boettke (ed.): *The Elgar Companion to Austrian Economics.* Cheltenham: Edward Elgar Publishing, 1994.

Barabási, Albert-László: (2002) *Linked: How Everything Is Connected to Everything Else and What It Means for Business, Science, and Everyday Life.* Nueva York: Penguin Books (2003).

Barry, Norman: "La tradición del orden espontáneo", *Laissez-Faire* 6 (Marzo de 1997 [Originalmente publicado en 1982]).

Barry, Norman: "The Road to Freedom –Hayek's Social and Economic Philosophy," en Birner, Jacob y Zijp, R. (eds.): *Hayek, Co-Ordination and Evolution. His Legacy in Philosophy, Politics, Economics and the History of Ideas.* London: Routledge (1994).

Battilana, Julie; Leca, Bernard y Boxenbaum, Eva: "How Actors Change Institutions: Towards a Theory of Institutional Entrepreneurship", *The Academy of Management Annals*, Vol. 3, No. 1 (2009).

Baumol, William J.: "Entrepreneurship in Economic Theory", *American Economic Review*, Vol. 58, No. 2 (1968).

Baumol, William J.: "Entrepreneurship: Productive, Unproductive and Destructive", *Journal of Political Economy*, Vol. 98, No. 5, Parte 1 (1990).

Beaulier, Scott A. y Prychitko, David L.: "Disagreement over the Emergence of Private Property Rights: Alternative Meanings, Alternative Explanations", *Review of Austrian Economics*, Vol. 19, No. 1 (2006).

Becker, Howard S.: (1963) *Outsiders: Studies in the Sociology of Deviance.* New York: The Free Press.

Bjørnskov, Christian y Foss, Nicolai J.: (2006) "Economic Freedom and Entrepreneurial Activity: Some Cross-Country Evidence", *DRU-ID* Working papers 06-18. Obtenido de http://www3.druid.dk/wp/20060018.pdf

Blundell, John: "Waging the War of Ideas: Why There Are No Shortcuts", *Heritage Foundation Lecture Series*, No. 254 (1990).

Boettke, Peter (ed.): *The Elgar Companion to Austrian Economics.* Cheltenham: Edward Elgar Publishing, 1994.

Boettke, Peter J. y Coyne, Christopher J.: "Entrepreneurship and Development: Cause or Consequence?", en Koppl, Roger (ed.), *Advances in Austrian Economics*, Vol. 6, Oxford: Elsevier Science, 2003.

Boettke, Peter y Coyne, Christopher: "Context Matters: Institutions and Entrepreneurship", en Acs, Zoltan y Audretsch, David (eds.): *Foundations and Trends in Entrepreneurship series*, Vol. 5, No 3. Boston: Now Publishers (2009).

Boettke, Peter: "El anarquismo como un programa de investigación progresivo en Economía Política", *Libertas* 42 (2005).

Boettke, Peter: "The Theory of Spontaneous Order and Cultural Evolution in the Social Theory of F.A. Hayek", *Cultural Dynamics*, Vol. 3, No. 1 (1990).

Böhm-Bawerk, Eugen: (1884) *Capital and Interest: A Critical History of Economical Theory*. Londres: Macmillan and Co. (1890).

Böhm-Bawerk, Eugen: (1888) *The Positive Theory of Capital*. Londres: Macmillan and Co. (1891).

Bosma, Niels y Levie, Jonathan: *Global Entrepreneurship Monitor, 2009 Global Report*, Babson College (2010).

Boudreaux, Donald J. y Holcombe, Randall G.: "The Coasian and Knightian Theories of the Firm", *Managerial and Decision Economics*, Vol. 10, No. 2 (1989).

Boxenbaum, Eva y Battilana, Julie: "The Innovative Capacity of Institutional Entrepreneurs: A Reconstruction of Corporate Social Responsibility", *Academy of Management Annual Conference*, New Orleans (2004). Obtenido de http://openarchive.cbs.dk/handle/10398/6719

Brennan, Geoffrey y Buchanan, James M.: (1985) *La razón de las normas*. Madrid: Unión Editorial (1987).

Buchanan, James M. y Tullock, Gordon: (1958) *El cálculo del consenso*. Barcelona: Planeta-Agostini (1994).

Buchanan, James M.: (1977) *Freedom in Constitutional Contract. Perspectives of a Political Economist*. College Station and London: Texas A & M University Press.

Buchanan, James M.: (1979) "What Should Economists Do?" *The Collected Works of James M. Buchanan*, Volumen 1, Liberty Fund (1999).

Buchanan, James M.: (1986) *Liberty, Market and State: Political Economy in the 1980s*. New York: New York University Press.

Buchanan, James M.: "Federalism and Individual Sovereignty", *Cato Journal*, Vol. 15, Nos. 2-3 (1995/1996).

Buchanan, James M.: *Law and the Invisible Hand*, en Buchanan, James M.: *Constitutional Contract. Perspectives of a Political Economist*. College Station and London: Texas A & M University Press, 1977.

Buchanan, James M.: "Rent Seeking and Profit Seeking", en Buchanan, James y Tollison, Robert (eds.): *Toward a Theory of the Rent-Seeking Society*. College Station and London: Texas A&M University Press, 1980.

Bunge, Mario (ed.): *The Critical Approach to Science and Philosophy. Essays in Honor of K. R. Popper*. New York: Free Press, 1964.

Butos, William N.: "Entrepreneurship and the Generation of Knowledge", en Koppl, Roger (ed.): *Advances in Austrian Economics*. Oxford: Elsevier Science, 2003.

Cachanosky, Juan C., Gómez, Alejandro y Landoni, Juan S.: (2006) *Casos de éxito empresarial*, versión preliminar. Rosario: Facultad de Ciencias Económicas del Rosario, Universidad Católica Argentina.

Cachanosky, Juan C.: "Certidumbre, incertidumbre y eficiencia económica", *Laissez – Faire* 1 (1994).

Cachanosky, Juan C.: "Historia de las teorías del valor y del precio", *Libertas* 20 (1994).

Cachanosky, Juan C.: "Las decisiones empresariales y las predicciones en economía", *Libertas* 32 (2000).

Cachanosky, Juan C.: "Value Based Management", *Libertas* 30 (1999).

Caldwell, Bruce y Boehm, Stephan (eds.): *Austrian Economics: Tensions and New Directions.* Boston: Kluwer, 1992.

Cantillon, Richard: (1755) *Essay on the Nature of Trade in General.* Londres: Frank Cass and Co. (1959).

Carneiro, Robert L.: "A Theory of the Origin of the State", *Science*, Vol. 169 (1970).

Casson, Mark: (2003) *The Entrepreneur: An Economic Theory.* Cheltenham: Edward Elgar Publishing, Segunda Edición. [Primera edición 1982].

Casson, Mark: "An Entrepreneurial Theory of the Firm", en Foss, Nicolai J. y Mahnke, Volker (eds.): *Competence, Governance and Entrepreneurship: Advances in Economic Strategy Research.* New York: Oxford University Press, 1998.

Casson, Mark; Yeung, Bernard; Basu, Anuradha et al (eds.): *The Oxford Handbook of Entrepreneurship.* Oxford: Oxford University Press, 2006.

Chamlee-Wight, Emily: (1997) *The Cultural Foundations of Economic Development: Urban Female Entrepreneurship in Ghana.* Londres: Routledge.

273

Cheung, Stephen N.: "The Contractual Nature of the Firm", *Journal of Law and Economics*, Vol. 26 (1993).

Coase, Ronald: (1988) *The Firm, the Market, and the Law*. Chicago: University of Chicago Press.

Coase, Ronald: "La naturaleza de la firma", en Williamson, Oliver y Winter, Sidney (compiladores): *La naturaleza de la firma: Orígenes, evolución y desarrollo*. México: Fondo de Cultura Económica (1991 [Originalmente publicado en 1937]).

Coase, Ronald: "The Problem of Social Cost", en Coase, Ronald: *The Firm, the Market, and the Law*. Chicago: University of Chicago Press (1988 [Originalmente publicado en 1960]).

Colomy, Paul: "Neofunctionalism and neoinstitutionalism: Human agency and interest in institutional change", *Sociological Forum*, Vol. 13, No. 2 (1998).

Cowen, Tyler y Parker, David: (1997) *Markets in the Firm: a Market-Process Approach to Management*. Londres: Institute of Economic Affairs.

Coyne, Christopher y Leeson, Peter: "The Plight of Underdeveloped Countries", *Cato Journal*, Vol. 24, No. 3, (2004).

Crawford, Sue y Ostrom, Elinor: "A Grammar of Institutions", *American Political Science Review*, Vol. 89, No. 3 (1995).

Dahl, Robert: (1961) *Who Governs?* New Haven: Yale University Press.

de Jasay, Antony: (1985) *The State*. Indianapolis: Liberty Fund (1998).

de Soto, Hernando: (2000) *El misterio del capital*. Buenos Aires: Editorial Sudamericana (2002).

Demsetz, Harold: "Toward a Theory of Property Rights", *American Economic Review*, Vol. 57, No. 2 (1967).

DiLorenzo, Thomas: "Competition and Political Entrepreneurship: Austrian Insights into Public-Choice Theory", *Review of Austrian Economics*, Vol. 2, No. 1 (1988).

DiMaggio, Paul: "Interest and agency in institutional theory", en Zucker, Lynne (ed.): *Institutional patterns and organizations*. Cambridge: Ballinger (1988).

Dulbecco, Philippe y Garrouste, Pierre: "Towards an Austrian Theory of the Firm", *Review of Austrian Economics*, Vol. 12, No. 1 (1999).

Ebeling, Richard: "Israel M. Kirzner and the Austrian Theory of Competition and Entrepreneurship", *The Future of Freedom Foundation*, (2001).

Eisenstadt, Shmuel N.: "Cultural orientations, institutional entrepreneurs, and social change: Comparative analyses of traditional civilizations", *American Journal of Sociology*, Vol. 85, No. 3 (1980).

Ekelund, Robert y Hebert, Robert: (1990) *Historia de la teoría económica y de su método*. Madrid: McGrawHill, tercera edición (1992).

Evans, Peter B.: "Predatory, Developmental, and Other Apparatuses: A Comparative Political Economy Perspective on the Third World State, *Sociological Forum*, Vol. 4, No. 4 (1989).

Fabozzi, Frank J.; Modigliani, Franco; Ferri, Michael G.: (1996) *Mercados e Instituciones Financieras*. México: Prentice Hall (1994).

Feser, Edward: "Hayek on Tradition", *Journal of Libertarian Studies*, Vol. 17, No. 1 (2003).

Field, Alexander J.: "Microeconomics, Norms, and Rationality", *Economic Development and Cultural Change*, Vol. 32, No. 4 (1984).

Fligstein, Neil y Mara-Drita, Iona: "How to Make a Market: Reflections on the Attempt to Create a Single Market in the European Union", *American Journal of Sociology*, Vol. 102 (1996).

Fligstein, Neil: "Social Skill and the Theory of Fields", *Sociological Theory*, Vol. 19 (2001).

Fogel, Kathy; Hawk, Ashton; Morck, Randall et al: "Institutional Obstacles to Entrepreneurship", en Casson, Mark; Yeung, Bernard; Basu, Anuradha y Wadeson, Nigel (eds.): *The Oxford Handbook of Entrepreneurship*. Oxford: Oxford University Press, 2006.

Foss, Kirsten; Foss, Nicolai y Klein, Peter: (2006) "Original and Derived Judgment: An Entrepreneurial Theory of Economic Organization", *DRUID* Working Paper No. 06-09, (2006). Obtenido de http://www3.druid.dk/wp/20060009.pdf

Foss, Kristen; Foss, Nicolai; Klein, Sandra y Klein, Peter: (2001) "Heterogeneous Capital, Entrepreneurship, and Economic Organization", *DRUID* Working Paper No. 02-01, (2001). Obtenido de http://www3.druid.dk/wp/20020001.pdf

Foss, Nicolai J. y Klein, Peter G.: "Entrepreneurship: from Opportunity Discovery to Judgment", *Center for Strategic Management and Globalization, SMG* Working Paper, No. 5, (2008). Obtenido de http://papers.ssrn.com/sol3/papers.cfm?abstract_id=1098144

Foss, Nicolai J. y Klein, Peter G.: "The Emergence of the Modern Theory of the Firm", *Center for Strategic Management and Globalization, SMG* Working Paper No. 1 (2006). Obtenido de http://papers.ssrn.com/sol3/papers.cfm?abstract_id=982094

Foss, Nicolai J.: "The Theory of the Firm: an Introduction to Themes and Contributions", *Copenhagen Business School* Working Paper No. 98-7 (1999). Obtenido de http://www.cassey.com/foss.pdf

Foss, Nicolai J.: "The Theory of the Firm: The Austrians as Precursors and Critics of Contemporary Theory", *Review of Austrian Economics*, Vol. 7, No. 1, (1993).

Friedman, Milton y Friedman, Rose: (1983) *Tyranny of the Status Quo*. San Diego: Harcourt Brace Jovanovich Publishers.

Furubotn, Eirik y Richter, Rudolf: (1998) *Institutions and Economic Theory*. Segunda edición, Ann Arbor: The University of Michigan Press (2005).

Gallo, Ezequiel: "La división del conocimiento en la sociedad", *Revista de Occidente*, No. 58 (1986, página 82).

Gallo, Ezequiel: "La tradición del orden espontáneo: Adam Ferguson, David Hume y Adam Smith", *Libertas* 6 (1987).

Gallo, Ezequiel: "Notas sobre el liberalismo clásico", *Centro de Estudios Públicos* (1986). Obtenido de http://www.cepchile.cl/dms/lang_1/doc_950.html

Garrison, Roger W.: "Austrian Economics as the Middle Ground: Comment on Loasby", en Kirzner, Israel M. (ed.): *Method, Process, and Austrian Economics: Essays in Honor of Ludwig von Mises*. Lexington: Heath and Co., 1982.

Garrison, Roger: (2001) *Time and Money. The Macroeconomics of Capital Structure*. Londres: Routledge.

Garud, Raghu; Hardy, Cynthia y Maguire, Steve: "Institutional entrepreneurship as embedded agency: An introduction to the special issue", *Organization Studies*, Vol. 28, No. 7 (2007).

Garud, Raghu; Jain, Sanjay y Kumaraswamy, Arun: "Institutional entrepreneurship in the sponsorship of common technological standards: The case of Sun Microsystems and Java", *Academy of Management Journal*, Vol. 4, No. 1 (2002).

Gilson, Ronald y Black, Bernard: (1999) "Venture Capital and the Structure of Capital Markets: Banks versus Stock Markets", *Journal of Financial Economics*, Vol. 47.

Goldberg, Victor P.: "Institutional Change and the Quasi-Invisible Hand", *Journal of Law and Economics*, Vol. 17, No. 2, (1974).

Gompers, Paul A. y Lerner, Josh: "What Drives Venture Capital Fundraising?" *National Bureau of Economic Research*, Working Paper 6906 (1998). Obtenido de http://papers.ssrn.com/sol3/papers.cfm?abstract_id=57935

Grant, James L.: (2003) *Foundations of Economic Value Added.* Segunda Edición, New York: Wiley & Sons.

Gray, John N.: (1982) "F. A. Hayek y el renacimiento del liberalismo clásico", *Libertas* 1 (1984).

Gwartney, James D.; Stroup, Richard L.: (1993) *What Everyone Should Know About Economics and Prosperity.* Tallahassee: The James Madison Institute (1996).

Gwartney, James y Lawson, Robert: (2008) *Economic Freedom of the World: 2008 Annual Report.* Washington: Cato Institute.

Gwartney, James; Holcombe, Randall y Lawson, Robert: (1998) "The Scope of Government and the Wealth of Nations", *Cato Journal*, Vol. 18, No. 2.

Hamowy, Ronald: (1978) "Law and the Liberal Society: F. A. Hayek's Constitution of Liberty", *Journal of Libertarian Studies*, Vol. 2, No. 4.

Hamowy, Ronald: "F. A. Hayek and the Common Law", *Cato Journal*, Vol. 23, No. 2 (2003).

Hardin, Garrett: "The Tragedy of the Commons", *Science*, Vol. 162, No. 3859 (1968).

Harper, David A.: (2003) *Foundations of Entrepreneurship and Economic Development.* Londres: Routledge.

Hasnas, Jonas: "Hayek, the Common Law, and Fluid Drive", *NYU Journal of Law & Liberty,* Vol. 1, No. 0 (2005).

Hayek, Friedrich A.: (1944) *The Road to Serfdom.* Chicago: University of Chicago Press (1994).

Hayek, Friedrich A.: (1948) *Individualism and Economic Order.* Chicago: University of Chicago Press.

Hayek, Friedrich A.: (1952) *La contrarrevolución de la ciencia. Estudio sobre el abuso de la razón.* Madrid: Unión Editorial (2003).

Hayek, Friedrich A.: (1960) *The Constitution of Liberty.* Chicago: University of Chicago Press.

Hayek, Friedrich A.: (1967) "Los resultados de la acción humana pero no de un plan humano", en Hayek, Friedrich A.: (1967) *Estudios de filosofía, política y economía,* Madrid: Unión Editorial (2007).

Hayek, Friedrich A.: (1967) *Estudios de filosofía, política y economía.* Madrid: Unión Editorial (2007).

Hayek, Friedrich A.: (1968) *Nuevos estudios de filosofía, política y economía.* Madrid: Unión Editorial (2007).

Hayek, Friedrich A.: (1973) *Derecho, legislación y libertad,* Tomo I. Madrid: Unión Editorial (1994).

Hayek, Friedrich A.: (1976) *Derecho, legislación y libertad,* Tomo II. Madrid: Unión Editorial (1988).

Hayek, Friedrich A.: (1976) *La desnacionalización del dinero.* Barcelona: Planeta-Agostini (1994).

Hayek, Friedrich A.: (1979) *Derecho, legislación y libertad,* Tomo III. Madrid: Unión Editorial (1982).

Hayek, Friedrich A.: (1988) *La fatal arrogancia.* Madrid: Unión Editorial (1990).

Hayek, Friedrich A.: "¿Qué es lo «social»? ¿Qué significa?", en Hayek, Friedrich A., *Estudios de filosofía, política y economía.* Madrid: Unión Editorial (2007 [Originalmente publicado en 1957]).

Hayek, Friedrich A.: "«Free» Enterprise and Competitive Order", en Hayek, Friedrich A.: (1948) *Individualism and Economic Order.* Chicago: University of Chicago Press.

Hayek, Friedrich A.: "Carl Menger", en Menger, Carl: (1871) *Principles of Economics.* Auburn: Mises Institute (2004 [Originalmente publicado en *Economica,* Vol. 1, 1934]).

Hayek, Friedrich A.: "Clases de Racionalismo", en Hayek, Friedrich A., *Estudios de filosofía, política y economía.* Madrid: Unión Editorial (2007 [Originalmente publicado en 1967]).

Hayek, Friedrich A.: "Competition as a Discovery Procedure", *The Quarterly Journal of Austrian Economics,* Vol. 5, No. 3, (2002).

Hayek, Friedrich A.: "Economics and Knowledge", en Hayek, Friedrich A.: (1948) *Individualism and Economic Order.* Chicago: University of Chicago Press. Originalmente publicado en *Economica,* Volumen 4: (1937).

Hayek, Friedrich A.: "El cientismo y el estudio de la sociedad", en Hayek, Friedrich A.: (1952) *La contrarrevolución de la ciencia.* Madrid: Unión Editorial (2003 [Originalmente publicado en *Economica,* Vol. 9, 1942]).

Hayek, Friedrich A.: "Liberalismo", en Hayek, Friedrich A.: *Nuevos estudios de filosofía, política, economía e historia de las ideas.* Madrid: Unión Editorial (2007 [1973b, Originalmente publicado en 1973]).

Hayek, Friedrich A.: "Los intelectuales y el socialismo", en Hayek, Friedrich A., *Estudios de filosofía, política y economía*. Madrid: Unión Editorial (2007 [Originalmente publicado en 1949]).

Hayek, Friedrich A.: "Notas sobre la evolución de los sistemas de reglas de conducta", en Hayek, Friedrich A.: (1967) *Estudios de filosofía, política y economía*. Madrid: Unión Editorial (2007).

Hayek, Friedrich A.: "Richard Cantillon", *Journal of Libertarian Studies*, Vol. 7, No. 2 (1985).

Hayek, Friedrich A.: "Scientism and Socialism", en Hayek, Friedrich A. (ed.), *Knowledge, Evolution, and Society*, London: ASI Research (1983).

Hayek, Friedrich A.: "The Meaning of Competition", en Hayek, Friedrich: (1948) *Individualism and Economic Order*. Chicago: Chicago Press.

Hayek, Friedrich A.: "The Theory of Complex Phenomena", en Bunge, Mario (ed.): *The Critical Approach to Science and Philosophy. Essays in Honor of K. R. Popper*, The Free Press, 1964.

Hayek, Friedrich A.: "The Use of Knowledge in Society", en Hayek, Friedrich A.: (1948) *Individualism and Economic Order*. Chicago: University of Chicago Press. Originalmente publicado en *The American Economic Review*, Vol. 35, No. 4 (1945).

Hébert, Robert F.: "Was Richard Cantillon an Austrian Economist?", *Journal of Libertarian Studies*, Vol. 7, No. 2 (1985).

Hederer, Christian: "Political Entrepreneurship and Institutional Change: an Evolutionary Approach", *Munich Personal RePEc Archive*, No. 8249 (2007).

Henrekson, Magnus: "Entrepreneurship and Institutions", *Research Institute of Industrial Economics* (2007).

Hensmans, Manuel: "Social Movement Organizations: A Metaphor for Strategic Actors in Institutional Fields", *Organization Studies*, Vol. 24, No. 3 (2003).

Higgs, Henry: "Life and Work of Richard Cantillon", en Cantillon, Richard: (1755) *Essay on the Nature of Trade in General.* Londres: Frank Cass and Company Ltd, 1931.

High, Jack: "Entrepreneurship and Economic Growth: The Theory of Emergent Institutions", *The Quarterly Journal of Austrian Economics*, Vol. 12, No. 3, (2009).

Hirschleiffer, Jack: (1984) *Microeconomía: Teoría y Aplicaciones.* Tercera edición. México: Prentice Hall.

Hodgson, Geoffrey M.: "La ubicuidad de los hábitos y las reglas", en Hodgson, Geoffrey M.: (1997) *Economía institucional y evolutiva contemporánea.* México: Universidad Autónoma Metropolitana (2007).

Hodgson, Geoffrey: (1993) *Economía y evolución.* Madrid: Celeste Ediciones (1995).

Hodgson, Geoffrey: "The Approach of Institutional Economics", *Journal of Economic Literature*, Vol. 36, No 1 (1998).

Hodgson, Geoffrey: "What are Institutions?", *Journal of Economic Issues*, Vol. 40, No. 1 (2006).

Holcombe, Randall G. (ed.): *15 Great Austrian Economists.* Alabama: Mises Institute, 1999.

Holcombe, Randall G.: "Government: Unnecessary but Inevitable", *The Independent Review*, Vol. 8, No. 3 (2004).

Holcombe, Randall G.: "Information, Entrepreneurship, and Economic Progress", en Koppl, Roger (ed.), *Advances in Austrian Economics*, Vol. 6. Oxford: Elsevier Science, 2003.

Holcombe, Randall G.: "Advancing Economic Analysis Beyond the Equilibrium Framework", *Review of Austrian Economics*, Vol. 21, No 4 (2008).

Holcombe, Randall G.: "Political Entrepreneurship and the Democratic Allocation of Economic Resources", *Review of Austrian Economics*, Vol. 15, No. 2/3 (2002).

Holmström, Bengt, y Tirole, Jean: "The Theory of the Firm", en Shmalensee, Richard y Willig, Robert D. (eds.), *Handbook of Industrial Organization*, Vol. 1. Amsterdam: North-Holland (1989).

Horwitz, Steven: "Subjetivism", en Boettke, Peter (ed.), *The Elgar Companion to Austrian Economics*, Cheltenham: Edward Elgar Publishing, 1994.

Hoselitz, Bert: "The Early History of Entrepreneurial Theory", en Spengler, Joseph J. y Allen, William R. (eds.): *Essays in Economic Thought: Aristotle to Marshall*. Chicago: Rand McNally & Company, 1960. [Originalmente publicado en 1951].

Huerta de Soto, Jesús: (1992) *Socialismo, cálculo económico y función empresarial*. Madrid: Unión Editorial.

Huerta de Soto, Jesús: "Estudio preliminar", en Kirzner, Israel (1989) *Creatividad, capitalismo y justicia distributiva*. Barcelona: Editorial Folio (1996).

Hume, David: (1777) *Enquiries Concerning the Human Understanding and Concerning the Principles of Morals*. Oxford: Clarendon Press (1902).

Hume, David: (1779) *Dialogues Concerning Natural Religion and the Posthumous Essays*. Hackett: Indianapolis, 1980.

Hwang, Hokyu y Powell, Walter W.: "Institutions and Entrepreneurship", en Acs, Zoltan y Audretsch, David (eds.) *Handbook Of Entre-*

preneurship Research: An Interdisciplinary Survey And Introduction. Boston: Kluwer, 2005.

Ikeda, Sanford: (1997) *Dynamics of the Mixed Economy.* Londres: Routledge.

Ikeda, Sanford: "Market Process", en Peter Boettke (ed.): *The Elgar Companion to Austrian Economics.* Cheltenham: Edward Elgar Publishing, 1994.

Ikeda, Sanford: "Market-Process Theory and 'Dynamic' Theories of the Market", *Southern Economic Journal*, Vol. 57 (2001).

Infantino, Lorenzo: (1998) *El orden sin plan. Las razones del individualismo metodológico.* Madrid: Unión Editorial (2000).

Infantino, Lorenzo: (1999) *Ignorancia y libertad.* Madrid: Unión Editorial (2004).

Ioannides, Stavros: "Owners, Managers, and Entrepreneurship in the Corporate Firm", *Paper* presentado en el Israel Kirzner Festschrift (2001).

Ioannides, Stavros: "The Business Firm as a Hybrid Hayekian Order", en Koppl, Roger (ed.): *Advances in Austrian Economics*, Vol. 6, Oxford: Elsevier Science, 2003.

Ioannides, Stavros: "Towards an Austrian Perspective on the Firm", *Review of Austrian Economics*, Vol. 11, No. 1-2 (1999).

Kent, Calvin: "The Treatment of Entrepreneurship in Principles of Economics Textbooks", *Journal of Economic Education*, Vol. 20, No. 2 (1989).

Kent, Calvin; Rushing, Francis: "Coverage of Entrepreneurship in Principles of Economics Textbooks: an update", *Journal of Economic Education*, Vol. 30, No. 2 (1999).

Juan Sebastián Landoni. Empresario institucional

Kingdon, John W.: (1984) *Agendas, Alternatives, and Public Policies.* New York: Harper.

Kirzner, Israel M.: (1973) *Competition and Entrepreneurship.* Chicago: University of Chicago Press.

Kirzner, Israel M.: (1979) *Perception, Opportunity and Profit.* Chicago: University of Chicago Press.

Kirzner, Israel M.: (1985) *Discovery and the capitalist process.* Chicago: University of Chicago Press.

Kirzner, Israel M.: (1989) *Creatividad, capitalismo y justicia distributiva.* Barcelona: Editorial Folio (1996).

Kirzner, Israel M.: (1992) *The Meaning of Market Process.* Londres: Routledge.

Kirzner, Israel M.: (2000) *The Driving Force of the Market: Essays in Austrian Economics.* Londres: Routledge.

Kirzner, Israel M.: "Capital, Competition and Capitalism", en Kirzner, Israel M.: *Perception, Opportunity and Profit.* Chicago: Chicago Press, 1979. [Originalmente publicado en 1974.]

Kirzner, Israel M.: "El significado del proceso de mercado", *Libertas* 27 (1999).

Kirzner, Israel M.: "Entrepreneurial Discovery and the Competitive Market Process: An Austrian Approach", *Journal of Economic Literature*, Vol. 35, No. 1 (1997). Reimpreso en Kirzner, Israel M.: (2000) *The Driving Force of the Market. Essays in Austrian Economics.* Londres: Routledge.

Kirzner, Israel M.: "Entrepreneurship, Uncertainty and Austrian Economics", en Caldwell, Bruce y Boehm, Stephan (eds.): *Austrian Economics: Tensions and New Directions.* Boston: Kluwer, 1992.

Kirzner, Israel M.: "Knowing about knowledge", en Kirzner, Israel: (1979) *Perception, Opportunity and Profit*. Chicago: University of Chicago Press.

Kirzner, Israel M.: "Knowledge Problems and their Solutions: Some Relevant Distinctions", en Kirzner, Israel M.: (1992) *The Meaning of Market Process*. Londres, Routledge, 1990.

Kirzner, Israel M.: "Market Process Theory: in Defence of the Austrian Middle Ground", en Kirzner, Israel M.: (1992) *The Meaning of Market Process*. Londres, Routledge.

Kirzner, Israel M.: "Producer, Entrepreneur, and the Right to Property", en Kirzner, Israel M.: (1979) *Perception, Opportunity and Profit*. Chicago: University of Chicago Press.

Kirzner, Israel M.: "The Entrepreneurial Role in Menger's System", en Kirzner, Israel M.: (1979) *Perception, Opportunity and Profit*. Chicago: University of Chicago Press.

Klaus, Vaclav: "Systemic Change: the Delicate Mixture of Intentions and Spontaneity", *Cato Journal*, Vol. 14, No. 2 (1994).

Klein, Peter G.; McGahan, Anita M.; Mahoney, Joseph T. y Pitelis, Christos N.: "The Economic Organization of Public Entrepreneurship", *Atlanta Competitive Advantage Conference Paper* (2009). Obtenido de
http://papers.ssrn.com/sol3/papers.cfm?abstract_id=1351494

Klein, Peter: "Entrepreneurship and Corporate Governance", *Quarterly Journal of Austrian Economics*, Vol. 2, No. 2 (1999).

Klein, Peter: "La empresa y el cálculo económico", *Libertas* 27 (1997).

Klein, Peter: "Opportunity Discovery, Entrepreneurial Action, and Economic Organization", *Strategic Entrepreneurship Journal*, Vol. 2, No. 3 (2008).

Knight, Frank: (1921) *Risk, Uncertainty, and Profit*. Boston: Hart, Schaffner and Marx.

Koolman, G.: "Say's Conception of the Role of the Entrepreneur", *Economica*, Vol. 38, No. 151 (1971).

Koppl, Roger (ed.): *Advances in Austrian Economics*, Vol. 6. Oxford: Elsevier Science, 2003.

Krause, Martín: "Entrepreneurial Change of Institutions", Congreso Anual de la Asociación Latinoamericana y del Caribe de Derecho y Economía (2006).

Krause, Martín: "La teoría de los juegos y el origen de las instituciones", *Libertas* 31 (1999).

Krueger, Anne: "The Political Economy of the Rent-Seeking Society", *American Economic Review*, Vol. 64, No. 3 (1974).

Kukathas, Chandras: (1990) *Hayek and Modern Liberalism*. Oxford: Clarendon Press.

Lachmann, Ludwig M.: (1986) *The Market as an Economic Process*. New York: Basil Blakwell.

Lachmann, Ludwig M.: (1971) *The Legacy of Max Weber*. Berkeley: The Glendessary Press.

Lachmann, Ludwig M.: "Austrian Economics: a Hermeneutic Approach", en Lavoie, Don: (1991), *Expectations and the Meaning of Institutions: essays in economics by Ludwig Lachmann*. Londres: Routledge (1999).

Lachmann, Ludwig M.: "From Mises to Shackle: An Essay on Austrian Economics and the Kaleidic Society", en Lavoie, Don: *Expectations and the Meaning of Institutions: essays in economics by Ludwig Lachmann*, Londres: Routledge (1999). Originalmente publicado en: *Journal of Economic Literature*, Vol. 14, No. 1 (1976).

Lachmann, Ludwig: "*The Flow of Legislation and the Permanence of the Legal Order*", en Lavoie, Don: *Expectations and the Meaning of Institutions: essays in economics by Ludwig Lachmann.* Londres: Routledge (1999). Originalmente publicado en: *ORDO*, Vol. 30 (1979).

Landoni, Juan S.: "Empresario y capitalista: nota para una teoría austriaca de la firma", *Journal of Management for Value*, Vol. 2, No. 1 (2006).

Landoni, Juan S.: "Acción humana e instituciones: un estudio sobre los alcances de la empresarialidad". Paper presentado en la Escuela Superior de Economía y Administración de Empresas, Buenos Aires, en abril de 2008.

Langlois, Richard N.: "Orders and Organizations: Toward an Austrian Theory of Social Institutions", en Caldwell, Bruce y Boehm, Stephan (eds.): *Austrian Economics: Tensions and New Directions.* Boston: Kluwer, 1991.

Langlois, Richard N.: "Schumpeter and the Obsolescence of the Entrepreneur", University of Connecticut Working paper No. 19 (2002). Obtenido de
http://papers.ssrn.com/sol3/papers.cfm?abstract_id=353280

Langlois, Richard N. y Foss, Nicolai J.: "Capabilities and Governance the Rebirth of Production in the Theory of Economic Organization", Universidad de Connecticut Working paper No. 1996-02 (1996). Obtenido de
http://papers.ssrn.com/sol3/papers.cfm?abstract_id=179577

Langlois, Richard N.: "¿Planifican las empresas?", *Libertas* 26 (1997 [Originalmente publicado en 1995]).

Langlois, Richard N.: "Risk and Uncertainty", en Boettke, Peter (ed.): *The Elgar Companion to Austrian Economics.* Cheltenham: Edward Elgar Publishing, 1994.

Lawrence, Thomas y Suddaby, Roy: "Institutions and institutional work", en Clegg, S.; Hardy, C.; Lawrence, T. y Nord, W. (eds.), *Handbook of organization studies*. Segunda edición. Londres: Sage (2006).

Leeson, Peter T. y Boettke, Peter J.: "Two-Tiered Entrepreneurship and Economic Development", *International Review of Law and Economics*, Vol. 29, No. 3 (2009 [Originalmente publicado en 2008]).

Leoni, Bruno: (1961) *La libertad y la ley*, Guatemala: Editorial Universidad Francisco Marroquín (1974).

Li, David D., Feng, Junxin y Jiang, Hongping: "Institutional Entrepreneurs", *American Economic Review*, Vol. 96, No. 2. (2006).

Lin, Justin Yifu: "An Economic Theory of Institutional Change: Induced and Imposed Change", *Cato Journal*, Vol. 9, No. 1 (1989).

Loasby, Brian J.: "Market Co-ordination", en Koppl, Roger (ed.): *Advances in Austrian Economics*, Vol. 6. Oxford: Elsevier Science, 2003.

Locke, John: (1691) *Two Treatises of Government*. London: Millar et al. (1764).

Machlup Fritz y Mansfield U. (eds.): *The Study of Information, Interdisciplinary Messages*. New York: Wiley, 1983.

Machlup, Fritz: "Liberalism and Choice of Freedoms", en Streissler, Erich (ed.): *Roads to Freedom: Essays in Honour of Friedrich A. von Hayek*. London: Routledge (1969).

Machlup, Fritz: "Semantic Quirks in Studies of Information", en Machlup Fritz y Mansfield U. (eds.): *The Study of Information, Interdisciplinary Messages*. New York: Wiley, 1983.

Maguire, Steve; Hardy, Cynthia y Lawrence, Thomas B.: "Institutional Entrepreneurship in Emerging Fields: HIV/AIDS Treatment Advocacy in Canada", *Academy of Management Journal*, Vol. 47, No. 5 (2004).

Mahoney, James: "Path Dependence in Historical Sociology", *Theory and Society*, Vol. 29, No. 4. (2000).

Mair, Johanna y Martí, Ignasi: "Social entrepreneurship research: A source of explanation, prediction, and delight", Universidad de Navarra Working Paper 546 (2004). Obtenido de http://usasbe.org/knowledge/socialentres/mair%20and%20marti.pd f

Marshall, Alfred: (1890) *Principles of Economics*. London: Macmillan and Co., Ltd. (1920).

McKinsey & Company Inc.; Copeland, Tom; Koller, Tim et al.: (1990) *Valuation: Measuring and Managing the Value of Companies*, Tercera edición, New York: Wiley.

Menger, Carl: (1871) *Principles of Economics*. New York: The Free Press (1950).

Menger, Carl: (1883) *El método de las ciencias sociales*. Madrid: Unión Editorial (2006).

Menger, Carl: "El origen del dinero", *Libertas* 2 (1985 [Originalmente publicado en 1882]).

Mill, John Stuart: (1848) *Principios de Economía Política*. México: Fondo de Cultura Económica (2001).

Miller, Luis M.: "La noción de convención social: una aproximación analítica", *Documento de Trabajo*, Instituto de Estudios Sociales Avanzados de Andalucía (2007). Obtenido de http://www.iesa.csic.es/archivos/documentos-trabajo/2007/07-07.pdf

Minniti, María: "Entrepreneurship Studies: a Stocktaking", en Koppl, Roger (ed.): *Advances in Austrian Economics*, Vol. 6. Oxford: Elsevier Science, 2003.

Mises, Ludwig: (1920) *Economic Calculation in the Socialist Commonwealth*. Auburn: Ludwig von Mises Institute (1990).

Mises, Ludwig: (1922) *Socialism: An Economic and Sociological Analysis*. Yale: Yale University Press (1951).

Mises, Ludwig: (1927) *Liberalismo*. Barcelona: Planeta-Agostini (1994).

Mises, Ludwig: (1940) *Interventionism: an Economic Analysis*, Irvington-on-Hudson: The Foundation for Economic Education (1998).

Mises, Ludwig: (1947) *Planned Chaos*. Auburn: Mises Institute.

Mises, Ludwig: (1949) *Human Action: A Treatise on Economics*. Cuarta edición. Irvington-on-Hudson: Foundation for Economic Education (1996).

Mises, Ludwig: (1951) *Planning for Freedom, and Sixteen Other Essays and Addresses*. Illinois: Libertarian Press (1980).

Monlau, Pedro V.: (1941) *Diccionario etimológico de la lengua castellana*. Buenos Aires: Librería "El Ateneo".

Montuschi, Luisa: "Conocimiento tácito y conocimiento codificado en la economía basada en el conocimiento", *Anales de la Asociación Argentina de Economía Política*, (2002). Obtenido de http://www.aaep.org.ar/espa/anales/PDF_02/mostuschi.pdf

Nelson, Richard R. y Winter, Sidney G.: (1982) *An Evolutionary Theory of Economic Change*. Cambridge: The Belknap Press.

Nelson, Richard y Sampat, Bhaven: "Las instituciones como factor que regula el desempeño económico", *Revista de Economía Institucional*, No. 5 (2001). Originalmente publicado en *Journal of Economic Behavior & Organization*, Vol. 44, No. 1 (2001).

Nishiyama, Chiaki: "La Razón y la Sociedad Libre", *Centro de Estudios Públicos* (1981). Obtenido de http://www.cepchile.cl/dms/lang_1/doc_972.html

North, Douglass C.: (1990) *Instituciones, cambio institucional y desempeño económico*. México: Fondo de Cultura Económica.

North, Douglass C.: "Economic Performance through Time", *American Economic Review*, Vol. 84, No. 3 (1994).

North, Douglass C.: "Five Propositions about Institutional Change", en Knight Jack y Sened, Itai (eds.): *Explaining Social Institutions*, Michigan: University of Michigan Press (1995).

North, Douglass C.: "Institutions", *Journal of Economic Perspectives*, Vol. 5, No. 1 (1991).

North, Douglass y Weingast, Barry: "Constitutions and Commitment: The Evolution of Institutional Governing Public Choice in Seventeenth–Century England", *Journal of Economic History*, Vol. 49, No. 4 (1989).

Nozick, Robert: (1974) *Anarquía, estado y utopía*. México: Fondo de Cultura Económica (1988).

O'Driscoll Jr, Gerald P.: "Spontaneous Order and the Coordination of Economic Activities", *Journal of Libertarian Studies*, Vol. 1 (1977).

O'Driscoll, Gerald P.; Rizzo, Mario: (1985) *The Economics of Time and Ignorance*. Londres: Routledge. [Reimpreso en1996.]

Oakeshott, Michael: (1962) *El racionalismo en la política*. México: Fondo de Cultura Económica (2000).

Olson, Mancur: (1965) *The Logic of Collective Action: Public Goods and the Theory of Groups.* Segunda edición. Boston: Harvard University Press (1971).

Olson, Mancur: (2000) *Poder y prosperidad.* Madrid: Siglo XXI de Argentina Editores.

Oppenheimer, Franz: (1908) *The State.* New York: Free Life Editions (1975).

Ormerod, Paul: "Hayek, 'The Intellectuals and Socialism', and Weighted Scale-Free Networks", *Economic Affairs*, Vol. 26, No. 1 (2006).

Ostrom, Elinor: (1990) *El gobierno de los bienes comunes.* México: Fondo de Cultura Económica (2000).

Ostrom, Elinor: "An agenda for the study of institutions", *Public Choice*, No. 48 (1986).

Ostrom, Elinor: "Unlocking Public Entrepreneurship and Public Economies", *United Nations University* Discussion Paper No. 2005/01 (2005). Obtenido de http://www.eldis.org/vfile/upload/1/document/0708/DOC17883.pdf

Pareto, Vilfredo: (1906) *Manuale di Economia Politica.* Societa Editrice Libraria: Milán.

Penrose, Edith T.: (1959) *The Theory of the Growth of the Firm.* Oxford: Oxford. University Press.

Pipes, Richard: (1999) *Propiedad y libertad.* México: Fondo de Cultura Económica (2003).

Polanyi, Michael: (1951) *The Logic of Liberty.* Chicago: University of Chicago Press.

293

Popper, Karl: (1963) *Conjeturas y refutaciones. El desarrollo del conocimiento científico.* Buenos Aires: Editorial Paidós (1967).

Popper, Karl: (1979) *Sociedad abierta, universo abierto. Conversaciones con Franz Kreuzer.* Barcelona: Editorial Tecnos (1997).

Rappapport, Alfred: (1986) *La creación de valor para el accionista.* Bilbao: Editorial Deusto, segunda edición (1998).

Raz, Joseph: "The Rule of Law and Its Virtues", en Culver, Keith: (1999) *Readings in the Philosophy of Law,* Toronto: Broadview Press. Originalmente publicado en *Law Quarterly Review,* Vol. 93 (1977).

Real Academia Española: (2001) Diccionario de la Lengua Española. 22ª edición. Madrid: Editorial Espasa Calpe.

Richardson, G. B.: (1959) *Information and Investment: a Study in the Working of the Competitive Economy.* Oxford: Oxford University Press.

Richardson, George B.: "The Organisation of Industry," *Economic Journal,* Vol. 82 (1972).

Ricketts, Martin: "Kirzner's Theory of Entrepreneurship –A Critique", en Caldwell, Bruce y Boehm, Stephan (eds.): *Austrian Economics: Tensions and New Directions.* Boston: Kluwer, 1992.

Ricketts, Martin: "Theories of Entrepreneurship: Historical Development and Critical Assessment", en Casson, Mark; Yeung, Bernard; Basu, Anuradha *et al.* (eds.): *The Oxford Handbook of Entrepreneurship.* Oxford: Oxford University Press, 2006.

Riker, William H.: (1964) *Federalism: Origin, Operation, and Significance.* Boston: Little Brown.

Robbins, Lionel: (1932), *An Essay on the Nature and Significance of Economic Science.* Londres: Macmillan.

Rojas, Ricardo M.: (2004) *Análisis económico e institucional del orden jurídico*. Buenos Aires: Editorial Ábaco.

Roland, Gérard: "Understanding Institutional Change: Fast-Moving and Slow-Moving Institutions", *Studies in Comparative International Development,* Vol. 38, No. 4 (2004).

Rothbard, Murray: (1962) *Man, Economy and State.* Auburn: Ludwig von Mises Institute (1993).

Rothbard, Murray: "Professor Hebert on Entrepreneurship", *Journal of Libertarian Studies,* Vol. 7, No. 2 (1985).

Rothbard, Murray: "The Brilliance of Turgot", Auburn: Ludwig von Mises Institute, 1986. [Reimpreso en francés en *Journal des Économistes et des Études Humaines,* Vol. 6, No. 1 (1995)].

Salgado, Gilberto: (1999) "The Economics of Entrepreneurial Error", disertación doctoral, New York University.

Sarjanovic, Ivo: "El mercado como proceso: dos visiones alternativas", *Libertas* 11 (1989).

Sautet, Federic: "The Role of Institutions in Entrepreneurship: Implications for Development Policy", *Policy Primer,* No. 1 (2005).

Sautet, Frederic: (1999) *An entrepreneurial Theory of the Firm.* Londres: Routledge.

Say, Jean-Baptiste: (1803) *A Treatise on Political Economy.* Philadelphia: Lippincott, Grambo & Co. (1855).

Schneider, Mark y Teske, Paul: "Toward a Theory of the Political Entrepreneur: Evidence from Local Government", *American Political Science Review,* Vol. 86 (1992).

Schumpeter, Joseph A.: (1912) *Teoría del desenvolvimiento económico.* México: Fondo de Cultura Económica (1978).

Schumpeter, Joseph A.: (1942) *Capitalismo, socialismo y democracia.* Barcelona: Hyspamérica Ediciones (1986).

Schumpeter, Joseph A.: "Entrepreneur", en Koppl, Roger (ed.): *Advances in Austrian Economics*, Vol. 6. Oxford: Elsevier Science, 2003. [Originalmente publicado en 1928].

Sechrest, Larry J.: "Jean-Baptiste Say: Neglected Champion of Laissez-Faire", en Holcombe, Randall G. (ed.): *15 Great Austrian Economists.* Auburn: Ludwig von Mises Institute, 1999.

Selgin, George: (1988) *Praxeology and Understanding.* Auburn: Ludwig von Mises Institute (1990).

Sheingate, Adam D.: "Political Entrepreneurship, Institutional Change, and American Political Development", *Studies in American Political Development*, Vol. 17 (2003).

Skidelsky, Robert: "The Wealth of (Some) Nations", *New York Times* (24 de diciembre de 2000).

Skousen, Mark: (2008) *Economic Logic.* Washington DC: Capital Press.

Smith, Adam: (1759) *The Theory of Moral Sentiments.* Indianapolis: Liberty Fund (1977).

Smith, Adam: (1762) *Lectures on Jurisprudence.* Indianapolis: Liberty Fund (1982).

Smith, Adam: (1776) *An Inquiry into the Nature and Causes of the Wealth of Nations.* Indianapolis: Liberty Fund (1981).

Sobel, Russell S., Clark, J. R. y Lee, Dwight R.: "Freedom, Barriers to Entry, Entrepreneurship, and Economic Progress", *Review of Austrian Economics*, Vol. 20, No. 4 (2007).

Steele, David R.: "Hayek's Theory of Cultural Group Selection", *Journal of Libertarian Studies*, Vol. 8, No. 2 (1987).

Stigler, George J.: "Director's Law of Public Income Redistribution", *Journal of Law and Economics*, Vol. 13, No. 1 (1970).

Tarziján, Jorge: "Revisando la teoría de la firma", *Abante*, Vol. 6, No. 2 (2003).

Thomsen, Esteban: (2002) *Prices and Knowledge*. Londres: Routledge.

Thomsen, Esteban: "Precios e información", *Libertas* 11 (1989).

Tullock, Gordon: (1993) *Rent Seeking*. Cheltenham: Edward Elgar Publishing.

Tullock, Gordon: "The Welfare Costs of Tariffs, Monopolies and Theft", *Western Economic Journal*, Vol. 5 (1967).

Ucbasaran, Deniz; Westhead, Paul y Wright, Mike: "Habitual Entrepreneurs", en Casson, Mark; Yeung, Bernard; Basu, Anuradha y Wadeson, Nigel (eds.): *The Oxford Handbook of Entrepreneurship*. Oxford: Oxford University Press, 2006.

Valdalizo, Jesús y López, Santiago: (2000) *Historia económica de la empresa*. Barcelona: Editorial Crítica.

Vanberg, Viktor: (1988) *Racionalidad y reglas: ensayos sobre teoría económica de la Constitución*. Barcelona: Editorial Gedisa (1999).

Vanberg, Viktor: "Hayek's Legacy and the Future of Liberal Thought: Rational Liberalism versus Evolutionary Gnosticism", *Cato Journal*, Vol. 14, No. 2 (1994).

Vanberg, Viktor: "La «explicación de la mano invisible» y las normas sociales", en Vanberg, Viktor: (1984) *Racionalidad y reglas: ensayos sobre teoría económica de la Constitución*, Barcelona: Editorial Gedisa (1999).

Vanberg, Viktor: "Reglas y elección en la economía y en la sociología", en Vanberg, Viktor: (1988) *Racionalidad y reglas: ensayos sobre teoría económica de la Constitución*, Barcelona: Editorial Gedisa (1999).

Vanberg, Viktor: "Spontaneous Market Order and Social Rules: A Critical Examination of F. A. Hayek's Theory of Cultural Evolution", *Economics and Philosophy*, Vol. 2 (1986).

Vaughn, Karen I. : "Can Democratic Society Reform Itself? The Limits of Constructive Change", En Boettke, Peter y Prychitko, David (eds.), *Market Process: Essays in Contemporary Austrian Economics*. Aldershot: Edward Elgar, (1994 [Originalmente publicado en 1980]).

Vaughn, Karen I.: "The problem of order in Austrian economics: Kirzner vs. Lachmann", *Review of Political Economy*, Vol. 4, Nº 3 (1992).

Voigt, Stefan: "Making Constitutions Work: Conditions for Maintaining the Rule of Law", *Cato Journal*, Vol. 18, No. 2 (1998).

Wagner, Richard E. y Gwartney, James D.: "Public Choice and Constitutional Order", en Wagner, Richard E. y Gwartney, James D.: *Public Choice and Constitutional Economics*. Nueva York: JAI Press (1988).

Wagner, Richard E.: "Pressure Groups and Political Entrepreneurs: A Review Article", *Public Choice*, Vol. 1 (1966).

Weingast, Barry: "The Economic Role of Political Institutions: Market-Preserving Federalism and Economic", *Journal of Law, Economics, & Organization*, Vol. 11, No. 1 (1995).

Weissert, Carol S.: "Policy Entrepreneurs, Policy Opportunists, and Legislative Effectiveness", *American Politics Quarterly*, Vol. 19, No. 2 (1991).

White, Lawrence: (1999) *The Theory of Monetary Institutions*. Oxford: Blackwell Publishers.

Wijen, Frank y Ansari, Shahzad: "Overcoming inaction through collective institutional entrepreneurship: Insights from regime theory", *Organization Studies*, Vol. 28, No. 7 (2007).

Williamson, Oliver E.: (1975) *Markets and Hierarchies*. New York: Free Press.

Williamson, Oliver E.: (1985) *Las instituciones económicas del capitalismo*. México: Fondo de Cultura Económica (1989).

Williamson, Oliver y Winter, Sidney (compiladores): *La naturaleza de la firma: Orígenes, evolución y desarrollo*. México: Fondo de Cultura Económica (1991).

Williamson, Oliver: "The New Institutional Economics: Taking Stock, Looking Ahead", *Journal of Economic Literature*, Vol. 38 (2000).

Witt, Ulrich: "Changing Cognitive Frames –Changing Organizational Forms: An Entrepreneurial Theory of Organizational Development", *Industrial and Corporate Change*, Vol. 9 (2000).

Witt, Ulrich: "Do Entrepreneurs Need Firms?", *Review of Austrian Economics*, Vol. 11, No. 1 (1998).

Yifu Lin, Justin: "An Economic Theory of Institutional Change: Induced and Imposed Change", Cato Journal, Vol. 9, No. 1 (1989).

Young, David S. y O'Byrne, Stephen F.: (2001) *EVA and Value Based Management*. New York: McGraw Hill.

Yu, Tony Fu-Lai: "An Entrepreneurial Perspective of Institutional Change", *Constitutional Political Economy*, Vol. 12, No. 3 (2001).

Zanotti, Gabriel: (1981) *Introducción a la Escuela Austríaca de Economía.* Buenos Aires: Centro de Estudios sobre la Libertad.

Zentner, Alejandro: "Measuring the Effect of File Sharing on Music Purchases", *Journal of Law and Economics,* Vol. 49 (2006).

Zimmermann, Eduardo: "Hayek, la evolución cultural y sus críticos", *Libertas* 6 (1987).